民國文化與文學_{研究}

民國文化與文學 研究文叢

六 編

李 怡 主編

第 19 冊

詩人革命家：
抗戰時期的郭沫若（上）

劉 奎 著

國家圖書館出版品預行編目資料

詩人革命家：抗戰時期的郭沫若（上）／劉奎 著 -- 初版 --
新北市：花木蘭文化出版社，2016〔民 105〕
目 2+160 面：19×26 公分
（民國文化與文學研究文叢 六編；第 19 冊）
ISBN 978-986-404-693-5（精裝）
1. 郭沫若 2. 學術思想 3. 文學評論
541.26208   105012795

ISBN-978-986-404-693-5

9 789864 046935

特邀編委（以姓氏筆畫為序）：

民國文化與文學研究文叢
六　編　第十九冊   ISBN：978-986-404-693-5

詩人革命家：
抗戰時期的郭沫若（上）

作　　者　劉奎
主　　編　李怡
企　　劃　四川大學現代中國文化與文學研究中心
　　　　　北京師範大學民國歷史文化與文學研究中心
總 編 輯　杜潔祥
副總編輯　楊嘉樂
編　　輯　許郁翎、王　筑　美術編輯　陳逸婷
出　　版　花木蘭文化出版社
社　　長　高小娟
聯絡地址　235 新北市中和區中安街七二號十三樓
　　　　　電話：02-2923-1455／傳眞：02-2923-1452
網　　址　http://www.huamulan.tw 信箱 hml810518@gmail.com
印　　刷　普羅文化出版廣告事業
初　　版　2016 年 9 月
全書字數　354689 字
定　　價　六編 24 冊（精裝）新台幣 44,000 元

詩人革命家：
抗戰時期的郭沫若（上）

劉奎　著

作者簡介

劉奎，男，兩岸關係和平發展協同創新中心專職研究人員，廈門大學臺灣研究院師資博後。1985 年生於湖北，2009 年、2011 年分別獲武漢大學學士、碩士學位；2015 年於北京大學畢業，獲博士學位，被評爲「北京市優秀畢業生」。博士階段師從吳曉東教授，研究方向爲現代小說與詩歌（包括舊體詩詞）。曾在《文藝研究》《中國現代文學研究叢刊》《魯迅研究月刊》《現代中國》《新詩評論》《二十一世紀》（香港）、《讀書》《現代中文學刊》等刊物上發表學術文章十餘篇。2014 年春季學期曾赴美國哈佛大學（Harvard University）東亞系訪問學習；2015 入廈門大學臺灣研究院，現主要從事臺灣文學研究、臺港文壇互動及兩岸文學關係研究。

提　　要

　　身處「後革命」的語境，如何閱讀郭沫若本來就是一個問題。因而，我們選擇抗戰時期的郭沫若爲研究對象，不僅是鑒於學界多偏重其「五四」時期所導致的不均衡性，更在於抗戰時期郭沫若的問題性。抗戰時期的郭沫若，不僅回應了「五四」時期郭沫若的複雜性，而問題的豐富性則或有過之。

　　較之「五四」時期浪漫的文學青年，抗戰時期的郭沫若集詩人、學者、劇作家、革命者、政客乃至傳統的士大夫等諸多角色於一身，且充分發揮了各自的優勢，達到了他所理想的人格狀態。這種現象本身就對我們的新文學史觀提出了挑戰，這除了舊體詩詞要求更爲開放的文學史觀外，還在於他的歷史劇、歷史研究所展開的，新舊之間在抗戰語境中的新的對話。而我們的核心問題則在於，郭沫若如何以這種身份機制應對抗戰與建國的時代問題，對於我們面對當代問題有何歷史經驗。

　　基於此，本文將作家論與文學社會學結合起來，從「主體——表達——時代」的綜合維度，考察戰時郭沫若各種身份和表達，與時代問題之間是如何彼此展開、相互作用的。雖然此時他各種角色都盡其所能，但從主體性的視角，他此時的人格形態，依舊受到浪漫美學主體的制約，是一個詩人革命家。詩人革命家不僅爲他多元的人格提供了整體視野，更爲重要的是它提供了問題和方法。

　　詩人革命家的人格形態，首先要求我們關注文學表達與抗戰建國的關係。戰爭浪漫主義一度讓郭沫若對戰爭充滿了烏托邦幻想，但他最終將浪漫轉化爲了民眾動員的力量、革命主體再生產的條件，從而使浪漫主義從文學領域的情感消費轉向了社會領域的創造動能。而更爲重要的是，浪漫也決定了他以情感動員爲主的革命道路，如「由情以達意」的動員方法、演說的表達方式、「情感教育劇」的美學形式、以及對蘇聯的烏托邦想像等均是如此。

　　詩人革命家的身份機制，戰時也得到了傳統的支持。雖然是激進的新文化代表，但抗戰時期郭沫若創作了大量的舊體詩詞，並與革命耆舊、文人名士多有唱和，這不僅是源於「舊形式的誘惑」，也是基於文化救贖、社會交際的需要。但其獨特處在於，他在分享「南渡」等舊體詩詞傳統以因應民族危機時，其革命家的歷史視野則讓他從美學救贖轉向了歷史救贖。

與舊體詩詞相對應的，是傳統的士大夫文化。兼任「政、學、道」的士大夫，不僅爲詩人革命家的人格提供了依託，更爲其功業或革命理想的實現指示了途徑。因此，他效法其師祖廖平「託古改制」的方式，將孔子思想闡釋爲儒家人道主義，也可視爲他爲革命重塑道統的嘗試。但這種嘗試卻遭到了政黨政治的責難，雖然現實的革命政權也亟需確立新的道統，中共還通過「壽郭」運動將他確立爲魯迅的接班人，但他「崇儒貶墨」的方式，還是導致了左翼知識分子及黨內部分文藝工作者的不滿；同時，他的《甲申三百年祭》又因有「爲匪張目」之嫌，而受到國民黨的批判。這顯示了郭沫若想像歷史的獨立性和獨特性，以及他與政黨政治間的複雜關係。

　　政黨政治是影響郭沫若戰時文化政治實踐的另一個關鍵因素。正如葛蘭西所指出的，政黨是現代的君主；郭沫若要實現革命理想，也需借助於政黨之「勢」。他對「文藝如何動員民眾」的思考，回應了國民黨國民精神總動員的政策；中共發動「壽郭」及戲劇運動後，他的《屈原》等劇作，開創了左翼文化政治的新形式；「憲政」運動期間，他又以無黨派身份與身其間，爲「建國」問題積極奔走。這是郭沫若革命理想與實踐的「經」與「權」，也呈現了四十年代的歷史開放性。

　　這種開放性，又爲郭沫若等知識分子的社會參與和歷史想像提供了條件。因而，詩人革命家不僅是郭沫若參與時代的方式，也是我們認識這個時代的視角，它開啓的是一個主體與歷史彼此敞開、相互作用的有機狀態。這對於當下文學的邊緣化、學術的體制化等現象，都不無借鑒意義。

作爲方法的「民國」
——第六輯引言

李　怡

　　「作爲方法」的命題首先來自日本著名漢學家竹內好，從竹內好 1961 年「作爲方法的亞洲」到溝口雄三 1989 年「作爲方法的中國」，其中展示的當然不僅僅是有關學術「方法」的技術性問題，重要的是學術思想的主體性追求。日本學人通過中國這樣一個「他者」的參照進行自我的反省和批判，實現從「西方」話語突圍，重新確立自己的主體性，這對同樣深陷「西方」話語圍困的中國學界而言也無疑具有特殊的刺激和啓發。1990 年代中期以後，中國（華人）學人如孫歌、李冬木、汪暉、陳光興、葛兆光等陸續介紹和評述了他們的學說，〔註1〕特別是最近 10 年的中國思想文化與文學批評界，可以說出現了一股竹內——溝口的「作爲方法」熱，「作爲方法的日本」、「作爲方法的竹內好」、「亞洲」作爲方法，〔註2〕以及「作爲方法的 80 年代」等等

〔註 1〕 如 Kuang-ming Wu and Chun-chieh Huang （吳光明、黃俊傑）：〈關於《方法としての中國》的英文書評〉（《清華學報》新 20 卷第 2 期，1990 年），溝口雄三、汪暉：〈沒有中國的中國學〉（《讀書》第 4 期，1994 年），孫歌：〈作爲方法的日本〉（《讀書》第 3 期，1995 年），李長莉：〈溝口雄三的中國思想史研究〉（《國外社會科學》第 1 期，1998 年），葛兆光：〈重評九十年代日本中國學的新觀念——讀溝口雄三《方法としての中國》〉（《二十一世紀》12 月號，2002 年），吳震：〈十六世紀中國儒學思想的近代意涵——以日本學者島田虔次、溝口雄三的相關討論爲中心〉（《東亞文明研究學刊》第 1 卷第 2 期，2004 年）等。
〔註 2〕 刊發於《臺灣社會研究季刊》12 月號，總第 56 期，2004 年。2005 年 6 月，陳光興參加了在華東師範大學舉行的「全球化與東亞現代性——中國現代文學的視角」暑期高級研討班，將論文〈「亞洲」作爲方法〉提交會議，引起了與會者的濃厚興趣。

在我們學術話語中流行開來，體現了一種難能可貴的自我反思、重建學術主體性的努力。竹內好借鏡中國的重要對象是文學家魯迅，近年來，對這一反思投入最多的也是從事中國現當代文學研究的學者，因此，對這一反思本身做出反思，進而探索真正作為中國現代文學的「方法」的可能，便顯得必不可少。

在「亞洲」、「中國」先後成為確立中國學術主體性的話語選擇之後，我覺得，更能夠反映中國現代文學立場和問題意識的話語是「民國」。作為方法的民國，具體貼切地揭示了中國現代文學的生存發展語境，較之於抽象的「亞洲」或者籠統的「中國」，更能體現我們返回中國文學歷史情境，探尋學術主體性的努力。

一

日本戰敗，促成了一批日本知識分子的自我反省，竹內好（1908～1977）就是其中之一。在他看來，「脫亞入歐」的日本「什麼也不是」，反倒是曾經不斷失敗的中國在抵抗中產生了非西方的、超越近代的「東洋」。通常我們是說魯迅等現代中國知識分子從「東洋」日本發現了現代文明的啟示，竹內好卻反過來從中國這個「東洋」發現了一條區別於西歐現代化的獨特之路：借助日本所沒有的社會革命完成了自我更新，如果說日本文化是「轉向型」的，那麼中國文化則可以被稱作是「迴心型」，而魯迅的姿態和精神氣質就是這一「迴心型」的極具創造價值的體現。「他不退讓，也不追從。首先讓自己和新時代對陣，以『掙扎』來滌蕩自己，滌蕩之後，再把自己從裏邊拉將出來。這種態度，給人留下一個強韌的生活者的印象。像魯迅那樣強韌的生活者，在日本恐怕是找不到的。」「在他身上沒有思想進步這種東西。他當初是作為進化論宇宙觀的信奉者登場的，後來卻告白頓悟到了進化論的謬誤；他晚年反悔早期作品中的虛無傾向。這些都被人解釋為魯迅的思想進步。但相對於他頑強地恪守自我來說，思想進步實在僅僅是第二義的。」〔註3〕就此，他認為自己發現了與西方視角相區別的「作為方法的亞洲」，這裡的「亞洲」主要指中國。溝口雄三（1932～2010）是當代中國思想史學家，他並不同意竹內好將日本的近代描述為「什麼也不是」，試圖在一種更加平等而平和的文化觀

〔註3〕（日）竹內好：《近代的超克》，11、12 頁，李冬木、趙京華、孫歌譯，三聯書店，2005 年。

念中讀解中國近代的獨特性:「事實上,中國的近代既沒有超越歐洲,也沒有落後於歐洲,中國的近代從一開始走的就是一條和歐洲、日本不同的獨自的歷史道路,一直到今天。」〔註4〕作爲方法的中國,意味著對「中國學」現狀的深入的反省,這就是要根本改變那種「沒有中國的中國學」,「把世界作爲方法來研究中國,這是試圖向世界主張中國的地位所帶來的必然結果……這樣的『世界』歸根結底就是歐洲」。「以中國爲方法的世界,就是把中國作爲構成要素之一,把歐洲也作爲構成要素之一的多元的世界」。〔註5〕

　　海外漢學(中國學)長期生存於強勢的歐美文明的邊緣地帶,因而難以改變作爲歐美文化思想附庸的地位,這一局面在海外華人的中國研究中更加明顯。而日本知識分子的反省卻將近現代中國作爲了反觀自身的「他者」,第一次將中國問題與自我的重建、主體性的尋找緊密聯繫,強調一種與歐美文明相平等的文化意識,這無疑是「中國學」研究的重要破局,具有重要的學術啓示意義,同時,對中國自己的學術研究也產生了極大的衝擊效應。

　　在逐步走出傳統的感悟式文學批評,建立現代知識的理性框架的過程中,中國的學術研究顯然從西方獲益甚多,當然也受制甚多,甚至被後者裹挾了我們的基本思維與立場,於是質疑之聲繼之而起,對所謂「中國化」和保留「傳統」的訴求一直連綿不絕,至最近20餘年,更在國內清算「西化」的主流意識形態及西方後現代主義、西方馬克思主義的自我批判的雙重鼓勵下,進一步明確提出了諸如中國立場、中國問題、中國話語等系統性的要求。來自日本學者的這一類概括──在中國發現「亞洲」近代化的獨特性,回歸中國自己的方法──顯然對我們當下的學術訴求有明晰準確的描繪,予我們的「中國道路」莫大的鼓勵,我們難以確定這樣的判斷究竟會對海外的「中國學」研究產生多大的改變,但是它對中國學術界本身的啓示和作用卻早已經一目了然。

　　我高度評價中國學界「回歸中國」的努力與亞洲──中國「作爲方法」的啓示意義。但是,與此同時,我也想提醒大家注意一個重要的現實,所謂的「作爲方法」如果不經過嚴格的勘定和區分,其實並不容易明瞭其中的含義,而無論是「亞洲」還是「中國」,作爲一個區域的指稱原本也有不少的遊

〔註4〕　(日)溝口雄三:《作爲方法的中國》,12頁,孫軍悅譯,三聯書店,2011年。
〔註5〕　(日)溝口雄三:《作爲方法的中國》,130、131頁,孫軍悅譯,三聯書店,2011年。

移性與隨意性。比如竹內好將「亞洲」簡化爲「中國」，將「東洋」轉稱爲「中國」，臺灣學人陳光興也在這樣的「亞洲」論述中加入了印度與臺灣地區，這都與論述人自己的關注、興趣和理解相互聯繫，換句話說，僅僅有「作爲方法」的「亞洲」概念與「中國」概念遠遠不夠，甚至，有了竹內與溝口的充滿智慧的「以中國爲方法」的種種判斷也還不夠，因爲這究竟還是「中國之外」的「他者」從他們自己的需要出發提出的觀察，這裡的「中國」不過是「日本內部的中國」，而非「中國人的中國」，正如溝口雄三對竹內好評述的那樣：「這種憧憬的對象並不是客觀的中國，而是在自身內部主觀成像的『我們內部的中國』。」〔註 6〕那麼，溝口雄三本人的「中國方法」又如何呢？另一位深受竹內好影響的日本學者子安宣邦認爲，溝口雄三「以中國爲方法，以世界爲目的」的「超越中國的中國學」與日本戰前「沒有中國的中國學」依然具有親近性，難以真正展示自己的「作爲方法」的中國視點。〔註 7〕所以葛兆光就提醒我們，對於這樣「超越中國的中國學」，我們也不能直接平移到中國自己的中國學之中，一切都應當三思而行。〔註 8〕

　　問題是，中國學界在尋找「中國獨特性」的時候格外需要那麼一些支撐性的論述與證據，而來自域外的論述與證據就更顯珍貴了。在這個時候，域外學說的「方法」本身也就無暇追問和反思了。例如竹內好與溝口雄三都將近現代中國的獨特性描述爲社會革命：「中國的近代化走的是自下而上的反帝反封建社會革命、即人民共和主義的道路。」〔註 9〕在他們看來，太平天國至社會主義中國的「革命史」呈現的就是中國自力更生的道路。這的確道出了現代中國的重要事實，因而得到許多中國現代文學研究者的認同，當然，一些中國學者對現代中國革命的重新認同還深刻地聯繫著西方後現代主義對西方文化的自我批判，聯繫著西方馬克思主義及其它左派對資本主義的嚴厲批判，在這裡，「西洋」的自我批判和「東洋」的自我尋找共同加強了中國學者對「中國現代史＝革命史」的認識，如下話語所表述的學術理念以及這一理念的形成過程無疑具有某種典型意義：

〔註 6〕（日）溝口雄三：《作爲方法的中國》，6 頁，孫軍悅譯，三聯書店，2011 年。
〔註 7〕參看張昆將：〈關於東亞的思考「方法」：以竹內好、溝口雄三、子安宣邦爲中心〉，《臺灣東亞文明研究學刊》第 1 卷第 2 期，2004 年。
〔註 8〕葛兆光：〈重評九十年代日本中國學的新觀念——讀溝口雄三《方法としての中國》〉，《二十一世紀》12 月號，2002 年。
〔註 9〕（日）溝口雄三：《作爲方法的中國》，11 頁，孫軍悅譯，三聯書店，2011 年。

　　從 1993 年起，我逐步地對以往的研究做了兩點調整：第一是將自己的歷史研究放置在「反思現代性」的理論框架中進行綜合的分析和思考；第二是力圖將社會史的視野與思想史研究結合起來。在中國 1980 年代的文化運動和 1990 年代的思想潮流之中，對於近代革命和社會主義歷史的批判和拒絕經常被放置在對資本主義的全面的肯定之上；我試圖將近代革命和社會主義歷史的悲劇放置在對現代性的批判性反思的視野中，動機之一是爲了將這一過程與當代的現實進程一道納入批判性反思的範圍。……而溝口雄三教授對日本中國研究的批判性的看法和對明清思想的解釋都給我以啓發。也是在上述閱讀、交往和研究的過程中，我逐漸地形成了自己的一個研究視野，即將思想的內在視野與歷史社會學的方法有機地結合起來。〔註10〕

東洋與西洋的有機結合，鼓勵我們對現代性的西方傳統展開質疑和批判，同時對我們自身的現代價值加以發掘和肯定，在中國現代文學研究領域中，這些「我們的現代價值」常常也指向革命文學、左翼文學、延安文學與新中國建立至新時期以前的文學，有學者將之概括爲新左派的現代文學史觀。姑且不論「新左派」之說是否準確，但是其描述出來的學術事實卻是有目共睹的：「以現代性反思的名義將左翼文學納入現代性範疇，並稱之爲『反現代的現代主義文學』、『反現代的現代先鋒派文學』，高度肯定其歷史合理性，並認爲改革前的毛澤東時代可以定位爲『反現代的現代性』，其合法性來自於對西方資本主義現代性的批判。」〔註11〕爲了肯定這些中國現代文化追求的合理性，人們有意忽略其中的種種失誤，包括眾所周知的極左政治對現代文學發展的傷害和扭曲，甚至「文革」的思維也一再被美化。

　　理性而論，前述的「反思現代性」論述顯然問題重重：「那種忽略了具體歷史語境中強大的以封建專制主義文化意識爲主體的特殊性，忽略了那時文學作品巨大的政治社會屬性與人文精神被顛覆、現代化追求被阻斷的歷史內涵，而只把文本當作一個脫離了社會時空的、僅僅只有自然意義的單細胞來

〔註10〕 汪暉、張曦：〈在歷史中思考──汪暉教授訪談〉，《學術月刊》第 7 期，2005 年。

〔註11〕 鄭潤良：〈「反現代的現代性」：新左派文學史觀萌發的語境及其問題〉，《福建論壇》第 4 期，2010 年。

進行所謂審美解剖。這顯然不是歷史主義的客觀審美態度。」〔註12〕

　　值得注意的現實是，為了急於標示中國也可以有自己的「現代性」，我們學界急切尋找著能夠支持自己的他人的結論和觀點，至於對方究竟把什麼「作為方法」倒不是特別重要了。

　　「悖論」是中國學者對竹內好等學者處境與思維的理解，有意思的是，當我們不再追問「作為方法」的緣由和形式之時，自己也可能最終陷入某種「悖論」。比如，在肯定我們自己的現代價值之際，誕生了一個影響甚大的觀點：反現代的現代性。中國革命史被稱作是「反現代的現代性」，中國的左翼文學史也被描述為「反現代性的現代性」，姑且不問這種表述來源於西方現代性話語的繁複關係，使用者至少沒有推敲：「反」的思維其實還是以西方現代性為「正方」的，也就是說，是以它的「現代」為基本內容來決定我們「反」的目標和形式，這是真正的多元世界觀呢還是繼續延續了我們所熟悉的「二元對立」的格局呢？這樣一種正／反模式與他們所要克服的思維中國／西方的二元模式如出一轍：把世界認定為某兩種力量對立鬥爭的結果，肯定不是對真正的多元文化的認可，依舊屬於對歷史事實的簡化式的理解。

二

　　「中國作為方法」不是學術研究大功告成之際的自得的總結，甚至也還不是理所當然的研究的開始，更準確地說，它可能還是學術思想調整的準備活動。在這個意義上，真正的「中國」問題在哪裏，「中國」視角是什麼，「中國」的方法有哪些，都亟待中國自己的學人在自己的歷史文化語境中開展新的探討。對於中國現代文學研究而言，我覺得，與其追隨「他者」的眼界，取法籠統的「中國」，還不如真正返回歷史的現場加以勘察，進入「民國」的視野。「作為方法的中國」是來自他者的啟示，它提醒我們尋找學術主體性的必要，「作為方法的民國」，則是我們重拾自我體驗的開始，是我們自我認識、自我表達的真正的需要。

　　海外中國學研究，在進入「作為方法的中國」之後，無疑產生了不少啟發性的成果，即便如此，其結論也有別於自「民國」歷史走來的中國人，只有我們自己的「民國」感受能夠校正他者的異見，完成自我的表述。包括竹

〔註12〕董健、丁帆、王彬彬：〈我們應該怎樣重寫當代文學史〉，《江蘇行政學院學報》第 1 期，2003 年。

內好與溝口雄三這樣的智慧之論也是如此。對此，溝口雄三自己就有過真誠的反思，他說包括竹內好在內他們對中國的觀察都充滿了憧憬式的誤讀，包括對「文革」的禮贊等等。〔註13〕因為研究「所使用的基本範疇完全來自中國思想內部」，而且「對思想的研究不是純粹的觀念史的研究，而是考慮整個中國社會歷史」，溝口雄三的中國研究曾經為中國學者所認同，〔註14〕例如他借助中國思想傳統的內部資源解釋孫中山開始的現代革命，的確就令人耳目一新，跳出了西方現代性東移的固有解說：

> 實際上大同思想不僅影響了孫文，而且還構成了中國共和思想的核心。

> 就民權來看，中國的這種大同式近代的特徵也體現在民權所主張的與其說是個人權利，不如說國民、人民的全體權利這一點上。

> 大同式的近代不是通過「個」而是通過「共」把民生和民權聯結在一起，構成一個同心圓，所以從一開始便是中國獨特的、帶有社會主義性質的近代。〔註15〕

雖然這道出了中國現代歷史的重要事實，但卻只是一部分事實，很明顯，「民國」的共和與憲政理想本身是一個豐富而複雜的思想系統，而且還可以說是一個動態的有許多政治家、思想家和知識分子共同參與共同推進的系統。例如在五四新文化運動前夕，出於對民初政治的失望，《甲寅》的知識分子群體就展開了「國權」與「民權」的討論辨析，並且關注「民權」也從「公權」轉向「私權」，至《新青年》更是大張個人自由，個人情感與欲望，這才有了五四新文學運動，有了郁達夫的切身感受：「五四運動的最大成功，第一要算『個人』的發現。從前的人是為君而存在，為道而存在，為父母而存在的，現在的人才曉得為自我而存在了。」〔註16〕不僅是五四新文學思潮，後來的自由主義者也一直以「個人權利」、「個人自由」與左右兩種政治主張相抗衡，雖然這些「個人」與「自由」的內涵嚴格說來與西方文化有所區別，但也不

〔註13〕（日）溝口雄三：《作為方法的中國》，12頁，孫軍悅譯，三聯書店，2011年。

〔註14〕（日）溝口雄三、汪暉：〈沒有中國的中國學〉，《讀書》第4期，1994年。

〔註15〕（日）溝口雄三：《作為方法的中國》，12、16、18頁，孫軍悅譯，三聯書店，2011年。

〔註16〕郁達夫：《〈中國新文學大系‧散文二集〉導言》，上海良友圖書印刷公司，1935年。

是「大同」理想與「社會主義性質」能夠涵蓋的，它們的發展在不同的歷史時期各有限制，但依然一路坎坷向前，並在 20 世紀 80 年代的海峽兩岸各有成效，成爲現代中國文化建設所不能忽略的一種重要元素，不回到民國重新梳理、重新談論，我們歷史的獨特性如何能夠呈現呢？

治中國社會歷史研究多年的秦暉曾經提出了一個耐人尋味的觀點：當前中國學術一方面在反對西方的所謂「文化殖民」，另外一方面卻又常常陷入到外來的「問題」圈套之中，形成有趣的「問題殖民」現象。〔註 17〕我理解，這裡的「問題殖民」就是脫離開我們自己的歷史文化環境，將他者研討中國提出來的問題（包括某些讚賞中國「特殊價值」的問題）當作我們自己的問題，從而在竭力掙脫西方話語的過程中再一次落入到他者思維的窠臼。如何才能打破這種反反覆復、層層疊疊的他者的圈套呢？我以爲唯一的出路便是敢於拋開一些令人眼花繚亂的解釋框架，面對我們自己的歷史處境，感受我們自己的問題，對中國現代文學的研究而言，就是要在「民國」的社會歷史框架中醞釀和提煉我們的學術感覺，這當然不是說從此固步自封，拒絕外來的思想和方法，而是說所有的思想和方法都必須在民國歷史的事實中接受檢驗，只有最豐富地對應於民國歷史事實的理論和方法才足以成爲我們研究的路徑，才能最後爲我所用。在中國現代文學研究領域，並沒有異域學者所總結完成的「中國方法」，而只有在民國「作爲方法」取得成傚之後的具體的認知，也就是說，是「作爲方法的民國」眞正保證了「作爲方法的中國」。下述幾個中國現代文學研究中影響較大、也爭論較大的理論框架，莫不如此。

例如，在描述中國歷史從封建帝國轉入現代國家的時候，人們常常使用「民族國家」這一概念，中國現代文學也因此被視作「現代民族國家文學」，不斷放大「民族國家」主題之於中國現代文學的意義：「在抗戰文學中，由於抗日民族統一戰線的建立，民族國家成爲了一個集中表達的核心的、甚至唯一的主題。」〔註 18〕甚至稱：「『五四』以來被稱之爲『現代文學』的東西其實是一種民族國家文學。」〔註 19〕這顯然都不符合中國現代文學在「民國」

〔註 17〕http：//www.360doc.com/content/10/0626/01/875791_35273755.shtml
〔註 18〕曠新年：〈民族國家想像與中國現代文學〉，《文學評論》第 1 期，2003 年。
〔註 19〕劉禾：《文本、批評與民族國家文學——〈生死場〉的啓示》，1 頁，北京大學出版社，2007 年。對中國現代文學研究中民族國家理論的檢討，已有學者提出過重要的論述，如張中良《中國現代文學的「民族國家」問題》，臺灣花木蘭文化出版社，2012 年。

的歷史事實，不必說五四新文學運動恰恰質疑了無條件的「國家認同」，民國時期文學前十年「國家主題」並不占主導地位，出現了所謂「民族國家意識的延宕與缺席」現象，[註20]第二個十年間的「民族主義」觀念也一再受到左翼文學陣營的抨擊，就是抗日戰爭時期的文學，也不像過去文學史所描繪的那麼主題單一，相反，多主題的出現，文學在豐富中走向成熟才是基本的事實。不充分重視「民國」的豐富意義就會用外來概念直接「認定」歷史的性質，從而形成對我們自身歷史的誤讀。

文學的「民國」不僅含義豐富，也不適合於被稱作是「想像的共同體」。近年來，美國著名學者本尼狄克特‧安德森關於民族國家的概括——「想像的共同體」廣獲運用，借助於這一思路，我們描繪出了這樣一個國家認同的圖景：中國知識分子從晚清開始，利用報紙、雜誌、小說等媒體空間展開政治的文化的批判，通過這一空間，中國人展開了對「民族國家」的建構，使國民獲得了最初的民族國家認同。誠然，這道出了「帝國」式微，「民國」塑形過程之中，民眾與國家觀念形成的某些狀況，但卻既不是中華民族歷史演變的真相，[註21]也不是現實意義的民國的主要的實情，當然更不是「文學民國」的重要事實。現實意義的民國，在一個相當長的時間裏，依然處於殘留的「帝國」意識與新生的「民國」意識的矛盾鬥爭之中，專制集權與民主自由此漲彼消，黨國觀念與公民社會相互博弈，也就是說，「國家與民族」經常成為統治者鞏固自身權利的重要的意識形態選擇，與知識分子所要展開的公眾想像既相關又矛盾。在現實世界上，我們的國家民族觀念常常來自於政治強權的強勢推行，這也造成了

〔註20〕李道新在剖析民國電影文化時指出：「南京國民政府成立以前，亦即從電影傳入中國至 1927 年之間，中國電影傳播主要訴諸道德與風化，基本無關民族與國家。民族國家意識的延宕與缺席，與落後保守的價值導向及混亂無序的官方介入結合在一起，使這一時期的中國電影幾乎處在一種特殊的無政府狀態，並導致中國電影從一開始就陷入目標／效果的錯位與傳者／受眾的分裂之境。」(李道新：〈民族國家意識的延宕與缺席：南京國民政府成立前中國電影的傳播制度及其空間拓展〉，《上海大學學報》第 3 期，2011 年。) 這樣的觀察其實同樣可以啟發我們的文學研究。

〔註21〕關於中華民族及統一國家的形成如何超越「想像」，進入「實踐」等情形，近來已有多位學者加以論證，如楊義、邵寧寧：〈描繪中國文學地圖——楊義訪談錄〉(《甘肅社會科學》第 5 期，2004 年)、郝慶軍：〈反思兩個熱門話題：「公共領域」與「想像的共同體」〉(《中國現代文學研究叢刊》第 5 期，2005 年)、吳曉東：〈「想像的共同體」理論與中國理論創新問題〉(《學術月刊》第 2 期，2007 年) 等。

知識分子國家民族認同的諸多矛盾與尷尬，他們不時陷落於個人理想與政治強權的對立之中，既不能接受強權的思想干預，又無法完全另立門戶，總之，「想像」並不足以獨立自主，「共同體」的形成步履艱難，「文學的民國」對此表述生動。這裡既有胡適「只指望快快亡國」的情緒性決絕，〔註22〕有魯迅對於民族國家自我壓迫的理性認識：「用筆和舌，將淪爲異族的奴隸之苦告訴大家，自然是不錯的，但要十分小心，不可使大家得著這樣的結論：『那麼，到底還不如我們似的做自己人的奴隸好。』」〔註23〕也有聞一多輾轉反側，難以抉擇的苦痛：「我來了，我喊一聲，迸著血淚，　／『這不是我的中華，不對，不對！』」「我來了，不知道是一場空喜。　／我會見的是噩夢，那裡是你？　／那是恐怖，是噩夢掛著懸崖，　／那不是你，那不是我的心愛！」〔註24〕

　　總之，進入文學的民國，概念的迷信就土崩瓦解了。

　　也有學者試圖對外來概念進行改造式的使用，這顯然有別於那種不加選擇的盲目，不過，作爲「民國」實際的深入的檢驗工作也並沒有完成，例如近年來同樣在現代文學研究界流行的「公共空間」（「公共領域」）理論。在西歐歷史的近現代發展中，先後出現了貴族文藝沙龍、咖啡館、俱樂部一類公共聚落，然後推延至整個社會，最終形成了不隸屬於國家官僚機構的民間的新型公共社區，這對理解西方近代社會歷史與精神生產環境都是重要的視角。不過，眞正「公共空間」的形成必須有賴於比較堅實的市民社會的基礎，尚未形成眞正的市民社會的民國，當然也就沒有眞正的公共空間。〔註25〕可能正是考慮到了民國歷史的特殊性，李歐梵先生試圖對這一概念加以改造，他以「批判空間」替換之，試圖說明中國近現代知識分子也正在形成自己的「公共性」的輿論環境，他以《申報·自由談》爲例，說明：「這個半公開的園地更屬開創的新空間，它

〔註22〕胡適〈你莫忘記〉有云：「你莫忘記：　／你老子臨死時只指望快快亡國：　／亡給『哥薩克』，　／亡給『普魯士』　／都可以」。

〔註23〕魯迅：《且介亭雜文末編·半夏小集》，《魯迅全集》6 卷，617 頁，人民文學出版社，2005 年。

〔註24〕聞一多詩歌：〈發現〉。

〔註25〕對此，哈貝馬斯具有清醒的認識，他認爲，不能把「公共領域」這個概念與歐洲中世紀市民社會的特殊性隔離開，也不能隨意將其運用到其它具有相似形態的歷史語境中。（參見哈貝馬斯：《公共領域的結構轉型》初版序言，曹衛東譯，學林出版社，1999 年。）中國學者關於「公共領域」理論在中國運用的反思可以參見張鴻聲：〈中國的「公共領域」及其它——兼論現代城市文學研究的本土化〉，《首都師範大學學報》第 6 期，2006 年。

至少為社會提供了一塊可以用滑稽的形式發表言論的地方。」魯迅為《自由談》欄目所撰文稿也成為李歐梵先生考辨的對象，並有精彩的分析，然而，論者突然話鋒一轉：「因為當年的上海文壇上個人恩怨太多，而魯迅花在這方面的筆墨也太重，罵人有時也太過刻薄。問題是：罵完國民黨文人之後，是否能在其壓制下爭取到多一點言論的空間？就《偽自由書》中的文章而言，我覺得魯迅在這方面反而沒有太大的貢獻。如果從負面的角度而論，這些雜文顯得有些『小氣』。我從文中所見到的魯迅形象是一個心眼狹窄的老文人，他拿了一把剪刀，在報紙上找尋『作論』的材料，然後『以小窺大』，把拼湊以後的材料作為他立論的根據。事實上他並不珍惜──也不注意──報紙本身的社會文化功用和價值，而且對於言論自由這個問題，他認為根本不存在。」「《偽自由書》中沒有仔細論到自由的問題，對於國民黨政府的對日本妥協政策雖諸多非議，但又和新聞報導的失實連在一起。也許，他覺得真實也是道德上的真理，但是他從報屁股看到的真實，是否能夠足以負荷道德真理的真相？」〔註26〕其實，魯迅對「自由」的一些理論和他是否參與了現代中國「批判空間」的言論自由的開拓完全是兩碼事。實際的情況是，在民國時代的專制統治下，任何自由空間的開拓都不可能完全是「輿論」本身的功效，輿論的背後，是民國政治的高壓力量，魯迅的敏感，魯迅的多疑，魯迅雜文的曲筆和隱晦，乃至與現實人事的種種糾纏，莫不與對這高壓環境的見縫插針般的戳擊有關。當生存的不自由已經轉化成為「日常生活」的一部分（所謂「報屁股看到的真實」），成為各色人等的「無意識」，點滴行為的反抗可能比長篇大論的自由討論更具有「自由」的意味。這就是現代中國的基本現實，這就是民國輿論環境與文學空間所具有的歷史特徵。對比晚清和北洋軍閥時代，李歐梵先生認為，1930 年代雖然「在物質上較晚清民初發達，都市中的中產階級讀者可能也更多，咖啡館、戲院等公共場所也都具備」，但公共空間的言論自由卻反而更小了。原因何在呢？他認為在於像魯迅這樣的左翼「把語言不作為『中介』性的媒體而作為政治宣傳或個人攻擊的武器和工具，逐漸導致政治上的偏激文化（radicalization），而偏激之後也只有革命一途」。〔註27〕這裡涉及對左翼文化的反思，自有其準確深刻之處，但是，

〔註26〕李歐梵：〈「批評空間」的開創──從《申報》「自由談」談起〉，見《現代性的追求》，19、20 頁，三聯書店，2000 年。

〔註27〕李歐梵：〈「批評空間」的開創──從《申報》「自由談」談起〉，見《現代性的追求》，21 頁，三聯書店，2000 年。

就像現代中國社會的諸多「公共」從來都不是完全的民間力量所打造一樣，言論空間的存廢也與政府的強力介入直接關聯，左翼文化的鋒芒所指首先是專制政府，而對政府專制的攻擊，本身不也是一種擴大言論自由的有效方式？

作為方法的民國，意味著持續不斷地返回中國歷史的過程，意味著對我們自身問題和思維方式的永遠的反省和批判，只有這樣，我們的中國現代文學研究才是真正屬於自己的。

三

「民國作為方法」既然是在自覺尋找中國現代文學研究「自己的方法」的意義上提出來的，那麼，它究竟如何才能成為一種與眾不同的「方法」呢？或者說，它對中國現代文學研究具體有哪些著力點與可能開拓之處呢？我認為至少有這樣幾個方面的工作可以開展：

首先是為「中國」的學術研究設立具體的「時間軸」。也就是說，所謂學術研究的「中國問題」不應該是籠統的，它必須置放在具體的時間維度中加以追問，是「民國」時期的中國問題還是「人民共和國」時期的中國問題？當然，我們曾經試圖以「現代化」、「現代性」這樣的概念來統一描述，但事實是，兩個不同的歷史階段有著相當多的差異性，特別是作為精神現象的文學，在生產方式、傳播接受方式及作家的生存環境、寫作環境、文學制度等等方面都更適合分段討論。新時期文學曾經被類比為五四新文學，這雖然一度喚起了人們的「新啟蒙」的熱情，但是新時期究竟不是「五四」，新時期的中國知識分子也不是「五四」一代的陳獨秀、胡適與周氏兄弟，到後來，人們質疑 1980 年代，質疑「新啟蒙」，連帶五四新文化運動一起質疑，問題是經過一系列風起雲湧的體制變革和社會演變，「五四」怎麼能夠為新時期背書？就像民國不可能與人民共和國相提並論一樣；也有將「文革」追溯到「五四」的，這同樣是完全混淆了兩個根本不同的歷史文化情境。在我看來，今天的中國現當代文學研究，尚需要在已有的「新文學一體化」格局中（包括影響巨大的「20世紀中國文學」）重新區隔，讓所謂的「現代」和「當代」各自歸位，回到自己的歷史情境中去，這不是要否認它們的歷史聯繫，而是要重新釐清究竟什麼才是它們真正的歷史聯繫。研究中國現代文學，就必須首先回到民國歷史，將中國現代文學作為民國時期的精神現象。晚清盡頭是民國，民國盡頭是人民共和國，各自的歷史場景講述著不同的文學故事。

其次是「中國」的學術研究也必須落實到具體的「空間場景」。「空間和時間是一切實在與之相關聯的架構。我們只有在空間和時間的條件下才能設想任何眞實的事物。」〔註28〕民國及其複雜的空間分佈恰恰爲我們重新認識中國問題的複雜性提供了基礎。在過去一個相當長的時期內，我們習慣將中國的問題置放在種種巨大的背景之上，諸如「文藝復興」、「啓蒙與救亡」、「中外文化衝撞與融合」、「中國傳統文化」、「現代化」、「走向世界文學」、「全球化」、「現代民族國家進程」等等，這固然確有其事，但來自同樣背景的衝擊，卻在不同的區域產生了並不相同的效果，甚至有些區域性的文學現象未必就與這些宏大主題相關。詩人何其芳在四川萬縣的偏遠山區成長，直到1930年代「還不知道五四運動，還不知道新文化，新文學，連白話文也還被視爲異端」。〔註29〕這對我們文學史上的五四敘述無疑是一大挑戰：中國的現代文化進程是不是同一個知識系統的不斷演繹？另外一個例證也可謂典型：我們一般都把白話新文學的產生歸結到外來文化深深的衝擊，歸結到一批留美留日學生的新式教育與人生體驗，所以「走異路，逃異地」的魯迅於1918年完成了〈狂人日記〉，留下了中國現代文學史上第一篇白話小說，但跳出這樣的中/西大敘事，我們卻可以發現，遠在內部腹地的成都作家李劼人早在尚未跨出國門的1915年就完成了多篇新式白話小說，這裡的文化資源又是什麼？

中國的學術問題並不產生自抽象籠統的大中國，它本身就來自各個具體的生活場景，具體的生存地域。有學者對民國文學研究不無疑慮，因爲民國不同於「一體化」的人民共和國，各個不同的政治派別、各個不同的區域差異比較明顯，更不要說如抗戰時期的巨大的政權分割（國統區、解放區及淪陷區）了，這樣一個「破碎的國家」能否方便於我們的研究呢？在我看來，破碎正是民國的特點，是這一歷史時期生存其間的中國人（包括中國知識分子）的體驗空間，只要我們不預設一些先驗的結論，那麼針對不同地域、不同生存環境的文學敘述加以考察，恰恰可以豐富我們的歷史認識。一個生存共同體，它的魅力並不是它對外來衝擊的傳播速度，而是內部範式的多樣性和豐富性，這就是我們所謂的「地方性知識」。民國時期的「山河破碎」，正好爲各種地方性知識的生長創造了條件，如果能夠充分尊重和發掘這些地方性知識視野中的精神活動與文學創造，那麼中國的現代文學研究也將再添不

〔註28〕（德）恩斯特·卡西爾：《人論》，73頁，甘陽譯，西苑出版社，2003年。
〔註29〕方敬、何頻伽：《何其芳散記》，22頁，四川教育出版社，1990年。

少新的話題、新的意趣。

「破碎」的民國給我們的進一步的啓發可能還在於：區域的破碎同時也表現爲個人體驗的分離與精神趣味的多樣化。當代中國的大眾文化曾經出現了所謂的「民國熱」，在我看來，這種以時尚爲誘導、以大眾消費爲旨歸，充滿誇張和想像的「熱」需要我們深加警惕，絕不能與嚴肅的歷史探詢相混淆。其中唯一值得肯定的便是某種不滿於頹靡現狀，試圖在過去發掘精神資源的願望。今天的人們也或多或少地感佩於民國時代知識分子精神狀態的多樣性，如魯迅、陳獨秀、胡適一代新文化創造者般的不完全受縛於某種體制的壓力或公眾的流俗的精神風貌。〔註 30〕的確，中國現代作家精神風貌的多姿多彩與文學作品意義的多樣化迄今堪稱典範，還包括新／舊、雅／俗文學的多元並存。對應於這樣的文學形態，我們也需要調整我們固有的思維模式，未來，如果可能完成一部新的文學發展史的話，其內容、關注點和敘述方式都可能與當今的文學史大爲不同。

第三，「作爲方法的民國」的研究並不同於過去一般的歷史文化與文學關係的研究，有著自己獨立的歷史觀與文學觀。中國現代文學研究不乏從歷史背景入手的學術傳統，包括傳統文學批評中所謂的「知人論世」，包括中國式馬克思主義的社會歷史批評，也包括新時期以後的文化視角的文學研究。應該說，這三種批評都是有前提的，也就是說，都有比較明確、清晰的對歷史性質的認定，而文學現象在某種意義上都必須經過這一歷史認識的篩選。「知人論世」往往轉化爲某種形式的道德批評，倫理道德觀是它篩選歷史現象的工具；中國式馬克思主義的社會歷史批評在新中國建立後相當長的時間中表現爲馬克思主義普遍原理的運用，有時難免以論帶史的弊端；文化視角的文學研究曾經爲我們的研究打開了許多扇門與窗，但是這樣的文化研究常常是用文學現象來證明「文化」的特點，有時候是「犧牲」了文學的獨特性來遷就文化的整體屬性，有時候是忽略了作家的主觀複雜性來遷就社會文化的歷史客觀性──總之，在這個時候，作爲歷史現象的文學本身往往並不是我們呈現的對象，我們的工作不過是借助文學說明其它「文化」理念，如通過不同地域的文學創作證明中國區域文化的特點，從現代作家的宗教情趣中展示

〔註30〕丁帆先生另有「民國文學風範」一說可以參考，他說：「我所指的『民國文學風範』就是五四新文學傳統，特指五四前後包括俗文學在內的『人的文學』內涵。見丁帆：〈「民國文學風範」的再思考〉，《文藝爭鳴》第 7 期，2011 年。

各大宗教文化在中國的傳播，利用文學作品的政治傾向挖掘現代政治文化在文學中的深刻印記等等。

「作爲方法的民國」就是要尊重民國歷史現象自身的完整性、豐富性、複雜性，提倡文學研究的歷史化態度。既往的中國現代文學研究充斥了一系列的預設性判斷，從最早的「中國新文學是反帝反封建的文學」、「五四新文學運動實施了對舊文學摧枯拉朽般的打擊」、「中國現代文學的發展與歷史的進步方向相一致」，到新時期以後「中國現代文學是走向世界的文學」、「中國現代文學是現代性的文學」、「20 世紀中國文學的總主題是改造民族靈魂，審美風格的核心是悲涼」等等。在特定的時代，這些判斷都實現過它們的學術價值，但是，對歷史細節的進一步追問卻讓我們的研究不能再停留於此，比如回到民國語境，我們就會發現，所謂「封建」一說根本就存在「名實不符」的巨大尷尬，文學批評界對「封建」的界定與歷史學界的「封建」含義大相徑庭，「反封建」在不同階段的眞實意義可能各各不同；已經習用多年的「進步作家」、「進步文學」究竟指的是什麼，越來越不清楚，在包括抗戰這樣的時期，左右作家是否涇渭分明？所謂「右翼文學」包括接近國民黨的知識分子的寫作是不是一切都以左翼爲敵，它有沒有自己獨立的文學理想？國民黨專制文化是否鐵板一塊，其內部（例如對文學的控制與管理）有無矛盾與裂痕？共產黨的革命文學是否就是爲反對國民黨和「舊社會」而存在，它和國民黨的文學觀念有無某些聯通之處？被新文學「橫掃」之後的舊派文學是不是一蹶不振，漸趨消歇？因爲，事實恰恰相反，它們在民國時代獲得了長足的發展，並演化出更爲豐富的形態，這是不是都告訴我們，我們先前設定的文學格局與文學道路都充滿了太多的主觀性，不回到民國歷史的語境，心平氣和地重新觀察，文學中國（文學民國）的實際狀況依然混沌。

這就是我們主張文學研究「歷史化」，反對觀念「預設」的意義。當然，反對「預設」理念並不等於我們自己不需要任何理論視角，而是強調新的研究應該比以往任何時候都尊重民國社會歷史本身的實際情形，研究必須以充分的歷史材料爲基礎，而不應當讓後來的歷史判斷（特別是極左年代的民國批判概念）先入爲主，同時，時刻保持一種自我反思、自我警醒的姿態。回到民國，我們的研究將繼續在歷史中關注文學，政治、經濟、法律、教育等等議題都應當再次提出，但是與既往的研究相比，新的研究不是對過去的拾遺補缺，不是如先前那樣將文學當作種種社會文化現象的例證，相反，是爲

了呈現文學與文化的複雜糾葛，不再執著於概念轉而注重細節的挖掘與展示。例如「經濟」不是一般的政治經濟學原理，而是具體的經濟政策、經濟模式與影響文學文化活動的經濟行為，如出版業的運作、經濟結算方式；「政治」也不僅僅是整體的政治氛圍概括，而是民國時期具體的政治形態與政治行為，憲政、政黨組織形式，官方的社會控制政策等等；在文學一方面，也不是抽取其中的例證附著於相應的文化現象，而是新的創作細節、文本細節的全新發現。回到文學民國的現場，不僅是重新理解了民國的文化現象，也是深入把握了文學的細節，這是一種「雙向互犁」的研究，而非比附性的論證說明。例如茅盾創作《子夜》，就絕非一個簡單的「中國道路」的文學說明，它是 1930 年代中國經濟危機、社會思想衝突與茅盾個人的複雜情懷的綜合結果。解析《子夜》決不能單憑小說中的理性表述與茅盾後來的自我說明，也不能套用新民主主義論的現成歷史判斷，而必須回到「民國歷史情境」。在這裡，國家的基本經濟狀況究竟如何，世界經濟危機與民國政府的應對措施，各種經濟形態（外資經濟、民營經濟、買辦經濟等）的眞實運行情況是什麼，社會階層的生存狀況與關係究竟怎樣，中國現實與知識界思想討論的關係是什麼，文學家茅盾與思想界、政治界的交往，茅盾的深層心理有哪些，他的創作經歷了怎樣的複雜過程，接受了什麼外來信息和干預，而這些干預又在多大程度上改變了茅盾，茅盾是否完全接受這些干預，或者說在哪一個層次上接受了、又在哪一個層次上抵制了轉化了，作家的意識與無意識在文本中構成怎樣的關係等等，這樣的「矛盾綜合體」才是《子夜》，「回到民國歷史」才能完整呈現《子夜》的複雜意義。

　　民國作為方法，當然不會拒絕外來的其它文學理論與批評視角，但是，正如前文所說，這些新的理論與批評不能理所當然就進入中國現代文學研究之中，它必須能夠與文學中國——民國時期的文學狀況相適應，並不斷接受研究者的質疑和調整。例如，就我們闡述的歷史與文學互通、互證的方法而言，似乎與歐美的近半個世紀以來的「文化研究」頗多相近，因此不妨從中有所借鑒，但是，在另外一方面，我們必須認識到，歐美的「文化研究」的具體問題——如階級研究、亞文化研究、種族研究、性別研究、大眾傳媒研究等——都來自與中國不同的環境，自然不能簡單移用。對於我們而言，更重要的可能就是一種態度的啓示：打破了文學與各種社會文化之間的間隔，在社會文化關係版圖中把握文學的意義，文學的審美個性與其中的「文化意

義」交相輝映。

作爲方法的民國，昭示的是中國現代文學研究「學術自主」的新可能，它不是漂亮的口號，而是迫切的學術願望，不是招搖的旗幟，而是治學的態度，不是排斥性的宣示，而是自我反思的眞誠邀請，一句話，還期待更多的研究者投入其中，以自己尊重歷史的精神。

研究主體與歷史對象的彼此敞開
——序 劉奎的《詩人革命家：抗戰時期的郭沫若》

吳曉東

　　大約十年前，我曾分別向自己的兩位導師孫玉石先生和錢理群先生請教過一個問題：如果從作家論的角度選擇研究對象，現代文學史上哪位作家還有可以進一步探討的空間？記得孫老師的答案是老舍，而錢老師選擇的是郭沫若。

　　錢理群老師之所以選擇郭沫若，看重的是郭沫若在二十世紀中國知識分子中的典型性、複雜性和無可替代性。這種典型性、複雜性和無可替代性差不多在郭沫若生命歷程中的任何一個歷史時段都有鮮明的體現。所以當劉奎設計博士論文的選題，試圖研究抗戰時期的郭沫若的時候，我欣然表示贊同，並隱隱約約地預感到，劉奎或許可以挖出一個高含金量的富礦。這種預感終於在他的博士論文《詩人革命家：抗戰時期的郭沫若》中得到證實。

　　進入這個選題伊始，劉奎不是沒有過猶疑甚至動搖。在後記中，劉奎寫過這樣的一番話：「博士畢業論文最終定題爲抗戰時期的郭沫若，還是讓我不無顧慮。除了學力的問題外，更讓我擔憂的是，作爲改革的一代，或者說八〇後，我們真的還能理解那一代人麼？我們又能站在哪個位置與他們對話？他們的歷史經驗對於當代真的還有意義麼？更何況郭沫若又有些特殊，『文革』期間他的政治表態，使他往往容易遭致物議。以至於在跟別人談及郭沫若時，任何人似乎都有資格指責他一通，而不需要閱讀他的任何著作。在我看來，與其做一個歷史虛無主義者，倒不如嘗試著去理解，即便不同情，最起碼也可做到歷史地去看待他們。」我從中感受到的是，劉奎研究郭沫若的問題意識其實來自他這一代人所身處的「後革命」的歷史語境，他首先直面

的問題，是他所隸屬的一代年青學人是否還能理解以及應該如何理解郭沫若這樣的具有相當的歷史複雜性和豐富性的革命作家。而直面郭沫若的複雜性以及豐富性本身，或者把複雜性和豐富性作爲一個前提性問題，構成的是劉奎所應對的基本課題，背後牽涉的是一代人理解二十世紀中國革命史以及中國現代史本身這樣的具有世紀性意義的大課題。而劉奎之所以選擇抗戰時期的郭沫若，還因爲這一歷史時段的郭沫若「不僅回應了『五四』時期郭沫若的複雜性，而問題的豐富性則或有過之」。我欣喜地看到，隨著劉奎研究的漸趨深入，一個更具有複雜性和豐富性的郭沫若終於呈現在劉奎的筆端。

四十年代的郭沫若的複雜性和豐富性體現在，相對於「五四」時期浪漫的文學青年，「抗戰時期的郭沫若集詩人、學者、劇作家、革命者、政客乃至傳統的士大夫等諸多角色於一身，且充分發揮了各自的優勢，達到了他所理想的人格狀態。這種現象本身就對我們的新文學史觀提出了挑戰，這除了舊體詩詞要求更爲開放的文學史觀外，還在於他的歷史劇、歷史研究所展開的，新舊之間在抗戰語境中的新的對話」。而劉奎需要處理的獨屬於抗戰時期郭沫若的更核心問題則在於，「郭沫若如何以這種身份機制應對抗戰與建國的時代問題，對於我們面對當代問題有何歷史經驗」。

正是基於還原特定歷史時期特定歷史人物的複雜性與豐富性的問題意識，劉奎試圖將作家論與文學社會學結合起來，並爲他自己的研究設計了一個「主體—表達—時代」的綜合維度，進而考察戰時郭沫若的各種身份和表達，與時代問題之間是如何彼此展開、相互作用的。而劉奎透視歷史中的人物的一個貫穿性的視角，是集中分析郭沫若的「人格形態」，從而直面而不是選擇規避郭沫若研究史中的重大議題。劉奎的基本判斷是，雖然郭沫若抗戰時期各種角色都盡其所能，「但從主體性的視角，他此時的人格形態，依舊受到浪漫美學主體的制約，是一個詩人革命家。詩人革命家不僅爲他多元的人格提供了整體視野，更爲重要的是它提供了問題和方法」。

所謂的「問題與方法」，在劉奎的研究視野中沿著兩個方向展開：一方面是郭沫若以詩人革命家的身份介入了抗戰時期的革命與建國想像；另一方面，作爲一種所謂的「身份機制」，郭沫若的人格形態也在特定的歷史時代因應與回溯了中國文化與政治傳統。首先，對於郭沫若這樣一個深刻介入了抗戰時期中國政治和歷史進程的「詩人革命家」而言，其核心關懷與訴求無疑是自身的文學表達與抗戰建國的關係，「戰爭浪漫主義一度讓他對戰爭充滿了

烏托邦幻想，但他最終將浪漫轉化為了民眾動員的力量、革命主體再生產的
條件，從而使浪漫主義從文學的消費轉向了社會領域的創造動能」。而更為重
要的是，「浪漫」在郭沫若身上不僅僅呈現為詩人情懷，也決定了郭沫若以情
感動員為基本方式的政治表達路徑，劉奎著重分析的郭沫若「由情以達意」
的動員方法、演說的表達方式、「情感教育劇」的美學形式，以及對蘇聯的烏
托邦想像等均可歸入此一路徑。其次，劉奎也花了大量精力探討郭沫若詩人
革命家的身份機制在戰時所得到的傳統的支持：「雖然是激進的新文化代表，
但抗戰時期郭沫若創作了大量的舊體詩詞，並與革命耆舊、文人名士有多唱
和，這不僅是源於『舊形式的誘惑』，也是基於文化救贖、社會交際的需要。
但其獨特處在於，他在分享『南渡』等舊體詩詞傳統以因應民族危機時，其
革命家的歷史視野則讓他從美學救贖轉向了歷史救贖。」

　　也正是通過「歷史救贖」的觀察角度，劉奎把郭沫若與傳統的關聯性進
一步推溯到「士大夫文化」流脈。在劉奎看來，兼及「政、學、道」的中國
傳統士大夫，不僅為郭沫若的詩人革命家的人格形態提供了依託，更為其功
業或革命理想的實現指示了途徑，儘管其在應對政黨政治的現實格局的過程
中不無曲折。譬如他效法廖平「託古改制」的方式，將孔子思想闡釋為儒家
人道主義，即可視為郭沫若為革命重塑道統的嘗試，但這一嘗試卻遭到了政
黨政治的非難；再譬如，雖然現實的革命政權也亟需確立新的道統，中共還
通過「壽郭」活動將郭沫若確立為魯迅的接班人，但郭沫若「崇儒貶墨」的
文化思路，最終還是導致了左翼知識分子及黨內部分文藝工作者的不滿；同
時，他的《甲申三百年祭》又因有「為匪張目」之嫌，而受到國民黨的批判。
劉奎的這一部分研究充分揭示了郭沫若歷史想像和歷史研究的獨立性和獨特
性，同時也揭示了郭沫若與政黨政治間的複雜關係。

　　政黨政治由此構成了影響郭沫若戰時文化政治實踐的另一個關鍵因素。
正如葛蘭西所指出，政黨堪稱是現代的君主，郭沫若要實現革命理想，也需
借助於政黨之「勢」。劉奎寫作中的歷史感也正表現在對郭沫若與政黨政治的
糾結關係的辨識：郭沫若對「文藝如何動員民眾」的持續的思考，回應了國
民黨國民精神總動員的政策；中共發動「壽郭」及戲劇運動後，郭沫若的《屈
原》等歷史劇寫作，開創了左翼文化政治的新形式；而在「憲政」運動期間，
郭沫若又以無黨派身份參與其間，為「建國」大業積極奔走。「這是郭沫若革
命理想與實踐的經與權，也呈現了四十年代的歷史開放性」。

　　「經與權」的辯證，是劉奎總體把握抗戰時期的郭沫若的一個核心而獨特的線索。在劉奎看來，抗戰時期郭沫若雖有著各種不同的文化或政治身份，但對革命卻未曾須臾背離。無論是寫詩、從政、詩詞唱和、戲劇創作還是學術研究，郭沫若在充分釋放他的諸種身份所蘊藏的能量的同時，並未外在於革命之「經」。而郭沫若在各種身份形態之間頻繁且裕如地轉換，都可以視爲作爲一個詩人革命家的「權變」。劉奎指出：「這種獨特的經與權，是他與其它文化人或革命者的不同處。如果借用狐狸與刺蝟這兩種知識分子類型來看郭沫若，我們可以說，他看起來像狐狸，但實際上卻是刺蝟。……對於郭沫若來說，浪漫主義的詩化人格，是他多變的一面，而革命或歷史精神則是他的統攝原則。也就是說，他身份上的改變，正是爲了因應時代問題而作出的自我調整，是爲了更爲有效地介入現實所採取的鬥爭策略。」「因此，詩人革命家的身份，爲郭沫若提供了切入現實問題的方式，他的詩人、學者、劇作家等不同身份，均可視爲詩人革命家在回應時代問題時的具體形態，從而使他能與社會、文化、政治等取得有機關聯。」劉奎的這些體認，都有助於深化對郭沫若形象以及歷史作用的理解，也同時意味著一個歷史研究者向歷史語境的眞正敞開中所獲得的一種開放性視野。

　　正因如此，我尤其欣賞劉奎下面的表述中所體現出的作爲一個年青學人難能可貴的自覺意識：「這種開放性，又爲郭沫若等知識分子的社會參與，和歷史想像提供了條件。因而，詩人革命家不僅是郭沫若參與時代的方式，也是我們認識這個時代的視角，它開啓的是一個主體與歷史彼此敞開、相互作用的有機狀態。這對於當下文學的邊緣化、學術的體制化等現象，都不無借鑒意義。」也許，通過郭沫若研究，劉奎自己也逐漸開始找到一個研究主體「與歷史彼此敞開、相互作用的有機狀態」。在這個意義上，歷史研究也就有可能不僅僅停留在一個「歷史想像」的層面，同時歷史也通過它的研究者有效地介入了當下的時代和進程，成爲當下的研究者以及當下的社會總體感受歷史的一個既動態又開放的視角。而這種研究主體「與歷史彼此敞開」或許暗含著某種方法論意義，其啓示意義在於，過往的歷史由此獲得的是一個動態的主體性，從時光塵封的故紙堆中被當下的研究主體喚醒，彼此在互證的過程中各自找到了表達的有效途徑：歷史通過研究主體獲得表達，而研究者也通過被他喚醒的歷史主體獲得了向歷史同時也就是向未來遠景敞開的視野，正如劉奎隱含了內斂的激情的下列表述：「我們之所以重新回到抗戰時期

的郭沫若，將他彼時各種身份、表達與時代問題加以考察，並非是要爲這個時代增加一個分裂的歷史主體，或一堆難以拾掇的歷史碎片，相反，我們試圖將郭沫若的每一種身份，他的每一種表達，都視爲一種切入社會與時代問題的方式，或歷史內部的一枚楔子，從整體上呈現一個與社會、歷史有著密切關聯的、有機的主體。這是本文的整體視野，也是我們回顧郭沫若的初衷，即爲了打撈這種歷史經驗──儘管它往往呈現出一種未完成的狀態，但他所開啓的可能性，如主體與歷史、文學與社會之間的相互關聯，都值得我們再度回顧。這也是處於『後革命』語境中的我們，重拾郭沫若的某種不得已的途徑。」

劉奎的研究中鮮明而自覺的當下意識也正在此。通過他的研究，郭沫若這一在後革命語境中有爭議的歷史人物眞正獲得了歷史性，也從而獲得了當下性。換句話說，如果沒有研究主體與歷史人物彼此敞開、相互作用的「歷史研究」，歷史人物或許就永遠化爲「歷史」而無法成爲後來者的可堪鑒照的歷史之鏡。在這個意義上，歷史研究者所做的堪稱是擦拭歷史之鏡的工作，也無異於爲當今的社會總體提供照亮歷史通道的折光，因此，這樣的歷史研究也是直面當下並指向未來的。

而劉奎對「詩人革命家」的形象設定，也使作爲一個文學家的郭沫若顯示出獨特意義，最終事關我們對文學史研究的本體價值的體認。正像劉奎在餘論中引述郭沫若在 1943 年所說的一句話：「史學家是發掘歷史的精神，史劇家是發展歷史的精神。」在郭沫若的這一表述中，「史劇家」也可以替換爲「文學家」。雖然史學家和史劇家都關乎「歷史精神」，但是在郭沫若眼中，史劇家是在「發展歷史的精神」，這種「發展觀」或許也能夠成爲一個文學史研究者獨特的歷史研究取向。這也正是劉奎強調郭沫若身上一以貫之所稟賦的浪漫主義的意義：「更爲關鍵的是，郭沫若是從浪漫主義文學轉向革命的，浪漫主義的有機體觀念、宇宙的目的論等，都從精神和觀念的層面強化了黑格爾與馬克思主義的歷史精神。」其實，對於一個詩人革命家來說，郭沫若或許並不滿足於所謂對歷史精神的強化，而更渴望的是對歷史精神的「發展」，而正是這種「發展」，許諾的是一個文學家對歷史的具有主體性的介入，同時也就指向了歷史發展中的現實進程，進而蘊含的是歷史的未來維度。

最後我想強調的一點是，劉奎的這部書稿幾乎完全基於第一手資料。在答辯會上，孫玉石老師特別指出，全書三十幾萬字，上千條注釋，沒有一個

注取自《郭沫若全集》，而是全部來源於原刊和初版本。說到此處，孫老師頗為動情：「我為北大中文系驕傲。」孫老師的這句話一時間也令我動容，眼裏禁不住有些濕潤。也許我當時的感受是，劉奎的學風至少得到了我所尊敬的老師一輩的學者的認可，我由衷地希望並且相信這種認可會成為劉奎繼續從事學術研究的持久的動力。

2016 年 7 月 12 日於北京上地以東

目次

緒　論

第一節　歷史與敘述

　　1948 年寓居香港期間，郭沫若開始寫抗戰回憶錄。因資料缺乏，郭沫若只能「全憑自己的腦子中所殘留的記憶」，「大體上只寫了一九三八年這一年的事」〔註1〕。即便如此，郭沫若也寫了十多萬字，以《抗戰回憶錄》為題，連載於夏衍主編的《華商報》。在後記中，郭沫若告知讀者，以後將續寫他在重慶的經歷。由此可見他抗戰時期生活的密度，以及他本人對這段歷史的重視。

　　此前郭沫若已寫有不少自傳，如《我的幼年》《反正前後》《初出夔門》《創造十年》等，對於如何寫自傳他也有自己的看法。在 1929 年出版的《我的幼年》的前言中，他寫到：「我寫的只是這樣的社會生出了這樣的一個人，或者也可以說有過這樣人在這樣的時代」〔註2〕。可見他不僅試圖為自己立傳，也意在為時代立傳。《抗戰回憶錄》也是如此。

　　在這篇回憶錄中，郭沫若寫的是他離開上海，輾轉香港、廣州、武漢及長沙等地的過程，可以說是他抗戰時期最為忙碌的一段經歷。抗戰初期，郭沫若的精神狀態處於一種極不穩定的狀態，當時與他來往較多的夏衍，就「明顯地察覺到郭沫若對他自己今後的工作，還沒有打定主意，在性格上，他依

〔註1〕　郭沫若：《告讀者——〈抗戰回憶錄〉後記》，載《華商報·茶亭》，1948 年
　　　　　12 月 5 日，第二版。
〔註2〕　郭沫若：《我的幼年·前言》，上海：光華書局，1929 年。

舊是個浪漫主義詩人，他為『請纓、投筆』而『別婦拋雛』之後，在抗戰激流中，他的情緒卻是不穩定的」〔註3〕。上海淪陷前夕，他南下香港，準備下南洋找華僑籌款；後來又回到廣州，為恢復《救亡日報》奔走。正當他為是否要繼續南下募款遊移不定時，陳誠從武漢發來電報，謂「有要事奉商，望即命駕」〔註4〕，這才結束了他無政府主義式的抗戰行動。

　　回憶錄雖然是個人經歷的記錄，但對他抗戰初期的苦悶心態著墨不多。他詳細記述的，是他主持第三廳時的工作概況。「第三廳」的全稱是國民政府軍事委員會政治部第三廳。中國軍隊之有政治部之設，始於國民革命期間的廣州革命政府，是孫中山「以俄為師」的產物，其目的是以黨權節制軍權〔註5〕。北伐時期，政治部曾發揮相當大的效力。據郭沫若回憶，當時歸順的北軍，大多主動要求增設政治部，因為在他們看來，政治部是南軍跟北軍的根本區別，南軍之所以能取勝，很大程度上是因為有政治部之設〔註6〕。郭沫若的從軍經歷也基本上與國民政府的政治部相始終。北伐伊始，他就進入政治部，擔任總司令政治部宣傳科科長，在武漢期間，已升任政治部副主任，領中將銜，在鄧演達不在時代行主任職權，後一度為蔣介石任命為南昌總司令行營政治部主任。政治部某種程度上代表了國民黨的黨統，因此，當他發現蔣介石有與武漢政府分裂的嫌疑時，才會以黨的正統自居，寫下《且看今日之蔣介石》《脫離蔣介石之後》等檄文。國民黨清黨之後，鑒於政治部的左傾色彩將其取消。南昌起義以後，郭沫若在缺席的狀態下，依舊被起義者任命為國民革命軍政治部主任，是主席團成員之一。因此，當鄧演達被暗殺之後，郭沫若可能是除周恩來之外，從事政治工作資歷最著者。因此，抗戰之際，陳誠恢復政治部後，便向蔣介石力薦郭沫若。陳誠在致蔣介石的信中這樣寫道：「郭沫若則確為富於情感血性之人。果能示之以誠，待之以禮，必能在鈞座領導之下，為抗日救國而努力」〔註7〕。

〔註3〕夏衍：《懶尋舊夢錄》，北京：三聯書店，1985年，第386頁。
〔註4〕郭沫若：《南還——〈抗戰回憶錄〉之一章·六「拍拖」》，《華商報》，1948年8月30日，第三版。
〔註5〕參見王奇生：《黨員、黨權與黨爭：1924～1949年中國國民黨的組織形態》，上海：上海書店出版社，2009年，第25頁。
〔註6〕郭沫若：《武昌城下》，《宇宙風》，1936年7～1937年2月。
〔註7〕陳誠：《函呈為籌組政治部事敬陳人事運用之所見》，載《陳誠先生書信集：與蔣中正先生來往函電》（上），臺北：國史館，2007年，第296頁。

　　郭沫若出任政治部第三廳廳長之後，確實一度想有所作爲。這從他網絡的人才便可略窺一斑。因掌握著人事自主權，他邀約了一大批社會文化名流，這包括田漢、胡愈之、郁達夫、洪深、杜國庠、史東山、鄭用之、應雲衛、馮乃超、沈起予、傅抱石、冼星海、蔡儀，等等，皆一時名彥。因此第三廳時有「名流內閣」之稱。值得留意的是，這些人雖傾向左翼者不少，但中共黨員卻甚少，大多是無黨派知識分子，連陽翰笙也承認：「在三廳，共產黨員只有極少數。成員中絕大多數都是進步人士。」〔註8〕所謂進步人士，也就是當時的中間力量。在郭沫若的領導下，第三廳也確實辦過幾件大事，如擴大宣傳周、「七七」紀念周等，有些活動甚至得到蔣介石的親自過問，郭沫若也因此一度成爲蔣的座上客。同時，第三廳是宣傳機構，它對戰時文化在內地的傳播也有所貢獻。它不僅在後方設置了多個文化服務站，還組織了十個抗敵演劇隊、四支抗敵宣傳隊和三支電影放映隊，分赴不同戰區進行抗戰宣傳與動員活動。可見，郭沫若及其領導的第三廳，在抗戰初期，是較爲深入地參與到了抗戰這一歷史事件之中。

　　雖然從抗戰的角度，這是郭沫若較爲光彩的歷史，是他眞正有功於抗戰的時代，但在建國後極左思潮的影響下，這又恰恰是需要被屏蔽或選擇性遺忘的部分。因此，郭沫若的這一段較爲豐富的歷史，學界的研究反而較爲薄弱。不過這段抗戰史，其被遺忘的命運，在郭沫若的自傳敘述中其實已初現端倪，在《抗戰回憶錄》中，他就已經開始爲這段「光彩」的歷史辯解。他不僅將擔任廳長描述爲周恩來的旨意，而且把同僚康澤（第二廳廳長）等人描述爲抗戰事業的破壞者，對蔣介石、陳誠也加以醜化。如對於陳誠，這位昔日的戰友和他進入第三廳的舉薦者，他的評價是：「其實這位以剿共起家的武人，他懂得什麼政治，更懂得什麼文化呢！……他不過是傀儡師手裏的一個木頭人而已」〔註9〕。實際上抗戰時期郭沫若與陳誠相交甚篤，他不僅常去陳誠的戰區慰問，他恢復政治部的提議，也是由陳誠向蔣中正傳達，而蔣要會見郭沫若，也是通過陳誠轉達。不幾年，郭的敘述卻呈現如此大的差別，可見他寫作回憶錄時的意識形態色彩。1948年寫作《抗戰回憶錄》的郭沫若，

〔註 8〕陽翰笙：《第三廳——國統區抗日民族統一戰線的一個戰鬥堡壘〔五〕》，《新文學史料》，1981 年第 4 期。

〔註 9〕郭沫若：《低潮期——〈抗戰回憶錄〉之六章・一鄧演達再世》，《華商報・茶亭》，1948 年 9 月 28 日，第二版。

與此時大量前往香港的文化人一樣，是由共產黨有組織地轉移過去的政治資本。與中共軍事的推進相一致，此時聚首在香港的左翼知識分子，也展開了文化上的意識形態清掃工作。除了邵荃麟、喬冠華等人對胡風的批判外，郭沫若也寫出了《斥反動文藝》，對朱光潛、沈從文與蕭乾等自由主義知識分子進行激烈批判。寫於此間的《抗戰回憶錄》，難免印上此種意識形態的烙印。更有可能是，他是試圖通過敘事，為自己的歷史尋求某種合法性。然而，中共的軍事進展出奇地順利，這批左翼文化人同年便被轉移至東北，等待參加中共正在籌備的「新政協」。當郭沫若、李濟深等人秘密登上北上的輪船時，《抗戰回憶錄》尚在連載中，但郭沫若卻再也沒有機會，兌現他續寫重慶經歷的諾言，《抗戰回憶錄》是郭沫若最後一部自傳。

然而，在郭沫若去世之後，他的這個承諾卻有人替他完成了，這就是 1982 年出版的《郭沫若在重慶》一書。該書是一本資料集，也正因如此，它以較為客觀的方式顯示了郭沫若在重慶期間的抗戰活動。該書的主體部分是「紀念郭沫若創作生活二十五週年和五十壽辰之祝辭、紀念活動」，編者輯錄了當時報刊雜誌上的紀念文章、祝壽詩詞及新聞報導等，全面再現了這一活動的盛況。這次紀念活動由周恩來親自主持，它包括紀念郭沫若創作生活二十五週年、慶祝郭沫若五十壽辰以及話劇《棠棣之花》《屈原》的演出等內容。也正是在這次活動中，周恩來在《新華日報》的頭版位置發表了《我要說的話》，這一代社論性質的文章，奠定了郭沫若成為繼魯迅之後的左翼文化運動旗手的地位，這直接影響著建國後新文學史的敘述〔註10〕。同時，這次文化活動的意義還在於，它展示了文化如何運動這一問題在四十年代新的展開，尤其是在政黨政治的參與下，文化運動如何從自發轉向政治組織，文化人的激情如何被轉化為政黨鬥爭的社會力量，政黨的文化政策如何影響都市文化的生產，以及文化人所面對的政治歸屬等歷史問題。《郭沫若在重慶》的第二大主題是郭沫若的「社會活動和演講詞」，它展示了重慶公眾視野中的郭沫若形象。郭沫若當時頭銜眾多，不僅是政治部第三廳廳長，後來的文化工作委員會主任，還在中蘇文化協會、「文協」等組織任職，因此，經常要出席各類文化活動。而他的演講也獨具風格，在抗戰的民眾動員以及隨後的民主運動中，都是一道文化風景，同時也是郭沫若參與社會實踐的一種獨特方式。

〔註10〕可參考程光煒：《文化的轉軌——「魯郭茅巴老曹」在中國》，北京：光明日報出版社，2004 年。

　　但這部看似中立的歷史資料集，實際上不乏政治「偏見」。既然題爲《郭沫若在重慶》，郭沫若當時的主要身份，是政治部文化工作委員會主任，但這一經歷卻毫不見記錄。而爲編者所選擇的「壽郭」這一事件，本身便充滿了政黨政治的色彩，由中共領導人周恩來親自主持的這一場政治文化運動，無疑爲建國後郭沫若的政治地位，提供了歷史合法性。從某種程度上說，這部資料集反映了建國後郭沫若研究的一種基本思路，將抗戰時期的郭沫若，主要放置於中共的黨史框架之內敘述。可見，雖然是資料集，也是一種歷史敘事。而延續這種資料的意識形態敘述的，是《〈屈原〉研究》〔註11〕。它主要彙集的是當時評論界對話劇《屈原》的評論，以及當事人對這一文化事件的回憶，展示左翼知識分子在「文藝戰線」上的「共同戰鬥」歷程〔註12〕，從而將《屈原》完全納入到了左翼劇運的歷史敘述之中，郭沫若由此也順利成長爲周恩來領導下的文藝戰士。不過，這種史料敘事的方式，本身也顯示出郭沫若在新時期所遭遇的某種危機，這種危機也反應在郭沫若研究之中，即學界對抗戰時期郭沫若的文化政治實踐，無法充分處理，只能通過資料整理這種較爲中立的方式進行，因此，目前對抗戰時期郭沫若的研究，成就最高的依舊是史料的耙梳。

　　除郭沫若自傳及研究者對史料的整理外，當事人的回憶也值得重視，因爲它們不僅參與了郭沫若戰時形象的建構，也構成了郭沫若研究的主要參考資料，如《悼念郭老》及陽翰笙的《風雨五十年》等，都是學界徵引較多的資料。抗戰時期，陽翰笙先擔任第三廳的主任秘書，後又擔任文化工作委員會副主任，是郭沫若的左右手，《郭沫若在重慶》的序言也正是出自他之手。在《風雨五十年》中，他將郭沫若的戰時經歷描述成了黨的文化工作者形象：「以郭老爲首的第三廳，在長江局和周恩來同志的直接領導下，衝破了國民黨反動派所加的種種限制和迫害，在極端困難複雜的環境中，作了大量的工作，進行了艱苦的鬥爭，在歷史上寫下了不可磨滅的一頁。」〔註13〕從史實

〔註11〕曾健戎　王大明編：《〈屈原〉研究》，重慶地方史資料叢刊，1985年。更早的有黃忠模編：《郭沫若歷史劇〈屈原〉詩話》，成都：四川人民出版社，1981年。

〔註12〕荒煤：《永遠閃光的雷電》，《〈屈原〉研究·序言》，重慶地方史資料叢刊，1985年。

〔註13〕陽翰笙：《第三廳——國統區抗日民族統一戰線的一個戰鬥堡壘〔一〕》，《新文學史料》，1980年第4期。

層面來看，他的回憶很大程度上參照的是郭沫若的《抗戰回憶錄》。但不同的是，經歷了建國後的一系列運動，國統區的知識分子天然地帶有原罪感，需要不停地爲自己的歷史辯解，因而，陽翰笙也不得不將郭沫若當初曲折的用意，表達得更爲明顯，同時也顯得更爲偏執和牽強。

陽翰笙這類說法，在八十年代初期並不鮮見，更早的當屬《悼念郭老》這部紀念文集。集中大部分文章都從政治立場出發，將抗戰時期的郭沫若敘述爲黨領導的文化人。如林林就回憶道，他在日本拜訪即將歸國的郭沫若時，對方就表示「願意來做黨的喇叭」〔註14〕；此說得到了夏衍的進一步證實，據夏衍回憶，在郭沫若與他的一次交談中，郭重述了他與林林的交談，內容與林林的回憶一致〔註15〕。鑒於郭沫若之前類似「留聲機」的諸言論，此說很少受到質疑〔註16〕。《悼念郭老》是郭沫若離世不久即面世的回憶錄，不僅收錄了郭沫若生平友好的紀念文章，也有直接來自政府高層的評價，其前言便是鄧小平代表黨中央所作的《在郭沫若同志追悼會上的悼詞》，大有蓋棺論定的意味。因此，在八十年代初短暫的郭沫若研究熱潮中，抗戰期間郭沫若與中共之間的合作得到了充分的凸顯，而《抗戰回憶錄》中那個參與國民政府抗戰運動的郭沫若，則被進一步篩選、屏蔽或重新闡釋。

然而，蓋棺是實，定論卻未必。1985年之後，各種新思潮相繼湧現，加上隨之而來的市場化，不僅革命的研究範式被拋棄，革命的熱情和理想也開始動搖。在「後革命」的歷史語境中，郭沫若的革命道路和經歷不斷遭到質疑，尤其是他四十年代對自由主義知識分子的批判，也在「告別革命」的時代語境中被否定。尤其是隨著海外中國研究的譯介，新文學作家的地位被重新洗牌，沈從文、張愛玲、錢鍾書、朱光潛與蕭乾等自由派作家開始受到讀者和研究者的青睞，而這些作家在四十年代又大多是被左翼批評家筆伐過的，如郭沫若的《斥反動文藝》就是其中的名文。從歷史的角度來看，這是中共在取得軍事優勢之後，進一步獲取意識形態領導權的必然方式，但這在

〔註14〕林林：《這是黨喇叭的精神》，《悼念郭老》，北京：三聯書店，1979年，第147頁。

〔註15〕夏衍：《知公此去無遺恨——痛悼郭沫若同志》，《悼念郭老》，北京：三聯書店，1979年，第19頁。

〔註16〕按，陳俐曾立足郭沫若的五四精神，批駁此說，同時也對張景超的說法有所回應。參見陳俐：《論郭沫若在四十年代民族文化建設中的話語轉型——兼析「黨喇叭」說》，《郭沫若學刊》，2003年第2期。

「後革命」的語境中，尤其是從自由主義立場來看，這無疑是以政治標準繩之文學。因此，當研究者從自由主義和文人的獨立性重新肯定沈從文和蕭乾、從學術獨立性「發現」陳寅恪，甚至當保守主義推出錢穆等人時，郭沫若的文學、學術或革命經歷也都成了亟待反思或批判的對象。

在這種文化思潮中，較有代表性的作品，便是九十年代末出版的《反思郭沫若》。該文集的貢獻，主要是秉持知識分子獨立的立場，對郭沫若的「暮年心路」進行反思，這主要涉及的是郭沫若晚年所寫的一系列社會主義頌歌，論者既指出這或出於郭沫若的眞誠，或爲時勢所迫，但也強調他在某些關鍵時刻的表態，「確實爲全盤否定歷史的極左思潮助長了聲勢」〔註17〕，這是極爲中肯的評價。無論是從思想解放，還是學術研究的角度，《反思郭沫若》這類書的出現，雖然是郭沫若現象在後革命時代所遭遇的危機，但對於學術研究尤其是還原郭沫若來說也是難得的契機。郭沫若本來就是充滿爭議的人物，反思不惟不應迴避，而且也是必要的。不過，《反思郭沫若》也需要反思，這主要在於，該文集中的大部分文章，並非以郭沫若爲研究對象，而是以郭沫若曾經的論爭對手魯迅、沈從文、蕭乾，以及與郭沫若路徑截然不同的陳寅恪、譚其驤等人爲中心，從事先限定的標準和論題反思郭沫若，從而將他的文化政治活動作了「去歷史化」的處理。這是以他者律郭，從而不可避免地將他符號化了，對郭不惟缺乏同情，甚至缺乏歷史性的理解。這是反思者歷史意識缺乏所帶來的局限。這種反思對抗戰時期郭沫若的影響在於，論者對郭沫若晚年的反思，及由此塑造的無行文人形象，往往被投射到他當年的經歷之中。這是一種歷史的後設眼光。同時，郭沫若晚期的形象又被媒體放大，成爲大眾視野中郭沫若的整體形象。這形成了一個較爲奇特的現象：責難郭沫若成爲一種習慣，但具體所指卻並不明確，郭沫若逐漸變成了一個文化標籤，從一個歷史人物，變成了人人均可臧否的文化符號〔註18〕。因此，對郭沫若的批判看似態度激烈，且立場鮮明，但實際上難免帶有歷史虛無主義的嫌疑。

〔註17〕 丁東編：《反思郭沫若》，北京：作家出版社，1998年。
〔註18〕 溫儒敏曾指出郭沫若閱讀的兩極化，即一般讀者評價不高，而專業學者則較爲稱許（溫儒敏：《淺議有關郭沫若的兩極閱讀現象》，《中國文化研究》，2001年第1期）；魏建則進一步探討了研究領域的兩極化評價，這基本上涵蓋了郭沫若的詩歌、政治、學術等領域，在魏建看來，這種現象主要來自於研究者的主觀性，以及割裂研究對象與歷史之間的聯繫造成的（魏建：《郭沫若「兩極評價」的再思考》，《山東師範大學學報（人文社會科學版）》，2012年第6期）。

　　而另一種較值得關注的反思方式，是幾位現代文學研究者所做的一次「關於郭沫若研究的漫談」。他們從反思郭沫若研究在當代的困境出發，將郭沫若置於時代性與歷史性兩個坐標之內加以考察，從時代問題與郭沫若自身的歷史脈絡考察其文化實踐與思想變化的依據，同時，也強調研究者的「自審意識」，「而不是仲裁者的目光」〔註19〕。這本應是研究者的基本出發點，但對於郭沫若研究來說，卻依舊需要重申。這既源自於上文所梳理的郭沫若研究中的某些問題，更在於郭沫若這個研究對象本身的複雜性。郭沫若是一個極強調「時代精神」的人物〔註20〕，他的諸多言辭與行為，都與具體的歷史語境有關，他的身份調整多是在歷史的節點做出的。如新文化運動與他的棄醫從文、北伐戰爭與棄文從武、清黨運動與轉向學術、抗日戰爭與棄學從政、「壽郭」運動之後轉向創作、建國與再度從政等等，對於重大歷史事件，他幾乎都有即時甚至是預先的反應，而這反映在他的言論上，則往往呈現出一種歷史的激進性，乃至自相矛盾的一面。這就要求我們在研究郭沫若時，需要將他的言論做歷史化的處理，否則只是一堆前後互相抵消的論斷。

　　這也是本文問題與方法的出發點。即以歷史化的方式，再度回顧抗戰時期郭沫若的政治文化實踐。而所謂的歷史化的方法，本身也有兩種展開路徑，一是通過還原歷史情境、語境等方式，盡可能靠近歷史的真實；二是帶著馬克思主義視角的歷史闡釋學。這兩種方法的區別，在傑姆遜看來是前者側重「事物本身的根源」，後者則「試圖藉以理解那些事物的概念和範疇的更加難以捉摸的歷史性」〔註21〕。傑姆遜因對話對象主要是結構主義，故獨取後者。但本文更願意從第一種方法出發，在將人物與事件語境化、問題化，從而與革命史、黨史、文學史及學術史的既有敘事展開對話，先還原人物及其所處語境、所面對問題的歷史複雜性。在此基礎上，借助知識社會學、觀念史乃至意識形態分析等方法，考察郭沫若文學理念、社會實踐與政治意識生成的歷史過程及其必然性。正如曼海姆所指出的，需要關注的是「處於某些群體

〔註19〕參見蔡震 高遠東 劉納 馮奇：《關於郭沫若研究的漫談》，《中國現代文學研究叢刊》，1992 年第 2 期。

〔註20〕有學者甚至以「時代精神」作為研究郭沫若的博士論文選題。參見 Pu Wang: *The Phenomenology of「Zeitgeist」: Guo Moruo and the Chinese Revolution*, A Dissertation of New York University, 2012。

〔註21〕詹姆遜（Fredric Jameson）：《政治無意識》，王逢振 陳永國譯，北京：中國社會科學出版社，1999 年，第 1 頁。

中發揚了特殊的思想風格的，這些思想是對標誌著他們共同地位的某些典型
環境所做的無窮系列的反應」〔註22〕，這種方法試圖從整體上──無論是社
會的還是歷史的，把握研究對象及其時代。

　　鑒於抗戰時期文化人的文化政治與政黨政治文化之間的糾纏關係，本文
也借鑒文化史與政治史交互爲用的方法。這種方法曾爲余英時用來分析宋代
士大夫的政治文化。在他看來，宋代士大夫的政治文化本來就是「政治與文
化兩系列發展互動的最後產品」，因而，他在從政治史的角度探討權力結構及
其運作時，往往將「黨爭」的文化內涵納入視野；而對於文化史中的儒家理
想與觀念的探討，又「把它們和實際生活聯繫起來觀察」，進而探討這些觀念
「落在政治領域中究竟產生了哪些正面或負面的效應」。在他看來，「政治現
實與文化理想之間怎樣彼此滲透、制約以至衝突──這是政治史與文化史交
互爲用所試圖承擔的主要課題」〔註23〕。本文固然難以全面討論郭沫若的「歷
史世界」，但也試圖在一個開放性的歷史視野中展開他與時代之間的互動關
係。因此，本文在借鑒這種方法的同時，也更側重個人經歷、主體形態與歷
史之間的某種對話性和交互影響的關係。從郭沫若的戰時經歷來看，他固然
是因應時代作出身份與表達方式的調適，但這也顯示出其主體的某種開放
性，他是以一種較爲自覺的方式向歷史敞開，借助於時代問題重塑自我，這
種重塑的優長與局限都是需要進一步考察的。郭沫若並非是單向度地接受時
代的影響，他的言論和行動也往往構成了某種時代的症候，更有甚者是對歷
史進程也不無影響，如論者所指出的，「他的每次政治表態，卻多少都能賦予
政治運動以象徵性的歷史合法性」〔註24〕，雖然這主要是針對他建國後的言
論而言，但抗戰時期他「文壇祭酒」的地位，以及他學術上的成就，事實上
已具有某種「道統」的象徵性，當時很多文化活動都需要以他的名義發起、
許多政治與文化儀式需要他出席講話便是明證。因此，歷史化還意味著探討
主體與歷史之間相互塑形的關係。

〔註22〕卡爾·曼海姆：《意識形態與烏托邦》，黎鳴譯，上海：商務印書館，2000年，
　　　　第3頁。
〔註23〕余英時：《朱熹的歷史世界：宋代士大夫政治文化的研究》（上），北京：三聯
　　　　書店，2004年，第6、7頁。
〔註24〕蔡震　高遠東　劉納　馮奇：《關於郭沫若研究的漫談》。

第二節　從「第三個十年」到「抗戰時期」

對於抗戰時期的郭沫若，我們又該如何歷史地處理呢？歷史化的視野對於理解抗戰時期的郭沫若，又具有何種方法論意義？

先從文學史的研究來看。1937 年是抗日戰爭的起點，同時也正好是現代文學史上「第三個十年」的起點。這種以歷史分期作爲文學史分期的標準，其合理性在於，戰爭不僅是一個歷史事件，同時，它也深深地影響到了新文學的生產與傳播、文人的生存狀態和想像方式，微觀層面更是影響到了文學的語言和形式、文學與時代的內在關聯性等方面。抗日戰爭與文學的關聯，使得文學史的這種分期具有某種合理性。

局限性也是明顯的。就時間上看，1937 年作爲「第三個十年」的起點，固然是鑒於戰爭對於文學的影響，然而在此之前的國防文學論爭，以及國防文學創作，便很難納入抗戰的整體圖景之中，而實際上國防文學論爭爲戰後文壇的迅速組織化提供了思想上的準備；同時，「第三個十年」這個概念並非一個中立的時間概念，而是以新文學爲起點的敘述框架，自然也是以新文學爲中心。如果從「第三個十年」的這種眼光去看郭沫若，不難發現，他抗戰時期唯一值得一提的，是他的話劇創作，尤其是可劃歸中共文藝鬥爭視域的《屈原》。至於他聽將令的抗日宣傳，以及蔚爲壯觀的舊體詩詞創作，便很難納入這個歷史敘述之中。鑒於此，本文選擇「抗日戰爭時期」這一更爲具體的概念。而這個概念本身也揭示了當時的歷史環境和時代主題。「抗日戰爭時期」對於我們來說，本來是一個無須解釋的概念，但考慮到其與「第三個十年」的對話性，我們將與本文論域及論題相關的幾個方面略作強調。

「抗日戰爭時期」的「抗日」，提示我們可以從民族主義的視角切入這一問題，從而有助於我們規避建國後黨史敘述所造成的思維定勢。這對於我們研究郭沫若的意義在於，它讓郭沫若輾轉武漢、重慶的軌跡，具有了特定的歷史意義，它與國民政府都城的遷移是大致一致的，這與歷史上的動亂年代，士大夫追尋朝廷行在的方式一致，這有助於我們理解抗戰時期知識分子的心態。同時，武漢、重慶的戰時地位也相應地得到了凸顯。從抗戰時期的地域劃分來看，目前學界關注較多的，無疑是昆明與延安。西南聯大寄託了當代文化人對自由的嚮往，延安則是探討社會主義中國經驗與中國模式的起點，而戰時的首都武漢與重慶，受到的關注則較少，甚至不如淪陷區上海與北平。然而，戰時首都，無論是武漢還是重慶，其複雜性都值得進一步關注。本文

立意並非都市研究，此處僅從郭沫若可能面對的歷史環境出發，對武漢與重慶的戰時情況略作介紹。上海淪陷之後，武漢曾作為臨時首都，但它的意義更在於為文化人的「聚散離合」〔註25〕提供了一個中轉站，無論是南下還是西進的文化人，多經此地中轉，這帶來了武漢的一時繁榮。武漢對於郭沫若的意義，還在於它是昔日革命政權所在地，曾經一度的革命中心。這些因素對於郭沫若的抗戰道路並非沒有影響，如 1938 年他對武漢的觀感便是：「沉睡了十年的武漢，似乎又在漸漸地恢復到它在北伐時代的氣勢了」〔註26〕，這種革命的新圖景，也是郭沫若加入政治部的原因之一。而該年他所組織的幾次大規模宣傳動員活動，也離不開武漢時期的戰時烏托邦景象。

　　重慶則遠為複雜。深處內地的四川，文化氛圍本來就較為保守，這為抗戰時期民族主義、傳統文化的復興和保守主義的興起，無疑提供了最為適宜的土壤。抗戰時期較為興盛的舊體詩詞創作，除了民族主義的激發，也要考慮內地的這種文化氛圍，如章士釗、沈尹默等人入蜀後，詩詞創作量都呈幾何級數上升。家國危難之際，文人往往要借舊體詩詞抒發「興亡之感」，但重點不在興，而在亡，因而，詩詞唱和也成為文人消解苦悶、尋求慰藉的方法。作為新文人的郭沫若，在與這些人的酬答往來中，也創作了大量的舊體詩詞，這成為我們考察戰時郭沫若所不可迴避的一個面向，由此不僅可以探討郭沫若的戰時文化行為，也可略窺重慶士林的戰時心態。

　　隨著國民政府的遷入，重慶成為了戰時的首都，除各種機關以外，文化人也隨之東來。而「下江人」（按，這是當時四川本地人對外地人的稱呼）的大規模湧入，也相應地改變了重慶及其周邊地區的文化生態。這除新文化人與新青年要在該地工作、生活以外，對市民文化、生活與心態影響更廣更深的，是各類報紙和雜誌的相繼遷入或創刊。外來的新文化與本地的傳統，由此生成了某種新舊雜處的狀態。與北京不同的是，它缺乏一個歷史融合與分化的過程，因而新舊之間，往往以更為明顯的方式相互鑲嵌，既互有矛盾，也相互融合。如本為新文化人物的郭沫若，在重慶也要與革命耆老、舊派士紳交互往來，參與他們的詩詞唱和，同時也要面對新詩人的責難。這確實呈

〔註25〕借用姜濤的說法，也是 2013 年北京大學中文系所舉行的四十年代文學研究會議的議題。

〔註26〕郭沫若：《動盪——〈抗戰回憶錄〉之二章‧四傀儡的試探》，《華商報‧茶亭》，1948 年 9 月 3 日，第三版。

現出如布洛赫所說的「異代同時性」（Non-contemporaneity）〔註27〕特徵，這是郭沫若所面對的特殊語境，對理解他當時文學創作和歷史想像不無意義。

　　重慶人口的大規模增長，爲文化產業帶來了新的消費群。除文學雜誌以外，電影、話劇也再度興盛。但隨著1941年太平洋戰爭爆發，香港淪陷之後，電影膠片的供應來源斷絕。這爲話劇的發展提供了極佳的歷史契機，無路可走的電影明星、空置的影院以及無影可觀的廣大市民，這都廉價地轉化爲了話劇產業的資本，使話劇快速走向了繁榮。無論是戲劇運動，還是郭沫若的創作，都始於1941年底，這並非是巧合。因此，國統區的左翼知識分子，建國後往往將重慶劇運，描述爲是因黨的文藝政策所致，尤其是將郭沫若的話劇創作置於黨派鬥爭的視野，無疑是忽略了太平洋戰爭所帶來的對外交通困難的歷史語境。而郭沫若的《棠棣之花》《屈原》等劇，演出時都能採取全明星陣容，除了共產黨和左翼文化人的有意安排，也得益於電影產業的沒落。這對文學生產乃至文學形式都不無影響，當時的話劇都明確地爲演出而作，郭沫若也就難以迴避觀眾的新舊雜陳，因而他的話劇往往帶有濃厚的舊戲色彩。而郭沫若的這種做法，也回應了更大的歷史問題，即抗戰時期文藝如何動員民眾的問題。這既是他所在第三廳的工作職能，也是文學史敘述中的大眾化與通俗化的問題。因而，他的話劇可以說是從形式的角度回應了這些時代問題，而劇作形式上的實驗性，也是作爲作家的郭沫若，其在應對時代問題時所具有的獨特性與創新性。

　　「抗日戰爭時期」的第二個關鍵詞是「戰爭」。這是更直接也更爲根本的歷史語境，無論是武漢的繁榮還是重慶的新舊雜處，也都與此相關。在霍布斯鮑姆的系列歷史著作中，他爲短二十世紀（1914～1989）選定的詞彙是「極端的年代」。這個印象主要來自二十世紀上半葉，在描述兩次世界大戰時，他用的是「總體戰的年代」：「第二次世界大戰將大規模戰爭升級發展成總體戰。」〔註28〕總體戰的主要特點是大規模的人力動員、戰爭生產及有效的組織和管理，一切軍事化，戰爭從戰場波及到了社會的各個方面，而且超出了民族和國家的界限。戰爭再也不是貴族在戰場上的榮譽之戰，而是廣泛波及平民的

〔註27〕 Ernst Bloch, *Heritage of Our Times*, Translated by Neville and Stephen Plaice, Polity Press, 1991, P108.

〔註28〕 霍布斯鮑姆：《極端的年代》，馬凡等譯，南京：江蘇人民出版社，2011年，第27頁。

暴力和殺戮〔註29〕。雖然霍布斯鮑姆的材料主要來自歐洲戰場，但這同樣適用於中日戰爭。郭沫若早就從總體戰的角度，將抗日戰爭定義為現代的「立體戰爭」〔註30〕。

　　立體戰既是郭沫若戰時從事社會活動的背景，也是他要面對的時代問題。立體戰意味著戰爭除了軍事以外，還倚賴於全方位的社會動員，也意味著戰爭波及的範圍空前擴大。戰爭首先帶來的是大規模的移民，抗日戰爭期間，有大量的難民從沿海西遷內地，據當時國民政府賑濟委員會統計的數字，截止 1940 年 7 月，「共賑濟難民達二千零七十一萬三千七百十七人」，而據當時社會學家的估算，由東部往西的移民當在三千萬以上〔註31〕；就西遷人員的教育程度而言：「工商及知識分子比較占多數，農民比例占少數」，而知識分子內部也有不同，高級知識分子西遷的占百分之九十以上，而中級知識分子比例也超過百分之五十〔註 32〕。這種情況也可從當事人的回憶中看出，如聞一多便隨大學西遷，家人則暫時留守。這除了知識分子的民族意識較強以外，主要是他們所從事的職業往往與政治、文化或教育相關，隨著戰時大學和政府機關的內遷，以及都市傳媒被破壞，知識分子也相應地需要內遷，否則不僅要面臨日寇的威脅，也要失去生活來源。而遷徙的方向則大多是從東部城市如北京、上海和南京等地，遷往西南的昆明和重慶，或西北的西安和延安。郭沫若也在離散者之列，抗戰期間他遷徙的路線大致是：日本──上海──南京──上海──香港──廣州──武漢──長沙──桂林──重慶。此外如茅盾、蕭軍、卞之琳等，其奔走的範圍也並不亞於郭沫若。

　　除了橫向的遷徙以外，縱向的升遷也需要考慮，這便是知識分子的角色和身份的變遷。戰爭所帶來的「例外狀態」，破壞了社會的既有結構，如北京、上海等地的文化生態便遭到嚴重破壞，這對那些倚靠都市文化市場的作家來說，則意味著失業；另一方面，為應對國難，國民黨也開始延攬黨外人士參政，如胡適便是臨危受命出任駐美大使。除了這種個別的任命以外，戰時政

〔註29〕參見霍布斯鮑姆：《極端的年代》，馬凡等譯，南京：江蘇人民出版社，2011年，第 28～37 頁。

〔註30〕郭沫若：《全面抗戰的再認識》，《申報》（滬版），1937 年 9 月 17 日。第五版。

〔註31〕孫本文：《現代中國社會問題》（第二冊），重慶：商務印書館，1943 年，第261 頁。

〔註32〕孫本文：《現代中國社會問題》（第二冊），第 261 頁。

府也增設了一些制度和機構，爲民眾參政提供了途徑，這包括廬山談話會、「國防參議會」及政治部等。

　　無論是廬山談話會，還是國防參議會，政府所邀請的都是知識精英，如廬山談話會的部分名單：蔣夢麟、張伯苓、梅貽琦、胡適、傅斯年、馬寅初、梁漱溟、王雲五等，多爲大學校長、學者或知名文化人。國防參議會因人數較少，遴選更爲嚴格。但雖然人數不多，卻開創了在野知識分子參政議政的先例，據梁漱溟介紹，「從內容人物來看，幾乎全是在野的，黨外的。即爲國民黨的，或係素不接近中樞的，如馬君武先生」〔註33〕。所以，梁漱溟對此舉頗爲贊同：「這種精神，的確表見政府要團結全國力量，集中全國之思慮與識見的意思。」〔註34〕梁漱溟將其與之前的洛陽國難會對比，認爲國防參議會不僅形成常設機關，同時大家的參與熱情也頗高，讓人感覺氣象一新：「今天政府願意大家來，大家亦願意來，一面是政府開誠延納，一面是大家竭誠擁護。團結在此，民主在此，統一在此，進步在此。氣象光昌，三十年來所未有；誰說敵人不大有造於我！」〔註35〕據史家研究，國防參議會正是後來參政會的前身〔註36〕。在1938年3月份召開的國民黨臨時全國代表大會上，臨時國大通過了設立民意機關的決議，於是便在國防參議會的基礎上擴展而爲國民參政會，這是戰時知識分子參政議政的主要政治渠道，爲在野知識分子步入政界提供了階梯，也是四十年代中期民主運動的機構憑藉。

　　實際上，戰爭對郭沫若的影響要更爲具體、關鍵得多，從某種意義上說，他的個人問題是在時代問題中得到解決的。郭沫若原本是在遭受國民政府通緝的情況下避難日本的，因此，「七七」事變之時他依舊還是個通緝犯，但他之所以能返國，與國民政府的戰時政策有莫大的關係。關於郭沫若如何歸國，學界已有不少考證，總體來看，他的歸國與中共並無多大關係，主要是由國民政府和他的朋輩友好共同促成〔註37〕。郭沫若歸國後赴南京面見蔣介石

〔註33〕梁漱溟：《我努力的是什麼——抗戰以來自述》，《梁漱溟全集》第6卷，濟南：山東人民出版社，1993年，第184頁。

〔註34〕梁漱溟：《我努力的是什麼——抗戰以來自述》，《梁漱溟全集》第6卷，第184頁。

〔註35〕梁漱溟：《我努力的是什麼——抗戰以來自述》，《梁漱溟全集》第6卷，第185頁。

〔註36〕聞黎明：《第三種力量與抗戰時期的中國政治》，上海：上海書店出版社，2004年，第7頁。

〔註37〕對此可參考金同祖的敘述，殷塵（金同祖）：《郭沫若歸國秘記》，言行社，1945年；以及廖久明的一系列考證文章：《郭沫若歸國與郁達夫所起作用考》，《新

時，曾拜會鄉誼張群，張群告訴他：「今年五月，在廬山，和慕尹、公洽、淬廉諸位談起了你，大家都想把你請回來。」〔註 38〕慕尹爲錢大鈞，時任蔣介石侍從室第一室主任等職；公洽爲陳儀，時任福建省主席；淬廉爲何廉，時爲國民政府行政院政府處長等職。張群的話較爲可信，何廉在他的回憶錄中也曾提及此事，爲籌備廬山會議，他與翁文灝共同擬出邀請名單，其中就有郭沫若，據何廉的說法，他當時並不知道郭沫若是共產黨，這或爲實情〔註 39〕。蔣介石的反應也是：「好得很，我對此人總是十分清楚的。」〔註 40〕而具體操辦此事的是郁達夫，他曾兩度去信郭沫若，信中說：「今晨因接南京來電，囑我致書，謂委員長有所藉重，乞速歸。」〔註 41〕郁達夫當時任職於福建省政府。雖然此次並未成功，但正是有了高層的同意，郁達夫後來的進一步奔走才會奏效。

　　郭沫若雖然未能參與廬山談話會，但政府廣開言路的做法，使他有機會從通緝犯成爲蔣介石的座上客。郭沫若抵達上海時，在碼頭迎接他的正是何廉，政府在他歸國第三天取消了對他的通緝令，不久後便讓他前往南京與蔣介石會面〔註 42〕。國民政府撤退到武漢後，他應陳誠之邀任新成立的政治部第三廳廳長，領中將銜，這既是郭沫若的個人際遇，同時也可見國民政府在抗戰初期用人的不拘一格。而陳誠之考慮郭沫若，除了郭的抗敵熱情以外，還有他的人望和社會地位，尤其是他早期的文學創作和蟄居日本期間的學術成就，這些在文化知識界具有一定的號召力。

　　郭沫若地位的升遷，又爲其它文化人帶來了機會。他出任政治部第三廳

　　　文學史料》，2010 年第 3 期；《郭沫若歸國與王芃生所起作用考》，《新文學史料》，2011 年第 3 期；《郭沫若歸國與共產黨所起作用考》，《郭沫若與中國文化——紀念郭沫若誕辰 120 週年國際學術研討會論文集》（下），樂山，2012年。

〔註 38〕郭沫若：《在轟炸中來去》，抗戰出版社，1938 年，第 25 頁。

〔註 39〕郭沫若是在南昌起義之後，隨軍隊轉戰廣州的途中加入中共的，當時幾乎沒有關於此事的記載。

〔註 40〕何廉：《何廉回憶錄》，朱祐慈等譯，北京：中國文史出版社，1988 年，第 124頁。

〔註 41〕郁達夫：《致郭沫若》，《郁達夫全集》第 6 卷（書信），杭州：浙江大學出版社，2007 年，第 271 頁。

〔註 42〕謝冰瑩曾提及，郭沫若回到上海後，曾委託吳稚暉從中安排他與蔣介石會面。參考謝冰瑩：《于立忱之死——是郭沫若害死她的》，《傳記文學》（臺灣），第65 卷第 6 期，1990 年。

廳長之後，也不負蔣介石、陳誠等人的期許，邀請了大批文化名人加盟。本來郭沫若拿著初擬的邀請名單，一時還頗有顧慮：「這些先生們會全部肯來就職嗎？」〔註43〕但結果是除了徐悲鴻之外，其它人都作了肯定答覆。而徐悲鴻之不就職，也是因爲他沒找對地方，直接去了陳誠那裡，或許是坐了冷板凳，因而拂袖而去。後來在香港時，郭沫若還提及此項，「一批極有地位的文化人士都成了蔣的四五等幕僚，大家爲了抗戰，官卑職小，全不計較」〔註44〕。這顯示了抗戰時期知識分子道路選擇的某種一致性，棄學／文從政是當時的一個普遍現象。而第三廳這個政府軍事機構，則適時地爲文人藝術家提供了實現其家國理想的途徑。後來，戰爭進入相持階段，國共之爭再起，郭沫若所主持的第三廳，被改組爲文化工作委員會。戰爭結束前夕，他因發起《文化界時局進言》，呼籲民主政治和言論自由，惹惱當局，文化工作委員會因而被撤銷。因此，郭沫若戰時的工作，是應總體戰的民眾動員而設，而他地位的起落，也與戰爭的進展密切相關。

然而，戰爭所帶來的，遠不只是作家的遷徙、身份的轉變問題這麼簡單，戰爭既是政治的延伸，反過來，它對政治形態和社會結構也會形成深遠影響。正如研究者所指出的，「戰爭是一種集體行使暴力的組織化形式，由於其極端暴力的性質，戰爭經常成爲轉化既有社會結構的歷史事件。透過這樣的歷史事件，舊有的社會結構被摧毀或改變、新的社會結構則透過戰爭過程與戰後重建而逐漸形成」〔註45〕。也就是說，戰爭雖然結束了，但戰爭模式則可能嵌入到了社會結構和人們的思維方式之內，形成某種戰爭化的認知框架。戰爭的這些後續影響，爲我們考察戰爭之於具體個人的影響提供了可能，對於郭沫若來說，戰爭如何影響到他的思維方式、文藝思想也是我們要探討的問題。

除民族視角與戰爭環境以外，「抗戰時期」這個概念還有一個歷史時限問題。首先它具體地指向 1937 至 1945 年這一段歷史，同時它又具有一定的伸縮性，凡與抗日戰爭相關的，無論此前與此後，均可納入此範圍之內，這種

〔註43〕郭沫若：《籌備──〈抗戰回憶錄〉之四章·二人事和計劃》，《華商報·茶亭》，1948 年 9 月 16 日，第二版。

〔註44〕郭沫若：《誰領導了北伐和抗戰》，《華商報》，1948 年 7 月 7 日。

〔註45〕汪宏倫：《東亞的戰爭之框與國族問題：對日本、中國、臺灣的考察》，載《戰爭與社會：理論、歷史、主體經驗》，臺北：聯經，2014 年，第 162 頁。

伸縮性有效顧及到了歷史的連續性。這有助於我們考察郭沫若戰時行爲背後
的歷史脈絡和思想資源，同時也有助於我們考察戰爭對郭沫若個人，以及對
戰後的政治模式所造成的深層影響。

　　「抗日戰爭時期」這個較爲中性的概念，還可使我們摘下意識形態的有
色眼鏡，尤其是建國之後中共黨史敘述對國統區抗戰的某些盲點，但我們也
並不迴避現實政治問題，而只是試圖提供一個較爲中立的坐標，以便進一步
展開各種歷史權力的對話。從抗戰時期的歷史現實來看，政黨政治不僅不可
迴避，而且是我們理解郭沫若戰時經歷和形象、理解抗戰這段歷史不可或缺
的因素。政治部本來就是國共合作的平臺，周恩來也擔任副部長。所以，在
國共兩黨合作順利的抗戰初期，政治部的工作也開展得較爲順利；後來國共
摩擦加劇，政治部也最先受到衝擊。郭沫若抗戰初期與國民黨走得較近，也
曾一度與中共疏遠，可以爲證的，是他較少主動在《新華日報》發表文章。
原因是 1938 年 9 月，郭沫若曾爲紀念國際青年節爲《新華日報》題詞，雖然
是無關痛癢的幾句話──「要努力使文化永遠青年化，使青年永遠文化化」〔註
46〕，但卻受到蔣介石的規勸，先是陳布雷致信郭沫若告知委座對此不滿，隨
後，蔣介石又親自召見他：「公務人員啦，不好在，唵，有色彩的報紙上，發
表文章」〔註 47〕，讓他多選擇較中立的報紙如《大公報》發表。郭沫若任職
第三廳廳長期間，在《新華日報》發表的文章，多爲廣播稿或演講記錄，極
少專文；而他的幾篇重要的文章，如《戰爭與文化》《「民族形式」商兌》等，
則都發表於《大公報》的「星期論文」欄目。

　　1940 年，原政治部部長陳誠卸職調任前線，國民黨欲藉此機會加強對政
治部的黨化統治，郭沫若等人於是主動要求離開第三廳。新任政治部部長張
治中則採取折衷辦法，另立文化工作委員會，安置郭沫若等人，這是郭沫若
此後轉向文化活動的現實原因。而中共在皖南事變後，將國統區的工作重心
也轉向了文化領域。爲此，需要借助有影響力的文化人，爲其文化運動提供
某種合法性，而此時無論是聲望還是能力，郭沫若都是較爲合適的人物。不
久，共產黨和左翼文化人就發起了規模空前的「壽郭」運動，這就是《郭沫
若在重慶》所重點記述的「郭沫若誕辰五十週年暨創作生活二十五週年紀念」

〔註46〕　《新華日報》，1938 年 9 月 4 日，第二版。
〔註47〕　郭沫若：《反推進──〈抗戰回憶錄〉之九章‧二申斥與召見》，《華商報‧茶
　　　　亭》，1948 年 10 月 18 日，第二版。

活動。該活動由周恩來親自主持，活動範圍遍及重慶、桂林、延安、香港以及新加坡等地。除《新華日報》發表周恩來代社論性的文章《我要說的話》，並推出紀念專刊外，很多報刊雜誌都發表了紀念文章；此外，重慶等地還舉行茶會，舉辦郭沫若創作成果展，同時還有郭沫若獎金、出版基金等計劃。通過這一次全方位的文化活動，中共成功地將郭沫若塑造爲繼魯迅之後的文化旗手，將其作爲中共道統的象徵，作爲即將展開的文化動員的先鋒〔註48〕。郭沫若與政黨間這種道與勢的關係，除了中國傳統政治思想的源流以外，也得到了共產主義理論的支撐，如意大利的葛蘭西就指出，君主的現代形態就是政黨。在他看來「現代君主，神話君主，不可能眞有其人，也不可能具體指哪個個人；他只能是集體意志已在社會上被承認，或多或少以行動表現了自己的存在，並開始採取具體形式時所表現出來的成分複雜的社會有機體。歷史已經提供了這種有機體，它就是政黨」〔註49〕。政黨這個有機體，既需要歷史與文化的合法性，其社會職能也需要具體的承擔者和實踐者。現代政黨的這種形態，以及政治與文化的這重關聯，無疑爲我們理解郭沫若的戰時身份，以及他1942年的話劇創作高峰，提供了一個較爲複雜的政治文化背景。

而現代中國的政黨，與西方的政黨概念又有所不同，它並非和平年代的執政黨或參政黨，而是革命黨，注重的是社會動員，講求的是鬥爭的策略。政黨的這些因素也影響到了郭沫若的思維、語言、文學形式以及實踐方式。如革命黨的激進性，繼續革命的邏輯，無疑都在郭沫若這一代左翼知識分子身上留下了烙印，更何況郭沫若不僅切身參與了革命，向來也以革命者自許。除了國共兩黨之外，郭沫若與民主黨派的往來也極爲密切。抗戰時期他本來就以無黨派身份活動，後來也是以「社會賢達」的身份參加「政協」，在戰後國共談判中也以此身份擔任調節者。而戰爭所帶來的「抗戰建國」的時代問題，實際上爲各路勢力提供了一個思想、權力的演練場，因而，政黨政治的視野，爲我們提供的是多元權力交錯的歷史空間，也是一個開放的空間。郭沫若在其間扮演的歷史角色，既是一個試圖主動創造歷史、爲未來圖景出謀劃策並積極奔走的形象，同時又是一個被時代所裹挾的個體。這是四十年代問題本身的複雜性，也是把握郭沫若的困難之處。

〔註48〕參考李書磊的說法，見李書磊：《1942：走向民間》，濟南：山東教育出版社，1998年，第35頁。
〔註49〕葛蘭西：《葛蘭西文選》，北京：人民出版社，2008年，第115頁。

第三節　詩人革命家

「抗戰時期」的視野，一定程度上打破了我們對這段歷史的既定認知和敘述框架，提供了一個開放的歷史圖景，也為我們展示了一種遠未完成的歷史想像力。對於郭沫若來說，這種想像力不僅通過他的政治家、革命家及其社會實踐得以體現，更通過文學家郭沫若的形象得以體現。這裡所謂的文學，並不是狹義的「文學」，而更接近於中國傳統「文」的概念。即不僅指現代學科劃分意義上的包括詩歌、小說、散文等在內的文學（Literature），而是類似章太炎所說的，「文學者，已有文字箸於竹帛，故謂之文。論其法式，謂之文學。凡文理、文字、文辭，皆稱文」〔註 50〕。雖然這裡只從研究對象的角度借鑒這種用法，但這對我們的研究還是有兩點啟發，一是從廣度上看，凡是寫作均可稱為文，使我們可以突破現有學科的限制，將郭沫若的學術研究、詩詞唱和乃至行政公文納入研究視野，從而走出狹義的文學史範疇，從現代文學史家所設想的「大文學史」〔註 51〕的角度，考察戰時郭沫若的歷史形象；其次，從性質層面看，文學不再是一個獨立、或者說更多是與美學關聯的範疇，而是與政治、倫理、禮樂等有著本質的關聯。抗戰時期郭沫若的創作，即便是「文學性」最強的話劇創作，也無不帶著政治與倫理的視野。因此，文學與政教之間的本質關聯，為我們探討郭沫若其人其文的複雜性，尤其是他身上所具有的傳統士大夫的一面，提供了可能的途徑。

抗戰時期郭沫若寫下了大量的文字，除七部話劇（《甘願做炮灰》《棠棣之花》（修訂）、《屈原》《虎符》《孔雀膽》《築》《南冠草》）之外，還有大量的政論文、學術論文、公文、雜文（批評）、散文、詩詞，以及少部分小說和報告文學等。這構成了文學家郭沫若不可忽視的存在，使他區別於一般的政治家、學者或作家。更為重要的是，他的創作和研究也都具有不可低估的讀者群或社會影響。從文壇來看，以當時他的文學地位（最直觀的表現是，他的作品常被置於刊物的顯要位置），他的文學創作和美學理念，即便不構成引

〔註 50〕 章太炎：《國故論衡》，上海：商務印書館，2010 年，第 73 頁。

〔註 51〕 錢理群：《關於 20 世紀 40 年代大文學史研究的斷想》，《中國現代文學研究叢刊》，2005 年第 1 期。李怡也一再呼籲以「大文學史觀」的視野研究「革命文學」與戰時文學，參考李怡《開拓中國「革命文學」研究的新空間——建構現代大文學史觀》，《探索與爭鳴》，2015 年第 2 期；《戰時複雜生態與中國現代文學的成熟——現代大文學史觀之一》，《北京師範大學學報（社會科學版）》2014 年第 3 期。

領文壇的風尚，也是其它人的重要對話對象，至少難以完全被忽略。事實上，他往往構成了文學論爭的重要一極，如他所參與的「國防文學」口號論爭、文藝的大眾化、民族形式論爭等均是如此。他的學術文章，雖然後來學界有不少爭議甚至是質疑，但當時卻既引起學院的關注，同時也廣泛地影響到了社會。如他的《甲申三百年祭》，不僅在國統區引起軒然大波，也受到延安的重視，並一度被中共列爲整風文件。而學界研究甚少的舊體詩詞，不僅是他抗戰時期創作的主要文類，也在歷史中扮演著極爲關鍵的角色。如毛澤東《沁園春·雪》遭受部分知識分子的批判時，也是他以詩詞的形式爲之辯護。至於他的話劇創作，如《棠棣之花》《屈原》等，不僅是左翼知識分子文化政治的成果，同時也是中共的政治文化運動的歷史產物。可見，文學的視野，不僅是我們理解郭沫若其人，更是理解其所處時代豐富性的重要媒介。因此，對於戰時的郭沫若，我們除了要研究其革命行動與社會實踐的一面外，還要注重其參與社會實踐的獨特方式──文學。

正如傳統「文學」這個概念，從本質上與政教就具有關聯性一樣，文人郭沫若也與革命活動、社會參與等難以截然分開。而郭沫若也從未將自己劃歸於某個特定的領域，或歸屬某種身份。相反，作爲一個以西方文藝復興作爲參照的新文化人，郭沫若的知識結構和人格想像也類似「百科全書式」人物〔註 52〕，這也就是他以孔子和歌德爲模型所描摹的「球形天才」〔註 53〕形象。能自由出入於藝術、科學、教育、革命與政治等不同場域，從而突破了現代學科對他的限制，其實這也對學術界的專業化研究視野提出了有力挑戰。從他的成就來看，雖未能完全達到「全科全書派」那樣的高度，但形制近似。

〔註 52〕郭沫若自己也曾以「百科全書那樣的淵博」來形容王安石（見郭沫若講，高原記：《王安石》，《青年知識》，第 1 卷第 3 期，1945 年）。

〔註 53〕郭沫若：《致宗白華》，載田壽昌　宗白華　郭沫若：《三葉集》，上海：亞東圖書館，1920 年，第 12 頁。郭沫若在宗白華的信中這樣寫到：「我常想天才底發展有兩種 Typus：一種是直線形的發展，一種是球形的發展。直線形的發展是以他一種特殊的天才爲原點，深益求深，精益求精，向著一個方向漸漸展延，展到他可以展及的地方爲止：如像純粹的哲學家，純粹的科學家，純粹的教育家，藝術家，文學家……都歸此類。球形的發展是將他所具有的一切的天才，同時向四方八面，立體地發展了去，這類的人我只找到兩個：一個便是我底孔子，一個便是德國底歌德」（田壽昌　宗白華　郭沫若：《三葉集》，上海：亞東圖書館，1920 年，第 12 頁）。

　　但無論是「百科全書派」還是「球形天才」，對郭沫若來說，都不僅僅是文學、政治青年的理想或抱負，而是切實地參與到了他的主體建構過程之中。因此，他關注的領域不僅廣泛地涉及到政治、經濟、藝術、學術等領域，而且以實際行動參與了革命、抗戰和政治運動。因而他的身份看起來是不斷地在改變，但實際上可能是他主體的不同面向在某個時段的凸顯，其經驗也並非是後者對前者否定——雖然他有時候很決絕地作自我否定，而很可能是不斷的積累與疊加，形成的是某種詩人政治家或政治文學家的主體模式，從而綜合地在其後的實踐中發揮作用，正如論者所指出的，「在特定的案例中知識分子把其以前的身份融合在他們自己的新的組織關係中」〔註54〕。較之現代其它文人，這也是郭沫若的獨特性所在。探討這種獨特性的具體內涵、在郭沫若創作與社會參與中所發揮的作用，及其如何豐富我們對現代文學、文化與政治之間關係的理解，是本文要處理的問題。

　　在郭沫若所設想的「球形天才」中，詩人顯然只是與政治家、科學家、教育家等平行的一種身份，但從郭沫若的實際情形來看，詩人身份對他顯然有著特殊的意義。這不僅在於，他終其一生，都未能擺脫詩人之名，更在於浪漫派詩人的思維、想像方式對他現代主體生成的決定性意義，以及對他此後革命、政治實踐的內在影響。「五四」時期，郭沫若憑不拘一格的新詩創作進入文壇，這構成了他個人歷史的某種起點。這個起點不僅意味著他詩人身份的確立，也在於他現代審美主體的建立〔註55〕。尤其值得留意的是，郭沫若一開始就建構了一種「詩——詩人」的一元論圖景，如他那著名的說法——「詩不是『做』出來的，只是『寫』出來的」〔註56〕便是此意。這種形式與主體的一元論，並不是「文如其人」的現代版，而需顛倒過來，是現代美學理念對主體構成了一種召喚，即人要如某種「文」。因此，與其說詩人從屬於球形人格，毋寧說郭沫若的「球形天才」正是基於他的詩人想像而建立的，文學構成了其主體的某種基始性存在。他轉向革命之後也是如此，甚至可以

〔註54〕卡爾・曼海姆：《文化社會學論集》，艾彥　鄭也夫　馮克利譯，瀋陽：遼寧教育出版社，2003年，第138頁。

〔註55〕就這一點而已，他與魯迅有一致處，都是通過文學，而且是文學的無用，確立了現代的主體性。參考竹內好：《近代的超克》，北京：三聯書店，2005年，第106～142頁。

〔註56〕郭沫若：《致宗白華》，載田壽昌　宗白華　郭沫若：《三葉集》，上海：亞東圖書館，1920年，第7頁。

說，他之轉向革命，本來就有賴於詩人的浪漫氣質，正如北伐時他對俄國顧問鐵羅尼的評價：「他是由於他的浪漫的熱情而成為了革命家」〔註57〕。郭沫若既為浪漫主義文學的代表，繼而率先成為革命者，這其間的關係並不是偶然的。「五四」及其後的大革命時期，浪漫話語與新文化、革命思潮等交互為用，經過文學、意識形態和革命實踐的中介，成為塑造新的文化主體和歷史主體的有機因素〔註58〕。經由這個歷史過程，郭沫若的主體也就生成為一種「詩人＋革命＋……」的形態。這個層疊形態在當下看似一個問題，但對於蒙學為傳統教育的郭沫若這一代人來說，則並不稀見，這只是傳統士大夫的現代變體而已。

如果說二三十年代，他的各種身份尚相互衝突、需要彼此調和的話，那麼，到了抗戰時期，他的這種主體模式便走向了成熟。可以為證的是，在這八年之中，他的各種身份都充分發揮了各自的優長，卻不必有早期那種激烈的轉換。因此，從他人格理想的角度來看，抗戰時期可說是郭沫若最為豐富的時代。那麼，鑒於詩人身份對郭沫若主體形態的基始性作用，我們將他抗戰時期的諸多面向依舊概括為「詩人革命家」。這種概括給郭沫若的多重身份帶來了一個整體視野，但它不是問題的解決，而是問題的開端。首先，它不是一個本質化的描述，即這並非指郭沫若就是一個詩人革命家，或者只是一個詩人革命家，而是從方法論的角度，描述郭沫若的主體形態。同時，這個指稱本身便暗含著選題的中心議題，也就是本文問題的出發點，即情感與政治的關係問題。

詩人政治家的身份，顯示了他不同於單純的文人或職業革命家，從而彰顯出他獨特的情感政治世界。雖然在本雅明的描述中，職業密謀家的波西米亞風格，與文人的激情之間具有天然的親和性〔註59〕，但這只是出於詩人之口，政治家往往強調的是紀律與法則，詩人氣質不僅意味著對法規的逾越，更是鬥爭力量的耗損。因此，中國傳統的儒家詩教便強調「溫柔敦厚」，對情感的克制。西方傳統更是如此，柏拉圖要將詩人趕出理想國，因為當人們需

〔註57〕 郭沫若：《北伐途次》，《宇宙風》半月刊，第 29 期，1936 年 11 月 16 日。
〔註58〕 參考姜濤：《解剖室中的人格想像：對郭沫若早期詩人形象的擴展性考察（初稿）》，《新詩與浪漫主義學術研討會論文集》，北京：2011 年。
〔註59〕 本雅明：《發達資本主義時代的抒情詩人》，張旭東 魏文生譯，北京：三聯書店，2007 年第二版，第 32～37 頁。

要「統治情感」的時候，「詩歌卻讓情感統治了」他們〔註60〕，對理性構成了威脅；亞里士多德雖然從詩學層面對詩人氣質予以肯定，但悲劇的效果「卡塔西斯」——無論是譯爲「淨化」還是「宣泄」，最終指向的都是理性的復歸；同時，詩人氣質也可能朝向另一個方向發展，即強調其自身的創造性與獨立性。詩人的創造性是指由想像所開啓的虛構性和未來向度，正如亞里士多德所說，不同於歷史學家記述已發生的事，詩人的職責「在於描述可能發生的事」〔註61〕。更爲關鍵的是，詩人不僅有想像的天賦，而且詩人根據「可然或必然的原則」所創作的作品，反而比歷史更具普遍性，這爲文學的獨立性提供了起點。對文學能力的這種自信，到浪漫主義時代達到頂峰，浪漫主義向內發現了自我，憑藉文學建構了一個足以抗衡現實的獨立世界。正因如此，在馬克思所設計的經濟基礎與上層建築的模式中，文學屬於虛假意識形態，他還從階級論的角度批判了浪漫主義文學，夏多布里昂、拉馬丁和卡萊爾均在被批之列。葛蘭西也認爲，「熱情」「會造成不能行動」，與黨的「預先規定」與「行動的計劃」相矛盾〔註62〕。馬克思主義的這種預見性，在中國現代的瞿秋白那裡，不幸得到了證實。在瞿的最後告白中，詩人氣質與革命是如此難以調和，以至於瓦解了他的革命事業〔註63〕；更有意思的是，在他死前寫給郭沫若的信中，回憶起武漢時代二人「一夜喝了三瓶白蘭地」的「豪興」，卻再次肯定郭沫若所引領的浪漫主義運動，「開闢了新文學的途徑」〔註64〕。詩人氣質對郭沫若的革命事業也確實是個問題，如北伐時期鄧演達就批評他是「感情家」，爲此他一度鬧著要辭職，因爲他「自信自廣東出發以來是很能遵守紀律而遏制著自己的感情的」〔註65〕；抗戰時期周恩來也委婉地批評他「太感情了一點」〔註66〕。因此，對於郭沫若來說，首要的問題是如何融合

〔註60〕　柏拉圖：《國家篇》，載《柏拉圖全集》（第二卷），王曉朝譯，北京：人民出版社，2003 年，第 629～630 頁。當然，柏拉圖也留下了部分詩人，即「只有歌頌神明和讚揚好人的頌歌才被允許進入我們的城邦」，史詩與抒情詩被排除在外（同上，630 頁）。

〔註61〕　亞里士多德：《詩學》，陳中梅譯，北京：商務印書館，1996 年，第 81 頁。

〔註62〕　葛蘭西：《獄中札記》，葆煦譯，北京：人民出版社，1983 年，第 111 頁。

〔註63〕　瞿秋白：《多餘的話》，南昌：江西教育出版社，2009 年。

〔註64〕　瞿秋白：《致郭沫若》，《瞿秋白文集》（文學編）第 2 卷，北京：人民文學出版社，1986 年，第 418 頁。

〔註65〕　郭沫若：《北伐途次》，《宇宙風》半月刊，第 31 期，1936 年 12 月 16 日。

〔註66〕　周恩來致郭沫若函，據手跡照片。轉引自龔濟民 方仁念：《郭沫若年譜》（上），天津：天津人民出版社，1992 年，第 377 頁。

這二者之間的內在矛盾；因爲這個問題對革命青年帶有一定的普遍性，因此，我們需要進一步追問的，是郭沫若處理這個問題的特殊之處；同時，他的革命道路與現代中國的歷史進程有何內在關聯等問題。

如果說情感與政治的問題，是郭沫若參加革命後所要面對的經常性問題，抗戰時期則是這一問題的具體化；而對於抗戰時期的郭沫若來說，問題更在於，詩人革命家此時有何新變。無論是從寫作傳統，還是情感模式的角度，詩人並非單指浪漫主義的抒情詩人，也指向傳統的詩詞。傳統詩詞的寫作、唱和與傳播，也不只是表達方式的轉換，它背後關聯的，是整個士大夫的傳統，這包括士大夫的美學趣味、文化心理與社會行爲等方面。在抗戰時期民族主義思潮的影響下，被重新激活的士大夫傳統，對於郭沫若抗戰時期的社會參與有何意義，對他的歷史認知有何影響，這是詩人革命家所引出的第二個問題。

除詩人革命家本身內涵的問題性以外，它還爲其它相關問題提供了視角和方法。其方法論意義在於，既然詩人是郭沫若球形人格的基始，這就要求我們回到他的文學，對其作品進行美學處理，從文學形式的層面，探討其在創作上的成就，及詩人革命家的視野所帶來的文學形式的創新問題。這要求我們從文學社會學或知識社會學的視野，重新回到文學的審美研究，從形式層面探討郭沫若文學的創造性所在。既然郭沫若以文／詩名，將其文學成就作爲出發點是有必要的。然而，這也並不意味著對文學作純粹的內部研究，而是要在前文所述的歷史化、語境化的觀照下進行〔註 67〕，對文學作美學意識形態批評。正如阿多諾所指出的，文學如同萊布尼茨所說的單子（monad），具有文學的自律性，但它超越單子封閉性的地方在於，它「也是一個時代之整個精神總體（overall spiritual totality）的諸契機，該總體繼而與歷史和社會糾纏在一起」〔註 68〕，從而具有一定症候性與開放性。這種觀點的啓示，不僅在於從美學形式出發，我們可以如歷史研究一樣，還原所謂的歷史眞相；更在於文學形式的獨特性，可能保留了歷史敘事所遺落的碎片與矛盾，即「糾纏」的痕跡，這對於我們重返郭沫若——這個在一定程度上已經被概念化的人物，是尤其必要的。

〔註67〕 參考吳曉東：《文學性的命運》，廣州：廣東人民出版社，2014 年。

〔註68〕 阿多諾：《美學理論》，王柯平譯，成都：四川人民出版社，1998 年，第 310頁。

　　還需提及的是，雖然抗戰時期郭沫若的各種身份特長都得到了充分的發揮，但它們呈現的也並非是共時的輻射狀態，或者如郭沫若自己所描述的「球形」，而依舊是一個歷時展開的過程，不過，在八年之內他能夠自由地發揮各種身份的優勢，也說明了兩個問題：一是前文所述他主體性最終經由社會實踐而得以建立，人格走向了成熟，因而能夠在各種身份之間自由轉換；另外就是他的各種身份都各自對應著相應的時代問題。前者表明「詩人革命家」這個概括的有效性，後者則有助於我們論述的具體展開。需要指出的是，雖然我們是從作家論的視野，進入「抗戰時期的郭沫若」這個論題，但問題的展開，既是為揭示這個人物的複雜性，但更為重要的是，這種複雜性是需要置於不同的歷史語境和時代問題之中的。充分展開人物與歷史話題之間的對話性，才是我們論題的關鍵所在。因此，對於郭沫若的不同身份，我們也將集中處理不同的問題。而人物與歷史話題之間的中介，我們依舊要從「詩人革命家」著眼，即借助於文人的「表達方式」，從而探討人物身份、主體形態與時代問題之間的相互關係。

　　「表達方式」之所以重要，首先是由「文學者」郭沫若這個視野決定的，其次，這也與他身份展開的方式有關。抗戰時期他不同身份的歷時性展開，也伴隨著表達方式的轉變。這就為我們在主體形態、表達方式與時代問題之間所作的關聯提供了歷史依據。如他抗戰初期是自由作家，表達方式主要是詩歌、報告文學等文類；任職第三廳期間，他面對的是抗戰動員問題，故表達方式轉向演說，寫作也轉向政治文告一類；當抗戰進入相持階段，他在熱衷考古發掘之餘，也喜詩詞唱和；而 1941 年底的「壽郭」運動，及緊隨其後的左翼戲劇運動，又激發了他的創作熱情，以至於一年之內他便寫了多個劇本，達到了文學者郭沫若的頂峰，也使他深入地參與到了文化運動之中；1943年開始興起的民主運動，又使他回到了學者生涯，從傳統中尋找「建國」的資源；而到抗戰結束前後，隨著國共政爭的日趨激化，知識分子的路線選擇日漸成為問題，左翼知識分子也積極地從國際或國內尋求資源，而郭沫若適時的蘇聯之行，以及對延安文藝的積極推介，都是左翼知識分子歷史轉折關頭的文化與政治實踐。正是身份、表達與問題的這種內在關聯性，使我們在以時間為序設置問題時，能夠兼顧研究對象的身份特徵、表達策略與時代問題，從而生成「人物——表達——歷史」這樣一個三位一體的問題空間。

　　本書的研究框架正是循此思路建立，各部分概要如次：

　　第一部分，「由情以達意」：浪漫的情感政治學。該部分結合作家論與文學史的視野，探討郭沫若如何進入他的「抗戰時代」。抗日激發了知識分子的民族主義情感，戰爭帶來了戰爭烏托邦的情感與想像，但它也現實地帶來了破壞性，如都市文化場的破壞，民眾的遷徙，並對文人的社會使命提出新的要求。對於郭沫若來說，問題在於他如何回應這些時代問題。他的意義在於實踐了一條較爲獨特的「由情以達意」的抗戰／革命之路，發揮了其詩人情感結構的政治學優勢。這包括將浪漫派的熱情，從外在於歷史的消費性，轉化爲介入現實的方法和能量；並將這種能量，具體化爲政治參與和社會參與的實踐行爲，這表現在他對「文藝如何動員民眾」的思考與實踐，以及爲文化人的報國熱情提供現實的通道，如他主持的政治部第三廳就是整合文化人力量的渠道；但其情感政治學在提供歷史經驗的同時，也需要我們以反思的眼光審視，這主要在於情感容易爲政黨徵用，成爲國家機器統治的修辭術。

　　第二部分，詩詞唱和與士大夫情懷。作爲詩人，「表達方式」的轉變及其意識形態功能，始終是我們關注的重要議題。抗戰前夕，郭沫若對郁達夫要轉向舊體詩詞的說法還十分不以爲然，但轉眼之間，舊體詩詞也成爲他自己創作的主要文體。更值得留意的是，抗戰時期，新文人寫舊詩，成爲一個普遍的歷史現象。因此，對於郭沫若舊體詩詞的研究，既是對他個人寫作問題的探討，也是對這一時代問題的思考。在筆者看來，郭沫若之轉向舊體詩詞的寫作，不僅在於寫作能力上的，他早年所受的傳統文化訓練；或文化心理學視角的，「舊形式」對這一代人的「誘惑」〔註69〕，更在於抗戰時期的文化氛圍，以及他現實的社交需求。因此，該部分將在鉤稽相關史料的同時，更多地從文學社會學的視角勾勒郭沫若的詩詞交往情況。不過，詩詞唱和背後關聯的士大夫傳統，其對郭沫若戰時言論、心態與行爲的影響，以及郭沫若對這一傳統本身的挑戰，也是文本所要關注的問題。簡要來說，古典詩詞爲郭沫若等處於戰亂年間的知識分子，提供了一種美學的救贖；而郭沫若與政治人物的唱和，又使作爲士大夫交往方式的唱和傳統，不可避免地帶有了黨派色彩。

　　第三部分，屈原：一個文化符號的生成。屈原在現代從一個地方詩人上升爲世界文化名人，其地位基本上確立於抗戰時期。屈原愛國形象的建構，

〔註69〕劉納：《舊形式的誘惑──郭沫若抗戰時期的舊體詩》，《中國現代文學研究叢刊》，1991年第3期。

與抗戰時期詢喚愛國詩人的時代語境相關，同時是「抗戰建國」意識形態建構的國家工程，也是政黨政治角逐的文化象徵符號。而郭沫若的話劇《屈原》及關於屈原的學術研究，在其間都起著關鍵作用。因此，屈原這個文化符號所具有的複雜社會內涵，及郭沫若在其中所扮演的角色，爲我們考察戰時郭沫若與國家意識形態建構、與政黨政治的複雜關係，提供了形式的中介。同時，《屈原》一定程度上代表了作爲作家的郭沫若，在抗戰時期所能達到的最高成就，因此，《屈原》提供了一個樣本，使我們得以進一步探討，作爲詩人革命家，他在美學形式方面所具有創新性，以及這種創新性所體現出來的文化政治的內涵。

　　第四部分，學術研究的歷史想像力。現實的鬥爭往往需要從歷史尋找依據，從這個角度，郭沫若的歷史研究展現了他歷史想像的封閉性與開放性。該部分既從學術史的角度探討郭沫若的學術貢獻，但更爲重要的是他如何以學術的方式，回應他所面對的時代問題。從學術的角度來看，近現代的諸子研究，崇墨貶儒是整體趨向，因此，郭沫若的崇儒貶墨，不僅讓一般學者不以爲然，左翼知識分子更是認爲他在爲國民黨的保守勢力張目，喬冠華、陳家康等黨內「才子集團」，以及胡風、舒蕪等「七月派」，甚至聯合組織了相應的批判文章，但因政黨的干預而不了了之。但這種分歧，顯示了郭沫若四十年代問題意識與治學路徑的獨特性，其背後關聯的是不同的國家想像，這種分歧在後來的「評法批儒」中再次顯現出來。這也提示我們關注郭沫若歷史研究與想像的獨立性與開放性。這種獨立性，也可視爲他不滿足於國共兩黨爲他劃定的文人身份，試圖通過對儒家的重釋，以重塑革命道統的嘗試；而他的《甲申三百年祭》，更是建構了另一種知識與革命的關係。

　　第五部分，文學、制度與國家。抗戰結束前後，郭沫若的言論變得日益左傾，這是歷史轉折年代，知識分子開始作出政治和歷史選擇的症候。與此同時，隨著抗戰的結束，建國問題也變得更爲緊迫，不同政治和文化勢力紛紛呈現各自的建國設想和方案。郭沫若與延安的革命政權本來就保持著若即若離的聯繫，他不僅參與了中共所組織的文化運動，後期更通過文藝與毛澤東等人取得了直接溝通。他對毛澤東《在延安文藝座談會上的講話》「有經有權」的評價，也得到了毛澤東的贊同，隨著毛文藝體系的建立，他也開始積極回應並參與這一體系的建構，他對毛澤東的文藝觀也從「有經有權」逐漸轉向了「以權爲經」。作爲左翼知識分子的「班頭」，除了本土的革命經驗以

外，郭沫若也積極向國際左翼，尤其是蘇聯的革命、建設成果取經，以爲「建國」問題建言獻策。他抗戰結束前夕的蘇聯之行，爲他實地考察社會主義的革命經驗和建設成就提供了良機，蘇聯爲他展示的民主、富足形象，反過來強化了他對共產主義的信仰，並進而轉化爲他的敘事動力，他以此爲基礎寫的《蘇聯紀行》，便將蘇聯作爲中國的歷史前景。問題的關鍵更在於，他歸國後關於蘇聯的寫作、演說等，又進一步影響其他知識分子的路線選擇。可見，郭沫若在抗戰後期綜合利用了左翼資源，參與到了建國的歷史事件之中。

另外，需略作補充的是，郭沫若向來被視爲主流，但在我們看來，首先要質疑的正是主流這個概念。它在被敘述中往往被本質化，它的矛盾性、變異性，及其內部不同主體的差異和辯難也被遮蔽了。在這種定勢思維下，主流往往成爲一個前定的對話對象，一個虛無縹緲的靶子。學界近年來便多將注意力轉向邊緣，尤其是在海外中國學的影響下，這種思路在瓦解革命的宏大敘事方面尤其有效，如杜贊奇的《從民族國家拯救歷史》，便試圖從各類邊緣重新講述現代中國的故事，但這種帶有目的論的敘事不免是以新的意識形態敘事替代舊有模式。我們並不否認邊緣的意義，尤其是它所保留的歷史經驗，但也並不想以非此即彼的方式，另外建構一套看似完整的敘事。因此，本文更想叩問主流本身的內在複雜性，還原其多元共生的面貌。對於郭沫若來說，這個長期被視爲主流的左翼文人，已漸漸被符號化了，文本所要嘗試的，正是要探討這個「主流」是如何生成的、其內景如何等問題。

第一章 「由情以達意」：浪漫的情感政治學

　　郭沫若一向被視為現代中國浪漫主義的代表，但他對這個標籤的印象並不佳。在他看來：「Romanticism 被音譯成『浪漫』，這東西似乎也就成為了一種『弔爾郎當』。阿拉是寫實派，儂是浪漫派，或則那傢夥是浪漫派，接著是嗤之以鼻，哼了。」〔註1〕郭沫若戲擬的上海市井口吻，顯示出浪漫主義在現代中國的戲劇化遭遇，它從一個深富歷史意味的文學／文化範疇，降格為一個輕佻的形容詞。即便如此，抗戰時期郭沫若卻又明確承認，他就是一個浪漫主義者。這是在蘇聯文化界為他送行的晚宴上，愛倫堡在致辭中稱，聽說郭是中國的「浪漫派」，他希望「浪漫派永遠是年輕的」。郭沫若對此欣然接受，「在國內聽見人說自己是『浪漫派』的時候，感覺著是在挨罵，但今天卻隱隱地感覺著光榮了」〔註2〕。

　　從「挨罵」到「光榮」的感受變化，不僅是因為語境的不同，更為重要的是，他由此體認或確認了浪漫這個概念的新的歷史可能性。在現代中國的歷史語境中，尤其是二十年代末期以來的革命語境中，浪漫派這個稱謂是與布爾喬亞聯繫在一起的，它意指一種外在於歷史進程的個人姿態，或徒具消費性的情感能量，對於以革命者自居的郭沫若，這是要被改造的小資情調，是需要規避的政治風險；但無論是在具體的文學創作與社會實踐中，還是他在蘇聯所看到的浪漫派現狀，如「愛倫堡似乎是頗以浪漫自居的」〔註3〕：都表明浪漫與政治之間可能存在更為複雜的關聯。

〔註1〕郭沫若：《創造十年續編》（五四），《大晚報》，1937 年 7 月 8 日，第五版。
〔註2〕郭沫若：《蘇聯紀行》，《新華日報》，1946 年 1 月 18 日。
〔註3〕郭沫若：《蘇聯紀行》，《新華日報》，1946 年 1 月 18 日。

　　雖然郭沫若是在抗戰結束時才明確承認自己是個浪漫派，但抗戰時期很多人都一再強調他的詩人形象。如 1941 年，日本反戰作家長谷川照子（綠川英子）就對郭沫若的戰時形象有一個較爲獨到的概括：「一個暴風雨時代的詩人」〔註4〕。其實無論是國民革命時期，還是抗戰時期，詩人或許都是郭沫若留給人們的第一印象。有意味的是，抗戰時期他的詩人身份與革命者身份似乎融合到了一起，浪漫派的激情也成爲他參與政治的一種優勢，連周恩來也強調：「郭先生是革命的詩人，同時，又是革命的戰士。」〔註5〕抗戰初期，郭沫若主持宣傳工作，綠川英子更是找到了詩人與宣傳家之間的本質關聯：「記得有人說過『詩人就是宣傳家』。這個典型我要推到郭沫若先生身上。宣傳家要能用詩人的語言，詩人的熱情才能做到的，要不然，他的宣傳怎麼打動聽眾們的心臟呢！」〔註6〕

　　詩人這個稱謂，具體到郭沫若，一般是指由《女神》所塑形的浪漫主義詩人形象：富於激情，把握著時代的精神〔註7〕。這種形象，在戰時則因報告文學《在轟炸中來去》、話劇《屈原》等得到進一步強化；解放後，浪漫形象不僅未離他遠去，他用革命現實主義與革命浪漫主義解讀毛澤東的詩詞，反而爲浪漫主義賦予了政治合法性，使這提法一時再度成爲主流〔註8〕。終其一生，他似乎都無法擺脫浪漫主義的魅影。因此，浪漫之於郭沫若的重要性、

〔註4〕綠川英子：《一個暴風雨時代的詩人——爲郭沫若先生創作活動二十五週年》，趙琳譯，新華日報，1941 年 11 月 16 日。

〔註5〕周恩來：《我要說的話（代論）》，《新華日報》，1941 年 11 月 16 日。

〔註6〕綠川英子：《一個暴風雨時代的詩人——爲郭沫若先生創作活動二十五週年》。

〔註7〕郭沫若的浪漫主義是一個較爲複雜的問題。他一開始就受到德國歌德等詩人「狂飆突進運動」的影響，有著強烈的「主情」色彩，如他在《〈少年維特之煩惱〉序引》中，就將維特的「主情主義」列爲最引起他共鳴思想（郭沫若《〈少年維特之煩惱〉序引》，《創造》季刊，1922 年第 1 卷第 1 期）。與此相關的，他還極爲強調主觀的表現，「情緒的直寫」等。但值得注意的是，他雖然堅持創造的唯美主義，但卻並不排除詩歌的社會功利性。在他看來：「就創作方面主張時，當持唯美主義：就鑒賞方面言時，當持功利主義：此爲最持平而合理的主張」（郭沫若：《兒童文學之管見》，《民鐸》，1921 年第 2 卷第 4 期）。對郭沫若早期浪漫主義的研究，可參考孫玉石：《郭沫若浪漫主義新詩本體觀探論》，《北京大學學報（哲學社會科學版）》，1993 年第 4 期；孫黨伯：《論郭沫若的浪漫主義文學主張》，《武漢大學學報（社會科學版）》，1992 年第 6 期，等等。

〔註8〕郭沫若：《浪漫主義和現實主義》，《紅旗》，1958 年第 3 期。在該文中，郭沫若也就浪漫主義的革命性作了說明：「中國的浪漫主義沒有失掉革命性，而早就接收到明確的理想」。

郭沫若因浪漫而具有的獨特性，以及浪漫主義與現代中國革命之間的歷史關聯，是我們首先要面對的問題。

對於抗戰時期尤其是抗戰初期的郭沫若來說，浪漫的重要性在於，它既是一種文學形式，是他的表達方式，同時也是其主體姿態、情感結構、思維方式甚至實踐模式。這並非是要對戰時郭沫若作泛浪漫派的定位，恰恰相反，我們是要以浪漫爲媒介，探討郭沫若的美學主體與政治主體之間是如何相互作用相互塑造的，這不僅包括美學的意識形態問題，也包括美學如何爲主體介入社會提供歷史契機和實踐動力的問題。同時，我們也試圖以郭沫若的戰時經歷爲出發點，反思並檢視浪漫的歷史限度及其新的可能性。

第一節　浪漫如何介入歷史

「新浪漫主義」的興起：郭沫若流亡時期再考察
從「革命加戀愛」到「抗戰加戀愛」
「在轟炸中來去」的戰時浪漫主義
浪漫如何介入歷史

1937 年 7 月 27 日，距七七事變爆發剛二十日，郭沫若便從日本秘密逃歸上海，從此奔走在黃埔灘頭，開始了他的抗戰生涯。歸國初期，他雖然受到各路媒體、團體和黨派的關注，但在前景尚不明晰的情況下，他實際上處於激情與苦悶的交戰狀態中，既有投筆請纓的救亡熱情，也有無路可走的苦悶。「八・一三」之後，隨著戰局的明朗化，這種苦悶便完全爲興奮所替代，他相繼寫下《到浦東去來》《前線歸來》《在轟炸中來去》等速寫文字，記錄了他多次前往前線的經歷和觀感。無論是他此時的經歷，還是文學創作，都再次展現了一種浪漫主義式的精神狀態：富於激情，試圖把握時代的精神。戰爭帶來了新的現實問題，激發了新的情感模式，也要求作家改變其表達形式，具體則包括語言、情感、文體等諸多要素。正如他日後所總結的，「抗戰初起時，由於戰爭的強烈刺激，在文藝界曾經激起過一番劇烈的震動，確是事實。多數文藝性的期刊和報章附刊，不是完全停止便縮小了範圍；口號式的詩歌，公式化的獨幕劇曾盛行一時；小說的地位幾乎全被報告速寫所代替」〔註9〕。

〔註 9〕 郭沫若：《抗戰以來的文藝思潮──紀念文協成立五週年》，《沸羹集》，上海：大孚公司，1947 年，第 118 頁。

郭沫若從一位研究古文字的學究，轉而寫報告文學和獨幕劇，很大程度上正是爲了回應這個新的時代問題。

表達方式的改變，不僅關係到作品的形式變化，也與寫作者、表達主體的內在轉變密切相關。其最明顯的表徵，便是從蟄居日本時期的古典學者，轉變爲社會和政治領域中的實踐者；而有意味的是，主體與形式之間又是互相關聯的，浪漫主義式的情感在其中發揮了關鍵作用，或者說，他身份的轉換，是伴隨著浪漫激情的復歸完成的。如果聯繫到二十年代中後期他從文學革命到革命文學的轉向，不難發現這二者之間的某種悖論式關聯，即，他從文學轉向革命，是借助對浪漫主義的批判才得以完成，而此時卻需重新激活體內的浪漫情感，以重新回到政治實踐和社會活動領域，抒情不僅不再是革命的阻力，反而是一種有機的力量。那麼，該如何理解浪漫的激情在話語實踐與政治實踐這兩個不同領域中所扮演的不同角色？爲何在郭沫若這裡激情不再是走向政治實踐的障礙，它是如何從小資情調轉化爲歷史動力的？抗戰時期郭沫若所體現的情感與政治間的關係，與革命文學時期乃至「五四」時期的相關討論之間，又有何對話關係？只有釐清這些問題，我們對抗戰期間郭沫若的政治實踐及歷史選擇，才會有更爲明晰的把握。但在進入抗戰時期之前，我們需要先探討郭沫若的抗戰前史——他蟄居日本時期甚至革命期間的文學理念和情感模式。

一、「新浪漫主義」的興起：郭沫若流亡時期再考察

對於郭沫若的抗戰前史——流亡日本期間的經歷，學界在論述時往往用「沈寂」與「隔絕」等字樣來形容。此時他不僅遭到國民政府通緝，同時也受日本刑偵的監視，只能埋首學術研究。從文學創作的角度來看，較之以往確實有點沈寂。但這並不意味著他停止了文學活動，也不意味著他從一個浪漫派轉變成了一位學究，其實他並未像他自己所說的那樣與文壇隔絕。流亡初期，他不僅直接或間接地繼續參與了國內革命文學的論爭〔註 10〕，做了大

〔註 10〕 革命文學論爭是 1928 年文壇的主要事件，郭沫若雖然該年初便離開了中國，他的文章《革命與文學》《英雄樹》《留聲機的回音》等一直是文壇論爭的潛在資源或對話對象；對於三十年代初的文藝大眾化運動，他也有《新型大眾文藝的認識》《普羅文藝的大眾化》；而他與魯迅之間的分歧也未嘗停止，這從他先後撰寫的文章《文藝戰線上的封建餘孽》《「眼中釘」》《創造十年》等便可看出。

量的文學和學術翻譯〔註11〕，而且還完成了大部分的自傳〔註12〕。這些自傳延續了郁達夫式的自敘傳傳統，雖加入了社會分析，卻不脫早期創造社的浪漫風格。

　　1935 年以後，情況更有根本的好轉，這主要歸功於「第三代」留學青年的相繼赴日〔註13〕。對於他們的文學活動，日本學界已有較為翔實的考論〔註14〕。這批文學青年於 1933 年底恢復了「左聯」東京支盟，創辦了《東流》《雜文》（後更名《質文》）和《詩歌》等多個刊物，文學活動一時頗為活躍。郭沫若不僅為他們刊物出版提供了幫助〔註15〕，經常參加他們的活動〔註16〕，

〔註11〕翻譯方面，郭沫若旅居日本期間先後翻譯了辛克萊的小說《石炭王》《屠場》《煤油》等，辛克萊是革命文學論爭期間，創造社後期成員主要的理論資源，他在《拜金藝術》（Mammonart）中所說的「一切的藝術都是宣傳」（All art is propaganda），自李初梨引入中國文壇之後（李初梨：《怎樣地建設革命文學》，《文化批判》，1928 年 2 月 15 日），便屢被論爭者徵引，郭沫若應該是受此影響才翻譯辛克萊的著作。此外，郭沫若翻譯了《日本短篇小說集》，收入芥川龍之介、志賀直哉、林房雄、片岡鐵兵、橫光利一等人的作品 19 篇，另譯有歌德的《詩與真》《赫曼與竇綠苔》，席勒的《華倫斯太》，托爾斯泰《戰爭與和平》部分，還與李一氓合譯《新俄詩選》；除了這些文學作品外，他還翻譯了《考古美術發現史》《生命之科學》《隋唐燕樂調研究》等學術著作，及馬克思的《德意志意識形態》（馬恩合著）《政治經濟學批判》《藝術作品之真實性》等。

〔註12〕這包括《我的幼年》《黑貓》《劃時代的轉變》《創造十年》《北伐途次》《初出夔門》，次為自傳性小說《漂流三部曲》《山中雜記及其它》《克拉凡左的騎士》等。

〔註13〕這是林煥平的說法，在他看來，「五四」一代的創造社和語絲社成員是第一代留東青年，沈起予、樓適夷、以群等「九一八」前後留日學生為第二代，第三代則是「七七」事變前的留日學生（林煥平：《郭先生與留東同學的文藝活動》，《大公報》（香港），1941 年 11 月 16 日，「紀念郭沫若先生五十壽辰」專刊），此說與伊藤虎丸先生的代際劃分不同（伊藤虎丸：《魯迅、創造社與日本文學——中日近現代比較文學初探》，北京：北京大學出版社，2005 年，第 158～159 頁）。但林煥平作為當事人，其劃分標準與他們當時的心理狀態有關，也值得參考。

〔註14〕如小谷一郎先生的考證，參見小谷一郎：《東京「左聯」重建後留日學生文藝活動》，王建華譯，上海：上海社會科學院出版社，2012 年；小谷一郎：《論東京左聯重建後旅日中國留學生的文藝活動》，《中國現代文學研究叢刊》，2006 年第 2 期。另外，小谷一郎先生還列出了北岡正子、絹川浩敏等人的研究成果。

〔註15〕如將《東流》雜誌介紹給上海雜誌公司的張靜廬，見陳子谷：《中國「左聯」在東京的部分活動》，《革命回憶錄》第 13 輯，北京：人民出版社，1984 年，第 126 頁。

還在這些刊物上發表了大量的作品。這是考察郭沫若流亡後期文學活動與歷史處境的主要材料。

較早引起國內文壇注意的，是 1935 年郭沫若在《質文》上刊發的兩封論詩的信。第一封信主要是對留日學生陳子鵠詩集《宇宙之歌》的評價，陳在詩中召喚了一個革命的浪漫詩人形象：

> 他不惟用筆來寫，
>
> 　還要用血去塗；
>
> 他自身的事蹟就是一幅雄偉的圖畫！
>
> 他一生的行爲就是一首悲壯的史詩！
>
> 他的心中燃著太陽的火炬，
>
> 他是宇宙第一個純潔的兒子！〔註17〕

詩人將革命的暴力美學、浪漫派對純潔人格的想像和烏托邦理想融到了一起，更值得留意的是，他將詩——史——詩人三者等同了起來。對陳子鵠的詩，郭沫若認爲「有眞摯的情緒，洗練的辭藻，明白的意識」〔註18〕，給予了較高評價。同時也表達了他自己的詩學觀：「詩歌當是一切情緒，表現，意像的結晶」，「詩是迫切的感情之錄音」〔註19〕。這與他「五四」時期的經典說法，詩歌是「命泉中流出的 Strain，心琴上彈出來的 Melody」〔註20〕，「詩人是感情底寵兒」〔註21〕，「詩的本職專在抒情」〔註22〕，「詩的原始細胞只是些單純的直覺，渾然的情緒」〔註23〕等有著內在的一致性。正因他認情緒、情感的表達爲詩歌正途，所以他對彼時已漸漸興起的長詩，尤其是敘事詩持反對態度：

> 長詩自然也應該有，但要有眞切的那樣的魄力才可以寫，不然

〔註16〕郭沫若似乎與質文社往來最多，據臧雲遠回憶，「差不多一個月來一兩次」。(臧雲遠：《東京初訪郭老——回憶郭沫若同志之一》，《悼念郭老》，北京：三聯書店，1979 年，第 214 頁。)

〔註17〕陳子鵠：《宇宙之歌》，東京：東流文藝社，文藝刊行社，1935 年，第 51 頁。

〔註18〕郭沫若：《關於詩的問題》，《質文》第 1 卷第 3 期，1935 年 9 月 20 日。

〔註19〕郭沫若：《關於詩的問題》。

〔註20〕郭沫若：《郭沫若致宗白華函》，載《三葉集》，上海：亞東圖書館，1920 年，第 6 頁。

〔註21〕郭沫若：《郭沫若致宗白華函》，載《三葉集》第 16 頁。

〔註22〕郭沫若：《郭沫若致宗白華函》，載《三葉集》第 46 頁。

〔註23〕郭沫若：《郭沫若致宗白華函》，載《三葉集》第 48 頁。

> 大抵出於堆砌，沒落於文字的遊戲。長詩也有限制，過長的敘事詩，
> 我可以決絕地說一句，那完全是「時代錯誤」。那就是所謂看的詩，
> 早就讓位給小說去了。由純眞的感情所表現出來的詩，我相信縱長
> 怕也長不上一千行。因爲感情的曲線是沒有多大的波長的。〔註24〕

無論是對敘事詩的排斥，還是對「純眞的感情」、「感情的曲線」的強調，都
可見郭沫若詩學的情感本體論，這是他一以貫之的東西。而他的「詩──詩
人」一元論，使他對情緒、情感的倚重，又必然轉化爲對抒情主體的強調。
但與五四時期文學青年式的情感狀態不同，歷經革命之後的郭沫若，此時更
強調情感與主體意識之間的關聯。在他看來：「意識是第一著，有了意識無論
用什麼方法，無論用什麼形式，無論取什麼材料都好。」〔註25〕對於左翼知
識分子來說，意識大多帶有階級的規定性，指向階級意識。因此這便遭到了
國內讀者的反對，在他們看來，郭沫若依舊是在提倡口號詩，而忽視了創作
技巧〔註26〕。技巧與意識孰先孰後的問題是此時文壇討論的一個熱點。

對於國內文壇的責難，郭沫若寫了長文《七請》予以申辯。在該文中，
他的立場變得愈加明晰。首先他對意識作了更爲寬泛的解釋：「意識的含義不
僅僅是『正確的世界觀』而已，意識是把感情・理智・意識通同包括著的。」
〔註27〕意識似乎是感情的上位概念，這爲泛濫的情感尋找到了政治屬性，即
有何種意識，便有何種感情。不過，浪漫主義天才觀的介入，最終解決了意
識與感情之間的單向決定關係。在他看來，文學創作更倚賴於「天賦的才情」
〔註28〕，並再次擬了一個公式：

「天賦＋教育＋努力＋實踐＝一個 X 人。」〔註29〕

後天的「教育」和「實踐」雖然重要，但「天賦」卻是第一位的。這種浪漫
主義的天才觀，後來曾幾經改換，如在接受蒲風的訪談時，他便從生理學的
角度對天賦加以解釋〔註30〕，但始終是他所堅持的理念。無論是天賦，還是
情感，這些浪漫主義的要素，在他的文學和革命理論與實踐中，一直佔據著

〔註24〕郭沫若：《關於詩的問題》，《質文》，第 1 卷第 3 期，1935 年 9 月 20 日。
〔註25〕郭沫若：《關於詩的問題》。
〔註26〕淑明：《與郭沫若先生論詩》，《時事新報・青光》，1935 年。轉引自郭沫若《七請》。
〔註27〕郭沫若：《七請》，《質文》，第 1 卷第 4 期，1935 年 12 月 15 日。
〔註28〕郭沫若：《七請》。
〔註29〕郭沫若：《七請》。
〔註30〕郭沫若 蒲風：《與蒲風談作詩》，《現世界》，創刊號，1936 年 8 月 16 日。

重要地位。在這篇重申立場的文章中，他再次強調了詩與小說這兩種文體的本質區別，這種區別也正是基於它們對情感的不同處理：

> 詩和小說之別有如音樂和繪畫，我們能把繪畫的手法來做音樂嗎？詩非抒情之作者，根本不是詩。抒情用進步的話來說便是表現意識，他當寄重於主觀的情調，這和小說之寄重於客觀的認識者不同。小說在目前當分析現實，暴露現實，詩歌在目前則當憤恨現實，毀滅現實。小說用分析與暴露去喚起憤恨與毀滅的感情，詩歌則通過了分析與暴露而直抒憤恨與毀滅的感情使之傳染。這些境界要畫分清楚。當然，二者也有相互交涉的地方，但各有各的主體……小說側重進步的現實主義，詩歌側重進步的浪漫主義，是無妨事的。我的這些話深信和集體的意見並沒有牴觸。〔註31〕

在郭沫若看來，小說與詩歌的不同形式，實分擔著不同的表達和倫理功能，詩歌側重主觀的抒情，它對現實的反應除了小說式的分析與暴露外，還在於「直抒憤恨」，並具有「傳染」的情感傳導作用。較之小說，抒情詩似乎更具回應現實的能力。對詩歌情感本體的強調，貫穿著郭沫若的整個抗戰歷程，他後來還聲稱「詩是情緒的攝影」，一再強調詩歌的抒情性〔註32〕。

不過，郭沫若將浪漫主義劃歸詩歌，現實主義推給小說的做法，與國際和國內「集體的意見」並非「沒有牴觸」。在 1932 年 10 月舉行的全蘇聯作家同盟組織委員會第一次大會上，清算了「拉普」的「辯證唯物主義」文藝觀，提出「社會主義的現實主義」的新口號。次年周揚便撰文詳細介紹了這個過程及新口號的含義，並就社會主義的現實主義和革命的浪漫主義之間的關係，作了介紹和分析。在他看來，「把浪漫主義和現實主義當做主觀的觀念論的創作方法和客觀的現實主義的創作方法而對立起來，顯然是錯誤的。」他根據吉爾波丁等人的論述總結道，革命的浪漫主義不是和社會主義的現實主義對立或並行的，「而是一個可以包括在『社會主義的現實主義』裏面的，使『社會主義的現實主義』更加豐富和發展正當的，必要的要素。」〔註33〕可見，浪漫主義是隸屬社會主義現實主義的。對此，日本左翼文人上田進對此也作了極為詳細的介紹，他所寫的《蘇聯文學的展望》也被國內的《文學雜

〔註31〕 郭沫若：《七請》。
〔註32〕 郭沫若：《今天創作的道路》，《創作月刊》，第 1 卷第 1 期，1942 年 3 月。
〔註33〕 周起應：《關於「社會主義的現實主義與革命的浪漫主義」》，《現代》，第 4 卷第 1 期，1933 年 11 月 1 日。

誌》〔註 34〕和《國際每日文選》〔註 35〕分別譯載。但在郭沫若這裡，側重浪漫主義的詩歌與側重現實主義的小說卻是彼此獨立的。

他與政黨文藝政策之間的偏差，還表現在他對主體「意識」和「階級意識」的強調，如果回到 20 年代末革命文學論爭時期，可以發現這正是後期創造社李初梨、彭康等人的關鍵詞。他們受日本福本主義的影響，提倡意識形態鬥爭〔註 36〕，不僅超克了自由主義，更批判了創造社元老郭沫若等人的革命文學理論。有論者指出，其實質是革命路線的分歧，即意識形態批判與政黨鬥爭的不同選擇，從歷史現場看反而是郭沫若等本土經驗主義佔據上風〔註 37〕。但從郭沫若流亡期間的觀點可見，郭沫若雖然對李初梨的責難及時作了反駁，但在觀念上還是受了他們的影響。這與三十年代初，國內共產黨文藝工作者如瞿秋白等人，對後期創造社理念的批判和清理明顯不同。也就是說，郭沫若雖然依舊堅持他的情感動員模式，但他試圖在情感動員與意識形態批判之間做調和，這無疑爲浪漫主義重回現實鬥爭提供了理論支撐。從這個意義上說，郭沫若可能延續並發展了左翼知識分子的另一種革命主張，而這又是與三十年代的社會語境相關聯的。

郭沫若重新肯定詩歌與情緒情感的關係，並認定「詩歌側重進步的浪漫主義」，這與三十年代浪漫主義的重新興起有關。浪漫主義在中國的重新興起，源於俄國作家高爾基對浪漫主義的重新評價。他在《談談我怎樣學習寫作》一文中，將浪漫主義作了積極與消極二分：「消極的（否定的）浪漫主義，——是粉飾現實，或使人與現實相妥協，或將人從現實上拖到無任何結果的深淵，拖到自己的內的世界，拖到關於『人生的不可解』，及愛、或死等的思維的世界，拖到『智性』與見解所難於解決而只有由科學才能解決的那種謎裏面去。積極的（肯定的）浪漫主義則想強固人類的對於生活的意志，想在人類內面喚起對於現實的反抗心，對那關於現實的一切的壓抑的反抗心。」〔註

〔註 34〕 上田進：《蘇聯文學的展望》，《文學雜誌》，第 1 卷第 3、4 期，1933 年 8 月 15 日。

〔註 35〕 上田進：《蘇聯文學底近況》，《國際每日文選》，1933 年第 31 期。

〔註 36〕 參考艾曉明：《中國左翼文學思潮探源》，北京：北京大學出版社，2007 年，第 73～94 頁。

〔註 37〕 參見程凱：《國民革命與「左翼文學思潮」發生的歷史考察（1925～1929）》，北京大學博士學位論文，2004 年，第 190～220 頁。

〔註 38〕 M·高爾基：《給青年作家》，綺雨譯，《譯文》，第 2 卷第 1 期，1935 年。按，該文摘自《我的文學修業》。戈寶權的譯文爲：「消極的浪漫主義，——它或

38〕同時，浪漫主義與現實主義之間的關係也是平等的：「在偉大的藝術家時，浪漫主義與現實主義似乎任何時都是融合在一起。」〔註39〕高爾基是 30 年代中國左翼文壇經常提及的俄國作家，尤其是「左聯」東京支盟的文學青年，他們的刊物上基本上每期都譯介高爾基的作品，與郭沫若相熟的林林還節譯過高爾基的《文學論》，在《前記》中對該觀點也有介紹〔註40〕。郭沫若對此也較爲熟悉，他不僅在紀念高爾基的文章《人文界的日蝕》中提到《我的文學修業》一文〔註41〕，之前也曾在回憶錄《創造十年續編》中提及高爾基的此種觀點，藉此挪揄國內評壇對浪漫主義的偏見和誤解〔註42〕。

中國知識分子對高爾基這種論調的譯介與傳播，與此時「新浪漫主義」思潮的興起密切相關。在 20 年代中期，中國文壇對新浪漫主義就有所討論，旋即爲革命文學論爭所淹沒，十年之後卻再度受到關注。如 1925 年曾在《晨報・副刊》撰寫多篇文章介紹浪漫主義的張資平，沈寂多年後，於 1934 年又重操舊業，不僅寫出專著《德國的浪漫主義》，還在刊物上重點評介了德國的新浪漫主義。按張資平的看法，所謂新浪漫主義，是十九世紀末期反叛自然主義的客觀化而出現的非理性思潮，偏重主觀和情感〔註43〕。對於新舊浪漫主義的區別，論者大多認爲新浪漫主義因「受過自然主義的洗禮」，與舊浪漫主義對現實的逃避不同，而是積極地「浸透入於現實之深處」〔註44〕。至於新浪漫主義的代表人物，則主要是尼采、叔本華、羅曼・羅蘭等，後者所提倡的新英雄主義對抗戰時期的中國知識分子影響尤其顯著，高爾基也是作爲新英雄主義被接受的。

者粉飾現實，企圖使人和現實妥協；或者使人逃避現實，徒然墮入自己內心世界的深淵，墮入『不祥的人生之謎』、愛與死等思想中去，——墮入不能用『思辨』、直觀的方法來解決，而只能由科學來解決的謎裏去。積極的浪漫主義則力圖加強人的生活意志，在他心中喚起他對現實和現實的一切壓迫的反抗。」（高爾基：《論文學》，戈寶權譯，北京，人民文學出版社，1978 年，第 163 頁。）

〔註39〕 M・高爾基：《給青年作家》，綺雨譯，《譯文》，第 2 卷第 1 期，1935 年。按，該文摘自高爾基的《我的文學修業》。

〔註40〕 林林：《文學論・前記》，上海：光明書局，1936 年。

〔註41〕 郭沫若：《人文界的日蝕》，《質文》，第 2 卷第 1 期，1936 年 10 月 10 日。

〔註42〕 郭沫若：《創造十年續編》（五四），《大晚報》，1937 年 7 月 8 日，第五版。

〔註43〕 張資平：《由自然主義至新浪漫主義轉換期之德國文學》，《青年與戰爭》，第 4 卷第 6 期革新號，1934 年 5 月 13 日。

〔註44〕 辛如：《新浪漫主義》，《實報半月刊》，第 2 年第 4 期，1936 年 12 月 1 日。

由評壇的譯介可見，他們試圖將新浪漫主義與積極浪漫主義作對接。「質文社」的辛人就曾作過此類嘗試，他從積極浪漫主義的角度出發，認為新興集團的文學主張都具有浪漫主義要素，這「使作品具有熱烈的鼓動力」；他還從浪漫主義這裡發現了一種認識論的優勢，通過浪漫主義，「作家能夠站在認識的高臺上，透視更遠的未來，同時，以積極的態度，面臨著生活。」因而能表現出「比現實更為真實的東西來」〔註 45〕。從這裡可以看出，在三十年代中期，郭沫若及其周邊的文學青年，在高爾基、羅曼·羅蘭等新浪漫主義思潮的啟發下，重新肯定了情緒、情感、天才等浪漫因素的價值。

不過質文社融合新浪漫主義的主情與現實主義的真實性的嘗試，已經是以現實主義的真實性為標準來要求和衡量浪漫主義；郭沫若也曾作出調整，1936 年在接受蒲風的訪談時，他曾就當時文壇關於現實主義與新浪漫主義之爭作過評價。在他看來：「新浪漫主義是新現實主義（高爾基所說的『第三現實』）的側重主觀情調一方面的表現，和新寫實主義並不對立。新寫實主義是側重客觀認識一方面的表現。」〔註 46〕不過，對於蒲風將新浪漫主義視為新現實主義「支流」的說法，他還是持保留態度，而審慎地認為二者的地位是平等的。

二、從「革命加戀愛」到「抗戰加戀愛」

郭沫若對情感詩學的堅持，得到了新浪漫主義這一時代思潮的支持，浪漫主義由此從消極退攖轉變為積極進取，主體情感也具有了創造性。這不僅彌合了文學史視域中他蟄居時期的「斷裂」，同時也是他抗戰前夕愛國情感凸顯的方式，為他歸國抗戰提供了情感動力。但緊接著的問題是，以情感為基點的浪漫主體，是以何種姿態參與抗戰民族史詩的書寫的，他的情感結構、主體姿態和歷史想像方式，與此前相比又有那些延續和轉化。這些問題在他抗戰初期的創作和個人經歷中可以找到一些痕跡。

抗戰初期，在奔走前線之餘，郭沫若曾寫過一部話劇——《甘願做炮灰》。故事發生的時間是「民國廿六年十一月淞滬抗戰期中」，地點為「上海法租界之一角」，較為直接地引入了抗戰語境。該劇的大致情節為：作家高志修經常

〔註45〕辛人：《論浪漫主義》，《芒種》，第 1 卷第 3 期，1935 年 4 月 5 日。
〔註46〕郭沫若 蒲風：《與蒲風談作詩》，《現世界》，創刊號，1936 年 8 月 16 日。

去前線，其戀人田華青既做救護工作，又想獨立辦刊物；另有一位季邦珍小姐，擅彈鋼琴，也經常來找高志修，最初是希望高能幫忙解決義演場地的問題，後來又想跟高志修一起去前線勞軍；戲劇的衝突起於田小姐誤解高志修喜歡季小姐，故而放棄辦雜誌，轉而參加了戰地攝影計劃。全劇以高志修和季邦珍動身赴前線，甘願做炮灰為結束。雖然就戲劇性來說，該劇的矛盾衝突並不明顯，抗戰的題材也只是背景，全劇只是一齣輕喜劇。或許正因如此，學界在關注郭沫若抗戰時期的劇作時，多側重後期的大戲，往往忽略此劇。但這齣戲對於理解郭沫若抗戰初期的表達形式、情感狀態有不可替代的意義。單從風格的角度看，它也與當時文壇上的口號文學不同，而為個人的溫情留下了餘地。更有意思的是，忙於抗戰救國的高志修，卻不時有兩位妙齡女子的投懷送抱，可以說是「抗戰加戀愛」的先鋒。郭沫若的激情與表達似乎還停留在革命文學的年代。

實際上，郭沫若蟄居日本期間的寫作，也未走出他的「革命年代」。如他唯一的長篇小說《克拉凡左的騎士》（後文簡稱《騎士》）便延續了「革命加戀愛」的模式。該小說因只存殘篇，學界關注不多；但它的寫作與發表過程幾乎與郭沫若的流亡相始終〔註 47〕，是考察郭沫若此時文學觀念的重要媒介。郭沫若在 1932 年致葉靈鳳的信中，便提及他手頭有一部「十萬字上下」的小說《同志愛》，「寫的是武漢時代的一件事情」〔註 48〕。他似乎對《同志愛》頗為滿意，在給葉靈鳳的另一封信中寫到：「《同志愛》已寄到內山處，

〔註47〕《騎士》於 1936 年開始連載於《質文》，作者在文前小序中介紹，「這篇小說是六七年前寫的了」（郭沫若：《克拉凡左的騎士》，《質文》，第 2 卷第 1 期，1936 年 10 月 10 日），這表明這個長篇完成於 1929 年左右。查考郭沫若 1932 年寫給葉靈鳳的信件，其中便已提及這部長篇小說：「我現在手裏有一部長篇小說《同志愛》，寫的是武漢時代的一件事情，是前年寫好的。有十萬字上下。你們肯出一千五百元現金購贖，我可以賣給你們」（1932 年 7 月 23 日郭沫若致葉靈鳳函，孔另鏡編《現代作家書簡》，上海：生活書店，1936 年，第 203～204 頁）；據其它信件中的信息，國內有三四家出版社有意出版，郭沫若也曾將稿件寄回國內，但傾向於讓葉靈鳳所在的現代書局出版；雖然郭沫若在信中已表示該書「內容並不十分紅」（1932 年 8 月 29 日郭沫若致葉靈鳳函，孔另鏡編《現代作家書簡》，第 204 頁），但依舊未能如期出版，這才有時隔五年後《質文》的連載，但《質文》僅連載兩期便停刊，後曾應朋友之約在《綢繆月刊》重新連載，但也不了了之，後來原稿在戰火中丟失，這部長篇小說便只餘《質文》上連載的部分，是個殘篇。

〔註48〕1932 年 7 月 23 日郭沫若致葉靈鳳函，孔另鏡編：《現代作家書簡》，第 203～204 頁。

此書乃余生平最得意之作，自信書出後可以掀動國內外。」〔註49〕從「同志愛」這個題目我們便可以窺見其與三十年代初「革命加戀愛」模式的關聯：「同志」是革命者之間的稱謂，而「愛」則是革命中的浪漫故事。該小說所寫的是 1927 年 5 月之後一則發生於武漢的故事。小說一開始便描述了岌岌可危的武漢革命政權，隨著蔣介石與武漢國民政府分裂，國民黨已開始清黨，武漢一時成爲革命青年的逃難所，但武漢本身卻處於內憂外患的境地，尤其是革命投機分子，更是時刻做好了逃走的準備。面對此情此景，主人公馬傑民，作爲政治部主任，只能以酒澆愁。也就在此時，他從無數求職信中看到了一封來自金佩秋的信，其曖昧的語言立刻將馬傑民帶回到了革命高潮時的經歷：那是在勞動節民眾聯合大會的會場，有著十萬群眾的狂歡場面。馬傑民在講演臺上第一次見到金佩秋，這也是題目「克拉凡左的騎士」的由來：

> 那女士是他所不認識的。身子很纖小，穿著一件草色的湖綢的旗袍，穿著玄青的華斯葛的長坎肩；腳上也是一雙綠色帆布的膠皮鞋子。小巧的頭上分梳著短髮；臉色有些蒼白，有些興奮，從那一雙敏活的明眸裏泄露出一片伶俐的精銳。
>
> 僅僅如像電光一樣的一瞥，使傑民聯想到了意大利文藝復興期的畫家 Caravaggio 的一張名畫上來。那是一位青年騎士和一位女相士的半身像。騎士戴著一頂插著鴕鳥毛的廣沿帽，額上微微露出一些鬈髮，左手叉在帶著佩劍的腰上，把微微矜持著的抿著嘴的面孔偏著，把右手伸給旁邊立著的一位女相士。那騎士面孔的表情，那全體的姿勢，就像是把那位秀麗的女士鑄出了一個模型。〔註50〕

將女革命者比擬爲卡拉瓦喬的名畫「吉普賽預言者」（The Gypsy Fortune Teller，見圖 1−1）中的「騎士」，不僅將革命審美化了，而且增添了一重神秘的意味。更有意味的是，馬傑民對金佩秋的細緻觀察，發生在群眾集會的跑馬場，此時在臺上演說的是一位著名的英國革命家，「湯姆的演說，極其簡短，一句就是一個口號」，臺下更是群情沸騰，「全場的人都在叫，都在跳」〔註51〕。敘事者將馬傑民對金佩秋的觀察，穿插在這樣的場面中，敘事手法與《包

〔註49〕1932 年 8 月 29 日郭沫若致葉靈鳳函，孔另鏡編：《現代作家書簡》，第 204 頁。

〔註50〕郭沫若：《克拉凡左的騎士》，《質文》，第 2 卷第 1 期，1936 年 10 月 10 日。

〔註51〕郭沫若：《克拉凡左的騎士》，《質文》，第 2 卷第 1 期。

法利夫人》中包法利夫人與情人在市集約會的場面極爲相似。然而，在福樓拜的敘述中，浪漫與現實的對照，形成的是一種反諷效果，與市集的世俗場面相比，包法利夫人的愛情固然形成了對日常生活的超越，但也因脫離實際而顯得虛幻，浪漫的幻象很快就被他情人的謊言戳破。與福樓拜截然相反，在郭沫若筆下，愛情與革命之間並非彼此對立，而是如音樂中兩個聲部一般彼此應和，甚至是難分彼此。

（圖 1－1，Caravaggio：The Gypsy Fortune Teller，1595，圖片來自網絡）

從小說的情節來看，不脫三十年代初流行的「革命加戀愛」的模式。該模式最早出現於太陽社蔣光慈筆下，革命失敗後便成爲左翼知識分子紙上繼續革命的主要方式。正如論者所指出的，「正因爲革命尚未成功，同志才仍須努力『敘事』」〔註52〕。也就是說左翼作家需要通過小說的情節設置，來繼續

〔註52〕David Der-wei Wang, *the Monster that is History: History, Violence, and Fictional Writing in Twentieth-century China*, Berkeley and Los Angeles: University of California Press, 2004, p80. 中譯見王德威：《現代中國小說十講》，上海：復旦大學出版社，2003年，第55頁。

維持和消耗他們的熱情；但從文學史的角度看，在三十年代初，以華漢《地泉》的出版爲契機，黨的文藝工作者瞿秋白和左翼作家茅盾等已對「革命的浪漫諦克」進行了反思與批評，瞿秋白否定了單純從意識形態領域進行的概念批評，而提倡對現實的深入體驗，對歷史的深層觀察〔註53〕。華漢（陽翰笙）是後期創造社成員，但遠在日本的郭沫若，對國內這種批判和檢討似乎無動於衷，雖然瞿秋白認爲「中國社會的發展過程和發展動力顯然不是什麼英雄的個性，而是廣大的群眾。」〔註54〕郭沫若還是明確表示，該書的主題「是歌頌在北伐戰場上一位女戰士的」〔註55〕。他對「革命加戀愛」的留戀，直接延續到了他抗戰初期的話劇《甘願做炮灰》中。

浪漫之於郭沫若，不僅是他作品的情節和情感來源，也是他的主體形態。《騎士》具有濃厚的自傳色彩，無論是主人公馬傑民的職業，還是白秋烈等革命者，都與郭沫若在寫完《且看今日之蔣介石》後，從南昌逃歸武漢的情境相似。他後來也承認白秋烈便是瞿秋白〔註56〕，而小說中金佩秋也有現實中的原型，即傳奇女子黃慕蘭。她出身於湖南官辦家庭，後參加革命，先是做婦女運動，後轉而做諜報工作。尤其在武漢時期，是婦女運動頭面人物，因她代表婦女界參加各種群眾大會，「經常坐在主席臺上，非常活躍」，所以新聞界和文化界的人士都戲稱她爲「皇后」〔註57〕。無論是文本內外，郭沫若與她的關係都極爲密切。

郭沫若的羅曼史並未因流亡而結束。在蟄居日本後期，他又與《大公報》記者于立忱相戀，後于立忱因故自殺〔註58〕；郭沫若返回上海後又與其妹于立群走到了一起，《甘願做炮灰》中的季小姐，便是以于立群爲原型，在抗戰

〔註53〕易嘉：《革命的浪漫諦克——〈地泉〉序》，《地泉》，第 3 頁，上海：湖風書局，1932。

〔註54〕易嘉：《革命的浪漫諦克——〈地泉〉序》，《地泉》，第 3 頁。

〔註55〕臧雲遠：《東京初訪郭老——回憶郭沫若同志之一》，《悼念郭老》，北京：三聯書店，1979 年，第 214 頁。

〔註56〕在 1960 年 8 月 18 日致陳明遠的信中，郭沫若寫到：「《騎士》中的白秋烈，正如您所猜測的，是以瞿秋白爲模特兒。」見《郭沫若書簡九封》，《中國現代文學研究叢刊》，1986 年第 1 期。

〔註57〕黃慕蘭：《黃慕蘭回憶錄》，北京：中國大百科全書出版社，2012 年，第 41 頁。

〔註58〕對於于立忱自殺的原因有多種說法，謝冰瑩認爲責任在郭沫若，參見謝冰瑩：《于立忱之死——是郭沫若害死她的》，《傳記文學》（臺灣），第 65 卷第 6 期，1990 年。

的熱情中二人暗生情愫，于立群最終成爲郭的第三任夫人。同時，郭沫若歸國初期的生活基本上由質文社的姚潛修、林林，以及「騎士」黃慕蘭等人照顧。黃慕蘭此時是上海金融界的頭面人物，她因讓破產的通易信託公司復業而名聞上海，後任該公司常務董事及總經理〔註 59〕，夏衍在回憶中便提到黃慕蘭親自領著裁縫前去給郭沫若縫西裝的事〔註 60〕。此外，黃慕蘭和郭沫若分別作爲婦女慰勞會和文聯代表，多次共赴前線慰勞，「差不多天天見面」，據黃慕蘭回憶，「當時如同北伐時一樣，情緒非常興奮活躍」〔註 61〕。這裡並非要做索隱派的比附，而是要說明，北伐經歷不僅是郭沫若等人樂道的革命往事，也爲他們提供了某種情感模式，那是一種愛情、革命、戰爭與理想相互交織的狀態。而抗戰的爆發，似乎爲他們重新提供了這種個人抒情與宏大敘事相融合的契機。那麼，抗戰時期的抒情，便不僅因與國民革命相對照構成了歷史的隱喻，同時，也爲抒情主體在新的史詩時代找到了新的位置——「在轟炸中來去」。

三、「在轟炸中來去」的戰時浪漫主義

《在轟炸中來去》是抗戰初期郭沫若所寫的報告文學，連載於《申報》，記述他往來前線、南京及上海等地的經歷。題目便極爲形象地向我們顯示了抒情主體的生活狀態、心理感受及其在大時代中的位置和姿態。

抗戰伊始，前線勞軍成爲社會名流抒發其報國熱忱最直接的方式，一時頗有成爲社會時尚的趨勢，如郭沫若就提及杜月笙、錢新之、宋子良及吳開先等人結隊前往前線勞軍的情形〔註 62〕。較之其它人，郭沫若赴前線勞軍有著更多的便利，回國初期他並無固定職業，因而有大量的自由時間，以他的名義發行的《救亡日報》，也需要關於前線的新聞材料；同時，他既是文化界的知名人士，「棄婦拋雛」歸國抗戰的事蹟也一時廣爲流傳；更爲重要的是，他與前線的抗敵將領有著廣泛的人脈關係。郭沫若在北伐後期任政治部副主任，代行主任職權，後一度被蔣介石任命爲南昌總司令行營主任，領中將軍銜，與各路將領皆有來往；隨著國民政府的成立，昔日的北伐軍將領逐漸把

〔註 59〕黃慕蘭：《黃慕蘭回憶錄》，第 160 頁。
〔註 60〕夏衍：《懶尋舊夢錄》，北京：三聯書店，1985 年，第 380 頁。
〔註 61〕黃慕蘭：《黃慕蘭回憶錄》，第 171 頁。
〔註 62〕郭沫若：《到浦東去來（上）》，《救亡日報》，1937 年 8 月 26 日，第四版。

持了黨國的軍事要津，此時幾大集團軍總司令大多是北伐時期的宿將，如張發奎、陳誠、李宗仁等均是如此，他們也都是郭沫若北伐時期的舊識。更為重要的是，奔赴前線有一種參與抗戰的在場感，而戰爭的風險也是一種頗為刺激的體驗。

在與老戰友敘舊的同時，郭沫若更是以極大的熱情將他在前線的所見所感記錄下來，發表在他所主持的《救亡日報》上，這包括《到浦東去來》《前線歸來》《在轟炸中來去》等。從戰地通訊的文體視角看，郭沫若的文章並不專業，報導的事件性和客觀性均顯不足，更像是抒情散文。不過，較之普通的戰地記者，他的優勢又恰在行文中的個人視角和主觀體驗。通過對個人經歷的細緻描畫，他塑造了一個奔忙於上海和前線的戰時形象，從「在轟炸中來去」的表述中，我們可以看出，隨著戰事的展開，郭沫若的抒情主體也再度變得亢奮起來，尤其是戰地景象，讓他有一種真正把握住了時代精神的興奮感：

> 隊伍的調換，卡車的來往是很頻繁的，有些地段，公路的兩旁為一上一下的士兵騾馬蟻接著，使汽車向前開駛，十分費力，所謂「偉大的時代」，「神聖的戰爭」，那些語彙的意義，到這時候，才真切地感覺著。武裝著的同胞們是以自己的血，自己的肉，來寫著我們民族解放的歷史的。〔註63〕

戰場的景象既帶給詩人參與歷史的切實感，也開啟了詩人的情感閾限，正如他自己所說，這些作品「都是在抗戰中熱情奔放之下，忽忽寫就的」〔註64〕。這種興奮感也見於田漢等人的經歷，如他與胡萍、謝冰瑩等人在勞軍途中的感受：「最使人血肉飛舞的卻是那整千萬絡繹於途的援兵，他們那種英勇沉毅的姿態使我們忍不住向他們歡呼，女士們甚至從車子裏站起來，唱著《送勇士出征歌》」〔註65〕。抗戰的爆發，為詩人提供了見證歷史、參與歷史的契機，他們的激情也就順然地被激發了出來。

郭沫若此時所寫的為數不多的幾首新詩，也無不顯示出他面對戰火時的激情。這從《前奏曲》《民族復興的喜炮》《抗戰頌》《相見不遠》《人類進化的驛程》等詩題便可窺見一斑。詩歌所寫的也主要是直面抗戰的熱情，如《前

〔註63〕郭沫若：《前線歸來》，《救亡日報》，1937年9月12日，第四版。
〔註64〕郭沫若：《沫若抗戰文存·小序》，上海：明明書局，1938年。
〔註65〕田漢：《月夜訪大場戰線》，《救亡日報》，1937年10月24日。

奏曲》：「全民抗戰的炮聲響了，／我們要放聲高歌，／我們的歌聲要高過／敵人射出的高射炮。」〔註66〕以歌聲比肩高射炮，雖不無諷刺，但顯示出詩人對藝術力量的再次確認，及背後高亢的主體姿態，其美學特徵則是見證歷史和為創造歷史而獻身的崇高感。

詩人的浪漫氣質並未停留於抒情方式，更在於對戰爭和歷史的烏托邦想像。這主要表現為將戰爭作為中國復興的契機，在《民族復興的喜炮》一詩中，詩人寫到：「上海的空中又聽到了大炮的轟鳴，／這是喜炮，慶祝我們民族的復興。」〔註67〕此時他還寫有一首五言律詩：「雷霆轟炸後，睡起意謙沖。庭草搖風綠，墀花映日紅。江山無限好，戎馬萬夫雄。國運升恒際，清明在此躬。」〔註68〕這是作者應邀赴前線訪陳誠，恰逢主人外出，便於故人明遠帳中休息，「醒來見庭前花草淡泊宜人」，便即興賦此。這種閒適姿態與「偉大的時代」似乎並不協調，這也恰恰顯示郭沫若將戰爭作了美學的處理，使他能以詩人的審美眼光去觀看前線的風景。更為關鍵的是，詩人對戰爭的預期，無論是「偉大的時代」、「神聖的戰爭」、「民族復興的喜炮」，還是「國運升恒際，清明在此躬」，在在顯示了想像戰爭的烏托邦機制，似乎戰爭是一場除舊布新的大火，而中國則能如鳳凰一般浴火重生。

將抗戰作為民族復興契機的想像，在當時知識分子中決非個別，而是某種帶普遍性的社會心態和觀念。尤其是在「八·一三」上海之役以後，國民政府決心抗戰的姿態，給予知識分子的印象，遠不止是決心保家衛國那麼簡單，而是與近百年來國人的屈辱史密切地關聯在一起。如北洋老將張一麐在與郭沫若的交流中就表達得極明白：「我們中國人素來是伸不起腰的，但是我們這次卻伸起腰來了。我們中國人平常打死一兩個日本人，立刻就要賠款兩三萬，但這次我們已經打死了他兩三萬人。這如在平時，不知道又該要賠多少款。老人叫我『統計』一下，說『怕有很多的零吧』。」〔註69〕對戰爭的烏托邦式想像，在國民黨所提出的「抗戰建國」的政策中體現得更為明瞭。1938年3月的國民黨全國臨時代表大會，通過了《中國國民黨抗戰建國綱領》，該綱領具體提出了抗戰建國的設想：

〔註66〕郭沫若：《前奏曲》，《戰聲》，廣州：戰時出版社，1938年，第28頁。
〔註67〕郭沫若：《民族復興的喜炮》，《戰聲》，第31頁。
〔註68〕郭沫若：《前線歸來（二）》，《救亡日報》，1937年9月13日，第四版。
〔註69〕郭沫若：《轟炸中來去》，第5～6頁，上海：上海文藝研究社，1937年。

> 蓋吾人此次抗戰，固在救亡，尤在使建國大業，不至中斷，且
> 建國大業，必非俟抗戰勝利之後，重行開始，乃在抗戰之中，爲不
> 斷的進行，吾人必須於抗戰之中，集合全國之人力物力，以同赴一
> 的，深植建國之基礎，然後抗戰勝利之日，即建國大業告成之日，
> 亦即中國自由平等之日也。〔註70〕

國民黨通過三民主義精神，將「抗戰」與「建國」作了一元化的闡釋，這種闡釋也將抗戰的意義，從負面的抵抗侵略，轉化爲正面的建國大業。郭沫若也是在這種樂觀情緒中，形成並宣揚他的抗戰理念的，他甚至從醫學的角度，將日本的侵略轉化成中國這個機體去腐生肌的過程。在他看來，中國沉屙太深，尤其是北方，因長期作爲皇權中心，「陳陳相因地使你怎樣也無可如何」，而「日本軍人正是一批貪食腐肉的蛆，他們滿得意地替我們吃著腐肉，這正對於我們下層的生肌，給與了順暢的發育的機會，舊中國非經過一次大掃蕩，新中國是不容易建設的」〔註71〕。

　　無論是戰地紀行中的抒情自我，對戰爭的審美觀照，還是將戰爭想像爲民族重生的歷史契機，從內在的美學理念來看，與《女神》的浪漫色彩實有內在一致處，只是國家民族復興的方式，由烈火的焚燒轉變成了戰火的洗禮而已〔註72〕。但戰爭之所以能再次激發詩人的浪漫情懷也並非偶然，浪漫主義本來就與戰爭有著無窮的關聯，如拜倫便直接參加了希臘的獨立戰爭，這對後來的浪漫派不無影響，除這一熟悉的形象外，浪漫主義在德國與英國的興起，更是直接與法國大革命相關〔註73〕。戰爭本身所具有的暴力美學、英雄崇拜、獻身精神、戰爭所引發的劇烈變革，以及經由戰爭所可能達致的新世界圖景，與浪漫派的精神都有契合的地方，這並不是說浪漫派好戰，而是

〔註70〕　《中國國民黨抗戰建國綱領及臨時全國代表大會宣言》，上海：上海印書館，1938年，第15～16頁。

〔註71〕　郭沫若：《關於華北戰局所應有的認識》，《羽書集》，香港：孟夏書店，1941年，第58、59頁。

〔註72〕　1936年4月，郭沫若在接受蒲風的訪問時，對於《女神》《星空》時期曾說：「在那時很渴望中華民族復興，在《女神之再生》、《鳳凰涅槃》裏都是有意識地去表現著」（郭沫若　蒲風：《與蒲風談作詩》，《現世界》，創刊號，1936年8月16日）。

〔註73〕　M. H. Abrams, *English Romanticism: The Spirit Of The Age*, Northrop Frye ed., Romanticism Reconsidered, New York & London: Columbia University Press, 1963. Frederick C. Beiser, *Enlightenment, Revolution, and Romanticism*, Cambridge: Harvard University Press, 1992, P228.

說浪漫派可能對戰爭寄託了更多的期待和希望，因此對戰爭有著更爲積極的態度和參與熱情。

抗戰在正史的敘述中，無不帶著悲情色彩，似乎與浪漫無關，殊不知戰時勃興的民族主義也是浪漫主義的產物。浪漫主義運動與民族主義興起之間的關聯，是一個較大的話題〔註 74〕，這裡僅以費希特《告德意志國民》在抗戰前的接受與傳播爲例略作查考。早在「九·一八」之後，尚就讀於北京大學的賀麟就曾撰文《德國三大哲人處國難時的態度》，分別介紹了歌德、黑格爾與費希特，以及他們在德國民族形成中的作用，尤其強調了費希特所作的《告德意志國民》的演講，在賀麟看來，「這些演講正奠定了德意志復興的精神基礎，而爲戰敗法國最有力的利器，與斯坦因 Stein 之改良德意志政法，及夏爾浩斯將軍 Scharnhorst 之改組軍備，有同等重要。」〔註75〕並對演講的內容作了詳細的介紹。郭沫若對費希特並不陌生，早在留學時期他就閱讀過費希特的這篇演說〔註76〕。

對於費希特這次演講之於德意志的影響，伯林不無誇張地說：「整個十九世紀德國人都在閱讀他的演講。1918 年之後，這本演講輯成的薄薄小書更是成爲德國人的聖經。」〔註77〕而費希特正是浪漫主義發展歷程中的關鍵人物，伯林認爲，費希特將自我與非我區別開來，並將後者作爲我們「試圖理解、感受，乃至主宰、征服、改造、塑造的事物——至少是可以對其做點什麼的事物」〔註 78〕，這就是說，自我意識是一個不可規約的基始依據。對於民族主義，他也是從自我意識的角度，強調民族精神的自由。因此，伯林認爲費希特的「這個最根本的觀念不是『我思故我在』，而是『我願故我在』」〔註79〕。郭沫若對意識的強調，與此如出一轍。賀麟介紹德國哲人的文章，隨後也引起較爲廣泛的關注，該文後來發行了單行本，抗戰時期還多次再版。除賀麟的譯本外，還有張君勱、瞿菊農等人的翻譯或介紹。據論者統計，「九·一八」事件之後，《東方雜誌》《國聞周報》《大公報》等翻譯或介紹費希特《對德意

〔註74〕如民族文學的提倡。
〔註75〕賀麟：《德國三大哲人處國難時之態度》，北平：大學出版社，1934 年，第 69 頁。
〔註76〕郭沫若：《百合與番茄》（續前），《創造周報》，第 31 號，1923 年 12 月 9 日。
〔註77〕以賽亞·伯林：《浪漫主義的根源》，呂梁 等譯，南京：譯林出版社，2011 年，第 98 頁。
〔註78〕以賽亞·伯林：《浪漫主義的根源》，第 97 頁。
〔註79〕以賽亞·伯林：《浪漫主義的根源》，第 100 頁。

志國民的演講》的文章，便有二十三篇之多〔註 80〕。可見，費希特的浪漫精神現實地參與到了抗戰時期中國民族主義話語的形成中；同時，國民黨也借由民族主義進行全國性的戰爭動員。

當然，本文的目的並非要將抗戰時期的郭沫若重新定位爲浪漫主義者，而是探討浪漫主義如何被戰爭和民族主義重新激活，以及浪漫派的抒情在戰爭時代有哪些新變，如何作用於郭沫若戰時的社會和文化政治實踐，如何參與建構他新的歷史主體。

四、浪漫如何介入歷史

無論是由浪漫主義所激發的烏托邦式的歷史想像方式、民族主義思潮，還是「抗戰加戀愛」的戰時情感模式，都表明在宏大的史詩外觀下抒情主體的內核，尤其是《在轟炸中來去》等文章，其對戰爭的審美化處理更爲明顯。除了郭沫若以外，其它知識分子在面對戰爭時也大多如此。如同樣經常赴前線勞軍的田漢，其主要行爲便是飲酒賦詩，正如夏衍所說：「他是一位酒豪，又是才思敏捷的詩人，一到這些司令部，酒罷縱談之餘，當場揮毫賦詩，來慰勞前線將士。」〔註 81〕這種現象是否意味著，郭沫若、田漢等人對戰爭的審美化處理、對歷史的烏托邦想像，僅僅坐實了他們是政治的浪漫派？而浪漫派的抒情，是否依舊只是一種名士派的消遣，是外在於歷史的冗餘？

郭沫若並不這麼認爲。在他看來，詩人反而具有參與歷史的獨特優勢。後來他在總結抗戰時期的文學時，就特別強調了詩歌的成就：「詩歌最受著鼓舞，因爲戰爭本身的刺激性，又因爲抒情詩人的特別敏感，隨著抗戰的號角，詩歌便勃興了起來，甚至詩歌本身差不多就等於抗戰的號角。」〔註 82〕「抒情詩人的特別敏感」這種表述，是典型的浪漫主義天才觀，即認爲詩人有預知未來的能力。郭沫若對此堅信不疑，還從生理學的角度予以「科學」論證。在他看來，文人多爲神經質（melancholic）型氣質，不僅情緒動搖強而且持久，其敏感更使他能預先感受到革命的到來，因此，「文學能爲革命的前驅」〔註 83〕；梁實

〔註 80〕 鄭大華：《「九・一八」事變後費希特民族主義思想的系統傳入與影響》，《近代史研究》，2009 年第 6 期。

〔註 81〕 夏衍：《懶尋舊夢錄》，第 402 頁，北京：三聯書店，1985 年。

〔註 82〕 郭沫若：《中國戰時的文學與藝術——一九四二年五月二十七日在中美文化協會演講詞》，《新華日報》，1942 年 5 月 29 日。

〔註 83〕 郭沫若：《革命與文學》，《創造月刊》，第 1 卷第 3 期，1926 年 5 月 16 日。

秋雖批判過浪漫主義的情感泛濫〔註84〕，但在這方面，似乎比郭沫若走得更遠，在他看來，一切文明都是天才的創造，而「詩人，一切文人，是站在時代前面的人」，因此富有革命精神的文學往往發生於實際革命運動之前，所以，「與其說先有革命後有『革命文學』，毋寧說是先有『革命的文學』後有革命」〔註85〕。他們實際上從本體論層面確立了抒情詩人的歷史性和革命性，從更遠的歷史時段來看，這回應的是世紀初魯迅對「撒旦派」詩人的召喚。

從現代的革命歷程來看，「文學能為革命的前驅」似乎並不為過。早在二十年代初，鄭振鐸、費覺天等人便認為，「理性是難能使革命之火復燃的」，感情才能激發人們的革命熱情，而「文學本是感情的產品」，容易「沸騰人們的感情之火」，從而促發革命的熱潮〔註86〕；大革命時期，很多文學青年就是受文學蠱惑而奔向「革命聖地」廣州的，而蔣光慈等人的情感表達與實踐，則進一步回答了激情與政治、社會實踐的關係。在他看來，革命者與浪漫派不僅分享著同樣情感模式，二者之間也是相互發明、相互促進的：「我已經說過革命這件東西，倘若你歡迎它，你就有創作的活力，否則，你是一定要被它送到墳墓中去的。在現在的時代，有什麼東西能比革命還活潑些，光彩些？有什麼東西能比革命還有趣些，還羅曼諦克些？倘若文學家的心靈不與革命混合起來，而且與革命處於相反的地位，這結果，他取不出來藝術的創造力，枯乾了自己的詩的源流，當然是要滅亡的。」〔註87〕蔣光慈該文先發表於《創造月刊》，後來他還曾跟郭沫若談及這層意思。因而在 1937 年發表的《創造十年續編》中，郭沫若再次重申了蔣光慈的這種說法：

> 但我卻要佩服光慈，他在「浪漫」受著圍罵——並不想誇張地用「圍剿」那種字面——的時候，卻敢於對我們說：「我自己便是浪漫派，凡是革命家也都是浪漫派，不浪漫誰個來革命呢？」〔註88〕

〔註84〕 梁實秋：《浪漫的與古典的》，上海：新月書店，1927 年。

〔註85〕 梁實秋：《文學與革命》，《新月》，第 1 卷第 4 期，1928 年 6 月 10 日。

〔註86〕 西諦：《文學與革命》，《文學旬刊》，1921 年第 9 期。關於 1920 年代初期費覺天、鄭振鐸等人對文學政治主體的設想，及其與郭沫若人格特徵的相關性，可參考姜濤：《解剖室中的人格想像：對郭沫若早期詩人形象的擴展性考察（初稿）》（《新詩與浪漫主義學術研討會論文集》，北京：2011 年）。

〔註87〕 蔣光慈：《十月革命與俄羅斯文學》，《創造月刊》，1926 年第 1 卷第 2 期。後收入蔣光慈編《俄羅斯文學》（上卷），第 10～11 頁，上海：創造社出版部，1927 年。

〔註88〕 郭沫若：《創造十年續編》（五四），《大晚報》，1937 年 7 月 8 日，第五版。

「有理想，有熱情，不滿足現狀而企圖創造出些更好的什麼的，
這種精神便是浪漫主義。具有這種精神的便是浪漫派。」（大意如此，
就作為我自己的話也是無妨事的。）〔註89〕

無論是對於蔣光慈還是郭沫若來說，革命與浪漫都有著內在的一致性。既是
情感結構上的同構，也源自同樣的歷史遠景，浪漫主義的理想與革命的理想
在精神上是內在一致的。以情感為社會動員方式的革命道路，在革命文學論
爭期間，曾一度受到後期創造社成員李初梨、彭康等人的批判，如李初梨就
將情感政治學視為一種「自然生長」的反抗，而不是立足於階級意識的「自
覺」革命〔註90〕。雖然郭沫若在受到李初梨等人的批判後，曾一度作出調整，
但從郭沫若抗戰時期的文學革命觀來看，他並未放棄他的情感政治學。這既
是基於大革命的經驗，也是基於抗戰的現實。國共合作的局面使意識形態批
判暫無用武之地，而整體戰所需的大量人力物力，也需要更為直接的動員方
式，在這方面情感無疑比理論要直接有效得多；而政府試圖以建國促進抗戰，
描繪的也未嘗不是浪漫主義式的願景。

浪漫派的情感政治學，除了文學形式與意識形態圖景有內在關聯以外，
還在於浪漫派的激情本身也具有倫理內涵。這意味著情感不僅可由「寫作」
得到抒瀉，還可直接轉化為實踐能量。對於文人來說，決絕的方式是「投筆
從戎」，較為間接的則是以文學進行宣傳、動員等。回望歷史可以發現，如果
沒有浪漫派的想像力和渲染，革命很難獲得大規模的響應；而抗戰的動員更
是一個全國規模的宣傳，如抗戰時期民族主義的興起，既是浪漫派積極呼籲
的結果，同時它又常被召喚出來作為精神和社會動員的力量，而郭沫若這樣
的文人，不僅主動籌辦報刊，本身也被延攬進入政府機關，專門負責宣傳動
員工作。

從這個角度來看，情感本身便具有政治的維度，這從傳統的詩學視野也
可得到印證，如「詩言志」在朱自清看來，本身便具有政治性〔註91〕。傳統
的詩教「興觀群怨」本身，也莫不具有政治屬性，而這些資源本身也轉化為
了 20 世紀中國左派的修辭方式〔註92〕。流亡時期，郭沫若在將抒情作為詩學

〔註89〕郭沫若：《創造十年續編》（五四）。
〔註90〕李初梨：《自然生長性與目的意識性》，《思想》，1928 年第 2 期。
〔註91〕朱自清：《詩言志辨》「詩言志」部分，開明書店：1947 年。
〔註92〕參考王德威：《抒情傳統與中國現代性：在北大的八堂課》，北京：三聯書店，
2010 年，第 44～54 頁。

的本體時，卻一再強調「意識」的地位，這意味著「抽象的抒情」有可能內化爲社會變革的動力，激情也可以是浪漫派介入現實的途徑和方法。因此，關鍵的問題不在方法，而在主體能否認清自己的歷史位置。正如魯迅所說的，「要有『革命人』」，「革命人做出的東西來，才是革命文學」〔註93〕。而李初梨的批評雖然切中情感動員的不足，但他在理論批判與歷史批判之間所作的二元劃分，對浪漫主義的情感革命功用的否定，也難免顯得武斷，忽略了郭沫若在引入社會學的方法之後，情感政治學所可能具有的歷史前景，這一點經由郭沫若抗戰時期的社會實踐和文化政治活動得到了證實。

　　由此，郭沫若等人的情感實踐，展現了浪漫主義的另一種面向，這也提示我們對浪漫派的機緣論略作反思。將浪漫派的政治實踐解讀爲機緣論者，以卡爾·施密特的說法最著。在他看來，西方隨著宗教體系的瓦解，浪漫主體佔據了世界的中心，從而將萬物和世界「統統變成了一種純粹的機緣」〔註94〕。然而，所謂的機緣論也並非投機那麼簡單，而是說浪漫主體的內核是審美主體，因而將一切都審美化了：「它是遊戲和想像中的改造，即『詩化』，換言之，是把具體的既有事物，甚至每一種感覺，作爲一篇『神話寓言』、一首詩、一種審美感受對象或一個浪漫故事（Roman）——因爲這最符合浪漫主義一詞的詞源學含義——的機緣加以利用。」〔註95〕而浪漫派改造世界的方式正是個人的感覺、心情、情感和想像力，因此，浪漫派的革命只是美學層面的。正如繆塞，他所表達出來的革命熱情只是「伴生性的感情狀態」，「他其實只關心感情和詩意」〔註96〕，國家對於他們來說也僅僅是一件藝術品而已，他們的話語是修辭性的，與歷史進程並無本質關聯。與施密特形成對話的有兩種觀點，一是從美學的角度，肯定浪漫主義在文學性方面的成績，這無涉政治問題，如《文學的絕對》即屬此例〔註97〕，它重新肯定了被施密特視爲機緣論的施萊格爾等浪漫主義者的文學實驗。二是從比較文學的角度，強調中國浪漫派「審美的政治化」的一面，從而與西方（主要是英國）的「政

〔註93〕魯迅：《革命時代的文學——四月八日在黃埔軍官學校講》，《魯迅全集》第 3 卷，北京：人民文學出版社，2005 年，第 437 頁。

〔註94〕卡爾·施密特：《政治的浪漫派》，上海：上海人民出版社，2004 年，第 16 頁。

〔註95〕卡爾·施密特：《政治的浪漫派》，第 85 頁。

〔註96〕卡爾·施密特：《政治的浪漫派》，第 115 頁。

〔註97〕菲利普·拉庫－拉巴爾特 讓－呂克·南希：《文學的絕對：德國浪漫派文學理論》，張小魯等譯，南京：譯林出版社，2012 年。

治的審美化」形成對照〔註 98〕。這似乎走向了另一個極端，也忽略了上文所述、郭沫若對戰爭所做的審美化處理這一事實。

從浪漫主義的歷史來看，較之西方浪漫主義者，中國的左翼浪漫派的特點在於，其抒情的政治能量不是停留於歷史想像，也不僅僅是被革命話語所徵用，而是以抒情的主體投入到革命實踐之中。歐洲浪漫主義的興起雖然是對法國大革命的呼應，但隨著革命的發展，大多數浪漫主義者對革命的後果產生了懷疑〔註 99〕，從最初的狂熱退回到了內心，之後蔚為大觀的浪漫主義文學，多被史家描述為一種非政治、非歷史甚至是消費性的力量；而中國浪漫主義者則不同，他們大多通過革命的實際行動，將浪漫激情社會化、歷史化了，將它轉化為特定歷史情境中的政治和情感資源，從而擴展了浪漫主義的內涵，將浪漫主義從對情感的消費，轉化為一種創造歷史的有效動力。這在郭沫若身上體現得尤為顯著，無論是早期從《女神》的浪漫轉向革命，還是抗戰時期從學術研究投入民族救亡，都給個人化的抒情帶來了社會的維度，正如論者所指出的：「前後期創造社在藝術理解上的不同表現只是浪漫主義一個硬幣的兩面。」〔註 100〕如果對此作積極理解的話，不妨認為抒情主體的歷史化，帶有主體解放與社會解放的雙重視野。從這個角度來看，郭沫若重啟抒情詩學，雖然受到高爾基積極浪漫主義理論的支持，但與高爾基從善惡對立的方式來看待浪漫主義的社會效用不同，郭沫若保留了抒情主體的一致性，正如他所強調的，「我所說的『意識是第一著』，便是說人是第一著。要真正的人才有真正的詩」〔註 101〕。

郭沫若將文學形式與主體性作一元化理解的方式，則不僅要求詩人關心美學形式，詩人的寫作也不再只是一種修辭或話語實踐，同時也對主體的歷史位置提出了要求。這就使得郭沫若的浪漫主義並不同於機緣論或機會主義，而是一種具有歷史生產性的主體形態，是如本雅明所說的，找準了「自己在生產過程中的位置」之後的文學生產性〔註 102〕。對於身份的應時而變，

〔註 98〕參見張旭春：《政治的審美化與審美的政治化——現代性視野中的中英浪漫主義思潮》，北京：人民出版社，2004 年。

〔註 99〕如華茲華斯寫法國大革命的詩作 *The French Revolution as It Appeared to Enthusiasts at Its Commencement.*

〔註 100〕曠新年：《1928：革命文學》，濟南：山東教育出版社，1998 年，第 74 頁。

〔註 101〕郭沫若：《七請》，《質文》，第 1 卷第 4 期，1935 年 12 月 15 日。

〔註 102〕本雅明：《作為生產者的作者》，王秉鈞等譯，鄭州：河南大學出版社，2014 年，第 34 頁。

郭沫若在四十年代後期曾有一個說法：「本來我的生活相當複雜，我有時是幹文藝，有時是搞研究，有時也在過問政治。有些生活好像是分裂的，但也有它們的關聯，它們事實上是一個有機體的各種官能」〔註103〕。這表明，對於郭沫若來說，美學、學術、政治與社會實踐之間的轉換，帶來的並不是身份認同的危機，而是自我的完成。這種身份的一元論從根本上突破了李初梨或施密特所強調的美學與政治的二元圖景。

同時，郭沫若抗戰時期重啟的情感詩學，也對文學史的表述構成了挑戰，尤其是抒情與史詩的二元模式。自普實克以「抒情與史詩」來分析中國現代文學，這便成為描述現代中國的文學與政治的兩種基本敘述模式。雖然普實克一再強調新文學對晚明以來抒情性的繼承，然而他的一個基本歷史判斷是，現代是一個史詩取代抒情的時代〔註104〕；這種美學判斷如果被置於更為廣闊的語境，它也符合文學與政治之間的辯證關係，即從文學革命到革命文學的總體趨勢；而在後革命語境中，當代學者更樂於從抒情傳統出發，強調抒情對於革命史詩的對抗乃至消解作用。然而，郭沫若則突破了這個二元框架，他既身處史詩洪流之中，同時也保留著浪漫派的激情，二者不僅未構成對壘，反而是一個相互生產、相互促進的有機結構。

第二節 「由情以達意」：文藝如何動員民眾

> 戰爭與文學
> 文學如何動員民眾
> 國民精神總動員視野下的動員文藝

民眾動員是郭沫若抗戰時期一直念茲在茲的問題，抗戰初期他便一再呼籲重啟政治部以從事民眾動員工作，後來實地參與了政治部第三廳的宣傳、動員實踐，對文藝如何動員民眾這一問題他也作了較為深入的思考。應該說，在抗戰所鼓動的民族主義熱潮中，「文學何為」是擺在作家面前的首要問題，如茅盾在論及「抗戰與文藝」的問題時，強調的便是文藝「教育民眾，組織

〔註103〕郭沫若：《我怎樣開始了文藝生活》，《文藝生活》海外版，第 6 期。引自《迎接新中國——郭沫若在香港戰鬥時期的佚文》，復旦學報（社會科學版）編輯部出版，第 139 頁。
〔註104〕普實克：《抒情與史詩》，郭建玲譯，上海三聯書店，2010 年，第 39 頁。

民眾」及動員民眾的功能〔註105〕；郭沫若相對來說要激進一些，在「全國文藝界抗敵協會」成立儀式上，他便講到「文藝是宣傳，這是所謂『實如』（Sein），是事實；而宣傳當切於人生，則是所謂『當然』（soll），是價值」〔註106〕。這意味著，在抗戰語境中，文學的問題已不再是，是否為宣傳的性質問題，而是如何宣傳的技術問題，和為誰宣傳的倫理問題。這也正是我們問題的起點，即在抗戰動員的時代背景下，郭沫若如何思考民眾動員問題，文學在其間扮演著何種角色，他的觀點有何建設性或獨創性。

一、戰爭與文學

在一篇題為《文化與戰爭》文章中，郭沫若是這樣開頭的：「『人心惟危，道心惟微，惟精惟一，允執闕中』。在全世界的秩序為少數暴戾恣睢者所擾亂破壞了的目前，令我時常回味到的，是所謂『十六字之薪傳』的幾句古話。」〔註107〕他並非是要發思古之幽情，而是欲藉此思考文化與戰爭的問題，他認為如果我們「把那『人心』和『道心』的兩個名詞翻譯成現存哲學家的用語，便是羅素所說的『佔有欲望』與『創造欲望』。這樣對照著或許更能使我們容易瞭解吧」〔註108〕。戰爭這種「例外狀態」的影響在於，它要求知識分子用最簡單又最基本的範疇，如敵與我、善與惡、正義與非正義、道心與人心、佔有與創造等，來思考人類最根本的問題。處身戰爭的激流，郭沫若的感受也是如此，「目前的中國乃至目前的世界，整個是美與惡、道義與非道義鬥爭得最劇烈的時代，也就是最須得對於鬥爭精神加以維護而使其發揚的時代」〔註109〕。但正是在這種激烈鬥爭中，他看到了文學的脈動：

> 中國目前是最為文學的是時代，美惡底對立、忠奸底對立異常鮮明，人性美發展到了極端，人性惡也有的發展到了極端。這一幕偉大的戲劇，這一篇崇高的史詩，只等有耐心的、謙抑誠虔、明朗健康的筆來把它寫出。〔註110〕

〔註105〕茅盾：《抗戰與文藝》，《現代評壇》，第4卷第11期，1939年2月5日。
〔註106〕郭沫若：《文藝與宣傳——為慶祝「中華全國文藝界抗敵協會」的成立》，《大公報》「星期論文」，1937年3月27日，第二版。
〔註107〕郭沫若：《文化與戰爭》，《大公報》「星期論文」，1939年3月19日，第二版。
〔註108〕郭沫若：《文化與戰爭》。
〔註109〕郭沫若：《今天創作的道路》，《創作月刊》，第1卷第1期，1942年3月。
〔註110〕郭沫若：《今天創作的道路》。

戰爭就像一個大善與大惡的搏鬥場，它給文學帶來了題材、倫理與高強度的情感。然而，現代戰爭的形態，對文學提出的要求，不僅僅是讓作家以見證者的姿態來記錄這場戰爭，而是需要他們切實地參與進來。

現代的戰爭是一種總體戰，對此，郭沫若有較爲清晰的認識。早在 1937 年 9 月，他便在《申報》上發表了《全面抗戰的再認識》一文，將現代戰爭定義爲「立體戰爭」：「這種現代的立體戰爭已經不是單獨的軍事上的事體。這兒是把全國的力量集中了起來。全國的學術。產業。政治。經濟。教育。訓練等等。在平時都要有充分的素養。而且是有系統有計劃的素養。然後才能結晶成爲現代的立體戰爭。」〔註 111〕蔣介石在盧山發表的談話中，也作如是觀：「戰端一開，則地無分南北，人無分老幼，人人皆有守土抗戰之責、皆應抱定犧牲一切之決心」〔註 112〕，這正是總體戰的設想。按霍布斯鮑姆的說法，「第二次世界大戰將大規模戰爭升級發展成總體戰」〔註 113〕，其特徵是「總體的衝突變成了『人民的戰爭』」〔註 114〕。

郭沫若對總體戰的認識，或直接來自現代戰爭理論的奠基人克勞塞維茨。克氏的《戰爭論》是現代戰爭理論的開山之作，三十年代便由創造社成員何畏譯介過來，而郭沫若在文章中也曾直接提及「克勞塞維茲」及其戰爭理論〔註 115〕。在克勞塞維茨看來，「所謂戰爭，便是爲使敵人屈服、是實現自己意志所用的暴力行爲」〔註 116〕；並從拿破侖的軍隊看到了現代戰爭的新貌：「我們根據一八一三普魯士底經驗，知道次〔此〕事：面臨突發的危難之時，若用民兵，能將軍隊普通之兵力增加六倍，而這種民兵，不僅用於國內爲適當，而且也能在國外用之。——如以上的諸事實，就顯示了國家、戰爭、戰鬥等上的威力之諸因素中，國民之精神及意向，佔了如何重要的地位。」〔註 117〕現代戰爭經歷了從貴族到平民的變革，民眾之於戰爭勝敗的重要性逐步上升。戰爭廣泛地波及普通民眾，這是抗日戰爭的基本特點。

〔註 111〕郭沫若：《全面抗戰的再認識》，《申報》（滬版），1937 年 9 月 17 日，第五版。

〔註 112〕《蔣在盧山談話會席上闡明政府外交立場》，載《中央日報》1937 年 7 月 20 日。

〔註 113〕霍布斯鮑姆：《極端的年代》，馬凡等譯，南京：江蘇人民出版社，2011 年，第 27 頁。

〔註 114〕霍布斯鮑姆：《極端的年代》，第 35 頁。

〔註 115〕郭沫若：《兵不管秀才》，《民主時代》，1946 年第 1 期。

〔註 116〕克勞塞維慈：《戰爭論》，柳若水譯，上海：辛墾書店，1934 年，第 24 頁。

〔註 117〕克勞塞維慈：《戰爭論》，第 336 頁。

　　不過，郭沫若對於現代戰爭的體驗，更直接地來自他國民大革命時期的革命經驗。北伐期間，郭沫若逐漸從總政治部宣傳科科長升任副主任，乃至南昌行營政治部主任。抗戰時期國民黨再度恢復軍隊的政治部，郭沫若應陳誠之邀出任第三廳廳長。政治部的作用，除了以黨權制約軍權以外，便是做民運工作，以配合軍事，而在「整體戰」的視野下，正需要全方位發動民眾。因此，郭沫若很早便利用報紙、演說等方式呼籲動員民眾，如南下廣州時他便作了以「武裝民眾之必要」為主題的演說，在他看來：

> 我們的抗戰雖然經過了四五個月，其實還僅由序幕戰而達到主
> 力戰的過程，以後我們抗戰的時期，應該還是相當長遠的，民眾運
> 動要和軍事運動配搭起來，才能保障軍事的勝利，北伐的成功已經
> 告訴了我們，現在我們應該恢復北伐時代的政治綱領，尤其是把民
> 眾運動徹底解放出來的時候了。〔註118〕

陳誠也認為「現在是我們政治工作的復興與發展時期」〔註119〕，他對動員民眾也極為重視：「軍民合作的問題，確是保證抗戰勝利的唯一條件，若果我們真能將民眾都發動起來，自動的參戰，軍民真能打成一片，我敢保證不需三年，必能戰勝敵人。所以說動員民眾自動參戰，是執行新戰略的重要關鍵！」〔註120〕對此說，鄒韜奮也曾撰專文響應〔註121〕。正是在陳誠的支持下，政治部才得以恢復，郭沫若也順利進入該部。

　　對現代戰爭性質的把握，使郭沫若認識到民眾動員才是決定戰爭勝敗的關鍵，這也是他思考文學在戰爭中的位置和作用的出發點。從文既然不同於從武，那麼，文學的用武之地就在於宣傳和動員方面：「文化人的地位和責任，在這時和前敵將士是沒有兩樣的」，「前方的軍事行動有軍事上的指揮者負責，而後方的民眾運動便要靠文化人來多多努力」〔註122〕；雖然是以戰爭思維來看待文藝，但郭沫若也認識到了文藝所具有的特殊性，即較之軍事，文

〔註118〕郭沫若：《武裝民眾之必要》，《羽書集》，香港：孟夏書店，1941 年，第 64
　　　　頁。按，本文原為在廣州文化界救亡協會召開的群眾大會上的演說詞。
〔註119〕陳辭修部長：《關於政治部今後工作之討論與決議》，《戰時文化》，第 2 卷第
　　　　1 期，1939 年 1 月 10 日。
〔註120〕陳辭修：《第二期抗戰關於政訓工作之指示》，第 47 頁，國民政府軍事委員會
　　　　政治部編印。
〔註121〕韜奮：《關於政治工作的重要決議》，《全民抗戰》（五日刊），第 43 號，1938
　　　　年 12 月 20 日。
〔註122〕郭沫若：《對於文化人的希望》，《救亡日報》，1938 年 2 月 9 日，第一版。

藝的戰場在後方，作用也更側重精神與情感方面。因此，當軍事抗戰尚處於被動防守的狀態，他已開始高呼「展開全面的文化反攻」，「我們要以狂風暴雨的姿態，排山倒海的氣勢，在原有的每一條文化戰線上，在原有的每一個文化據點上，捲向每一個角落！每一個能夠拿起文化武器的人，都要參加到這一戰鬥的行列裏去，都要參加這一反攻」〔註123〕。在戰爭思維的作用下，他論述文化問題的話語形態也充滿了軍事色彩。或許正是意識到文藝在宣傳和動員方面的優勢，使他在《告四川青年》的公開信中，便為青年指出了兩條路：「（一）作戰場上的民族英雄，（二）作文化戰鬥上的戰士，兩者之間，擇一而從，就算是盡了一個青年的最低責任。」〔註124〕從而將從文與從武作等量齊觀。

然而，戰爭機器所需要的，並非是空頭吶喊，而是「一切設施的戰時機構化」〔註125〕，文藝也不例外，它需要從之前的各自為陣走向規範化、組織化和流動化。這就要求文人參與抗戰，不能僅停留於口頭呼籲，而是需要切實行動。而文化人則早在抗戰開始前，便自覺開始了組織化。如「國防文學」的口號論爭，便使此前分化的文壇暫時取得了一致。郭沫若也參與了此次論爭，他所批判的正是左派的關門主義，在他看來，「我們站在社會主義立場的人每每有極端的潔癖，凡是非同一立場的人愛施以毫不容情的打擊，在目前我們確應該改換這種態度了」，因為「帶〔戴〕著白色的手套是不能夠革命的」，「前進的主義不是跨在雲端裏唱出的高調，不是叫人潔身自好地在亭子間裏做左派神仙」〔註126〕。而他將此次關於國防文學的口號論爭稱為「蒐苗的檢閱」〔註127〕，即一次軍事演習，也極帶軍事寓意。進入抗戰階段之後，文化人的組織化需求越來越緊迫，各種組織的成立開展得極為迅速，如上海市文化界於「七七」事變後第三天（1937年7月10日）便成立了上海文化界救亡協會，郭沫若所主持的《救亡日報》便是以該組織的名義發行；其後戲劇、音樂、繪畫等各類文化團體紛紛成立，而影響最著者為翌年成立的「中華全國文藝界抗敵協會」，郭沫若是其理事之一。

〔註123〕郭沫若：《展開全面的文化反攻》，《新蜀報》，1941年1月1日。
〔註124〕郭沫若：《告四川青年》，《四川月報》，第13卷12期，1938年7、8月合刊。
〔註125〕郭沫若：《全面抗戰的再認識》，《抗戰半月刊》，第3期，1937年11月。
〔註126〕郭沫若：《國防・污池・煉獄》，《文學界》，第1卷第2號，1936年7月。
〔註127〕郭沫若：《蒐苗的檢閱》，《文學界》，第1卷第4號，1936年9月。

　　較之自發的文藝組織，更爲徹底的方式是將文化人納入軍事或政治機關，郭沫若所主持的第三廳即是如此。在政治部恢復以後，郭沫若應陳誠之邀任第三廳廳長，主管宣傳。廳長有人事自主權，因而他邀請了大量的文化名人加盟，這包括胡愈之、郁達夫、田漢、洪深、鄭用之、冼星海、史東山、應雲衛、馮乃超等，皆一時名彥，當時有「名流內閣」的美稱。因此，第三廳雖是一個戰時的軍事、政治機關，但從他的人員構成來看，更像是一個文藝社團，只是隸屬軍事委員會，施行的是軍事化管理。但從文藝的民眾動員著眼，郭沫若主持第三廳的意義在於，他爲文化人參與抗戰開闢了現實的途徑；而第三廳的這種獨特性，也決定了他們工作的主要方式，必然是以文藝形式進行宣傳與動員。事實也是如此，如 1938 年 4 月 7 日至 13 日的抗戰擴大宣傳周，郭沫若就充分發揮了第三廳的文化優勢，將戰時宣傳變成了一次文藝匯演：七天的宣傳，每天都有一個主題，分別是戲劇、歌曲、電影、漫畫等，既是一次宣傳，也是一次戰時文藝巡演。因宣傳期間正好趕上臺兒莊大捷，武漢三鎮的民眾很容易就被動員起來了，郭沫若也極度興奮：「武漢三鎮的確是復活了！」〔註128〕而接下來的「七七紀念周」，因有蔣介石的支持，整個活動不僅辦起來得心應手，而且影響也更大，此後該廳還組織成立了全國慰勞總會，成爲戰時文化人深入前線的主要渠道〔註129〕。

　　除組織化以外，現代戰爭的靈活性也要求宣傳人員的流動性。第三廳也因勢利導地成立了多個流動劇團和宣傳隊，分遣內地和各大戰區擔負宣傳動員工作。抗戰時期，文化人多自動奔赴前線慰勞，但這大多類似於戰地采風，眞正將戰地動員作爲一項事業的，也是第三廳。他們似乎從一開始就較爲關注鄉村和內地的民眾動員問題，如擴大宣傳周期間，他們便安排了宣傳隊下鄉，其工作報告中就特意強調：「除混合隊外，共發動各團體每日出發宣傳隊八百餘隊，在武昌漢口漢陽一帶宣傳，尤側重附近鄉間。至五月九日，並有幹部訓練團一百隊入鄉宣傳。此外尚有抗戰西洋鏡宣傳隊在武昌及鄉間表現宣傳」〔註130〕；而更爲重要的，是他們所組織的諸多宣傳隊及戰地服務處：戰地文化服務處在西安、宜昌、上饒和長沙設立了

〔註128〕郭沫若：《宣傳周——〈抗戰回憶錄〉之五章・二洪鈞運轉》，《華商報・茶亭》，1948 年 9 月 23 日，第二版。
〔註129〕郭沫若：《「七七」第一週年在武漢》，《民主周刊》，第 38 期，1946 年 7 月。
〔註130〕《第三廳工作報告》，《郭沫若研究》第 4 輯，1988 年。

四個總站，以各站爲中心又設立了若干戰地文化服務站。據時任第三廳主任秘書的陽翰笙介紹，「這些『站』星羅棋佈，形成了一個三廳的書報刊物發行網。通過這個渠道，三廳把各個處編寫的宣傳品輸送到前線去，輸送到國民黨的軍隊裏去，散發到廣大的中小縣城裏去。」〔註 131〕這爲文化下鄉和入伍提供了一個有效的渠道。其次是抗敵演劇隊，抗敵演劇隊一共有十隊，「主要是把各地流亡到武漢來的救亡團體中演劇隊改編成的，其中由上海流亡出來的占多數」〔註 132〕，他們在接受訓練後被分派到各個戰區進行文藝宣傳；還有抗敵宣傳隊四隊，這些大多是從民眾團體如蟻社、青年救國會和民族先鋒隊等選拔出來的，分別前往桂林、浙江、鄂西北及陝西等地宣傳；以及電影放映隊四隊，分別前往衡陽、桂林等地宣傳〔註 133〕。此外，三廳還憑藉著自身的機構特性，爲當時許多文化人下鄉入伍提供手續上的便利，如提供證明信、介紹信等必要文件〔註 134〕。

　　由此，戰爭對於文學的影響，首先是對文學生態和生產方式的改變，作家不再完全是此前的自由狀態，而是被納入了各種組織，集體意識得到了凸顯，如集體創作便成爲戰時文壇的一道風景，文化人也自覺地從書齋走向了十字街頭，擔負起了實際的宣傳動員工作。然而，文藝如何動員民眾的問題，並不僅僅是文人如何參與宣傳和動員的社會實踐，更在於文學如何從語言與形式等方面對這一要求作出回應。在戰爭動員的要求下，郭沫若對文學形式變革的思考，及其在民眾動員中所具有的獨特性，這是我們要進一步探討的問題。

二、文學如何動員民眾

　　抗戰時期文學的變化，主要是因應現實需要而做出的，一向服膺「時代

〔註 131〕陽翰笙：《第三廳——國統區抗日民族統一戰線的一個戰鬥堡壘〔三〕》，《新文學史料》，1981 年第 2 期。

〔註 132〕郭沫若：《推進——〈抗戰回憶錄〉之八章·四抗劇九隊》，《華商報·茶亭》，1948 年 10 月 14 日第二版。

〔註 133〕《軍事委員會政治部第三廳二十七年九、十月份工作概況》，《郭沫若學刊》，2011 年第 3 期。

〔註 134〕陽翰笙就回憶道：「當時許多作家、戲劇家、作曲家、畫家、記者、攝影家通過第三廳獲得軍委政治部的證明信，奔赴前線，進行慰問宣傳、採訪、寫生、攝影，體驗戰地生活。」見氏著《第三廳——國統區抗日民族統一戰線的一個戰鬥堡壘〔四〕》，《新文學史料》，1981 年第 3 期。

精神」的郭沫若更是如此，他歸國不久便指出，「美與藝術是應該跟著社會和時代前進」，而此時的時代問題無疑是抗戰。因此，他在 1937 年 8 月 9 日出席上海詩人協會為他舉行的歸國歡迎會時便指出，「中國目前急需的是政治性、煽動性的東西，目的在發動民眾」〔註135〕。這表明，在恢復政治部之前，他已經開始思考如何通過文藝發動民眾的問題。在「轟炸中來去」的戰時姿態中，他首先關注的是文學反映現實的即時性。因而，他除了創作充滿激情的詩篇以外，也開始創作報告文學，如《前線歸來》《到浦東去來》《在轟炸中來去》等，將他的所見所感以及前線將士的士氣和現實需求，及時地傳達給後方民眾。不僅如此，他對報告文學的寫作也早有規劃，在他看來，「事件的文藝性有時是在文藝作品之上」，而「中國的文藝跟不上現實」，很大程度上就是忽略了報告文學的寫作。報告文學的寫作，對他來說不僅是作家的寫作姿態問題，也是一個方法問題，在他看來「多寫『報告』除於政治上為必要，於文學素材之供給上為必要以外，是鍛鍊出優秀作家的一個極好的法門」，報告文學的方法論意義，不僅有助於作家的素材積累，寫作技巧的提高，還在於它是作家學習認識現實、反映現實的方法。因此，對報告文學，他更為注重「報告」，「而不要責成其必為『文學』」〔註136〕。

較之文學反映現實的即時性，郭沫若更側重文學主動地干預現實，這就是強調文學的教育性。他認為「從事文化工作的人們，素來是以喚起民眾，教育民眾為自己的任務」〔註137〕，這正是抗戰之際的「急務」。然而，該如何教育民眾，這是郭沫若及當時文化人，在思考文學或文藝如何動員民眾時，所遇到一個根本問題。這個問題至少包括兩點，一是如何讓老百姓看得懂，二是如何讓他們看得到。因此，文藝的大眾化和文章入伍、下鄉就成為必要。這也是大後方作家所面對的帶普遍性的問題，因而文學語言和形式的大眾化、通俗化、民族形式等問題都相繼成為文壇討論的熱點〔註138〕；而「文章下鄉 文章入伍」也成為「文協」的宣傳口號。郭沫若是較早關注這些問題的，早在 1938 年初他就撰文指出，抗戰所導致的文化人的內移，是「我們所得的好處」，因為此前文化人多集中於大都市，「文化宣傳的力量便未能十分深入

〔註135〕參見《立報》，1937 年 8 月 10 日。
〔註136〕郭沫若：《我的自述》，《質文》第 2 卷第 1 期，1936 年 10 月 10 日。
〔註137〕郭沫若：《文化人當前的急務》，《勝利》，第 3 期，1938 年。
〔註138〕論爭的主要文章可參考蔡儀主編：《中國抗日戰爭時期大後方文學書系·第二編 理論·論爭》第一集，重慶：重慶出版社，1989 年。

並普及於民間，民眾運動和軍事行動便未能嚴密地配合起來」〔註139〕，而文化人的內移，則「儼如幾簇地丁花的種子，被抗戰的暴風一吹，向我們全國分播了來」〔註140〕；不過，他也看到了新的問題所在，「文化人因習於安逸的都市生活的結果，每逢一個都市快要淪陷的時候，早就一窩蜂地又飛到後方安全的另一個都市裏去了」〔註141〕。這揭示了文化人內遷的限度，雖然是從沿海遷往內陸，選擇的卻依舊是內地的都市，生活環境雖然改變了，卻具有明顯的封閉性。因而，他要求作家作第二次遷移——由都市遷往鄉村：「為要糾正偏重都市的錯誤，今後的文化人，應該分散到民間去，尤其是到淪陷區域裏去。這可以說是我們的根本原則。」〔註142〕而且「散播得愈廣，受文化宣傳的民眾便愈多，最後勝利的保障便愈見加強了」〔註143〕。而第三廳所組織的宣傳隊與演劇隊，可以看作是這一理念的實踐者。較之強調創作主體的內移，更關鍵的是主體意識以及文學語言、形式的改變。也就是說，創作者不僅要現實地下鄉與入伍，而且要思想上的下鄉與入伍。這首先意味著要改變創作的語言文字等文學形式，作家要以內地與底層社會的經驗，改造都市文學的形態，更有甚者，是對主體思想和情感的改造。因而，郭沫若強調：

> 我們要分散到民間去，先決的問題是我們須得有刻苦耐勞的精神，把向來所過的安逸的都市生活拋掉，要以最下層的農民生活為生活。同時我們的文化工作的水準不用說要切實的放低，所有一切通俗的舊有的表現形式，無論是文字上的演技上的凡是可以利用的東西，都應該盡量的利用。先要去遷就一下才行，能夠以農民生活為生活，在那兒切實地學習些實地的經驗，對於農民的疾苦、要求、習俗、思想，有了更深切的瞭解，在放低文化工作的水準上，也就自然有所依據。〔註144〕

> 文章要能「下鄉」，要能「入伍」，絕不是單純的通俗化問題——絕不是單靠形式和內容的通俗化便可以辦到，主要的條件是要作家們自身能有入伍和下鄉的神精〔精神〕與其實踐。作家們須得與

〔註139〕郭沫若：《對於文化人的希望》，《救亡日報》，1938年2月19日，第一版。
〔註140〕郭沫若：《對於文化人的希望》。
〔註141〕郭沫若：《文化人當前的急務》，《勝利》，第3期，1938年。
〔註142〕郭沫若：《文化人當前的急務》。
〔註143〕郭沫若：《對於文化人的希望》。
〔註144〕郭沫若：《文化人當前的急務》。

> 士兵打成一片，與民眾打成一片，要以士兵民眾的生活為生活，要
> 能徹底瞭解士兵民眾的心理並習得其用語，要這樣所作出的文章才
> 真正能夠入伍，真正能夠下鄉。〔註145〕

如果將郭沫若此說置於大後方的語境，可以說他與之後毛澤東《在延安文藝座談會上的講話》構成了某種互文關係。這提示我們兩個問題，一是毛澤東文藝思想的形成，可能借鑒了國統區左翼知識分子的經驗；二是在大後方左翼文學的脈絡之內，也可能獨立生長出工農兵文藝，或者說，國統區或國民黨也可以有自己的工農兵文藝。不過，郭沫若與毛澤東之間的分歧是明顯的，這就是他並未放棄作家的獨立性，向農民學習僅僅是「遷就」和暫時的「放低」，是一種權宜之計。這種權變的思想，不僅是他後來接受毛澤東文藝思想的方法，更是他處理戰時文藝的根本思路。這一思路更清晰地表述是在討論民族形式問題的時候。在文壇提倡文學的大眾化，反思新文學的歐化現象時，向林冰等人將民族形式等同於民間形式，並將民間形式作為民族形式的唯一源泉，從而否定了受外來形式影響的新文學傳統〔註146〕。此說遭到了胡風、茅盾等人的反駁，而郭沫若那篇《「民族形式」商兌》則帶有為此次論爭定調的意味，而他的解決方式正是一種「經權」的思路：「中國的新文藝，因為歷史尚短，又因為中國的教育根本不普及，更加以國家的文藝政策有時還對於新文藝發揮掣動機的作用，一時未能盡奪舊文藝之席而代之，以貢獻其應有的教育機能」，而「在目前我們要動員大眾，教育大眾，為方便計，我們當然是任何舊有的形式都可以利用的」，但「這也是一時的權變，並不是把新文藝的歷史和價值完全抹煞了，也並不是認定民族形式應由民間形式再出發，而以之為中心源泉──這是不必要，而且也是不可能的」〔註147〕。因此，民間形式的採用是立足於動員民眾之需的「權」，新文學的發展則是「經」。

學界對郭沫若經權思想的討論，多側重他與延安文藝之間的關係，相對忽略的，是這種思想對他自身文藝觀的影響。在我們看來，權變的思想使郭沫若形成了一種極為激進的文藝觀。權宜的本質是對長遠後果的忽略，即便

〔註145〕郭沫若：《紀念碑性的建國史詩之期待──慶祝文藝界抗敵協會週年紀念》，《大公報》，1939 年 4 月 9 日，第二版。

〔註146〕向林冰：《論「民族形式」的中心源泉》，《大公報·戰線》，1940 年 3 月 24 日。

〔註147〕郭沫若：《「民族形式」商兌》，《大公報》「星期論文」，1940 年 6 月 9 日，第二版。

與常規不符也可暫時接受，這正是戰爭的「例外狀態」所帶來的後果。據此，郭沫若不僅要求作家注重「報告」，而非文學，要求他們不要「過於修詞」〔註148〕，同時，他還批評文壇「與抗戰無關」的論調，甚至對「反差不多」論也加以批判。「反差不多」運動由沈從文於戰前提出，抗戰後批評家羅蓀等重拾此調，用來批評當時刊物看起來都差不多的現象〔註149〕，茅盾予以聲援，認爲這「客觀上實等於精神物質的『浪費』」〔註150〕；但郭沫若卻對「反差不多」進行反批評，認爲「對於抗敵理論嫌其單純，嫌其重複的那種『反差不多』的論調，或故作高深或高尚的理論以渡越流俗的那些文化人，事實上是犯著了資敵的嫌疑」〔註151〕。這雖然是立足抗戰的現實需要，但無疑也是一種審美專制。這種不忌憚「差不多」的立場，與郭沫若此時的動員文藝觀一致。因爲普通百姓的文化水平並不高，因而他認爲「在動員大眾上用不著好高深的理論，用不著好卓越的藝術」，除強調形式的通俗化大眾化以外，他甚至一度提倡口號式的重複：

> 大眾既需要簡單的理論，而尤需要這種理論的翻來覆去的重述。普及並深入民間的民話和箴言，所含的理論並不怎樣高深，有的重述了幾千百年，而大眾並不加以厭棄，否，反而愈感覺親切。所謂習慣成自然，也就是條件反射積久而成爲無條件反射。故而我們總要把抗敵理論這個簡單的條件，刻刻在大眾中生出反射，處處在大眾中生出反射，使他習慣了便成自然地群趨於抗敵的一途，而毫不躊躇，毫無顧慮。〔註152〕

這種極端功利性的說法，很快引來了左翼內部的批評。胡風在《要普及也要提高》一文中，就對郭沫若的文藝觀進行了反駁。在他看來，郭沫若的觀點不僅有「愚民」之嫌，簡直就是一種「公式主義」，「它只是反反覆覆地向民眾宣說幾個概念或結論，希望由這達到『無條件反射』」〔註153〕。胡風與郭沫若之間的分歧，正是民眾動員中的普及與提高問題。在胡風看來，「全人民的

〔註148〕郭沫若：《對於文化人的希望》，《救亡日報》，1938年2月19日，第二版。
〔註149〕羅蓀：《關於調整當前刊物的諸問題》，《戰鬥》旬刊，第1卷第12期，1938年。
〔註150〕茅盾：《廣『差不多』說》，《戰鬥》旬刊，第2卷第4期，1938年2月18日。
〔註151〕郭沫若：《抗戰與文化》，《自由中國》，第1卷第3期，1938年6月。
〔註152〕郭沫若：《抗戰與文化》。
〔註153〕胡風：《要普及也要提高》，《國民公論》，第1卷第3號，1938年10月1日。

戰爭，那不但需要人民底初步的政治覺醒，而且需要人民底對於政治遠景的堅信、從這個堅信來的奔赴政治遠景的熱情，以及運用而且推動政治機構的智慧，用這來通過長期的、廣泛的、艱苦的戰鬥」，而熱情、智慧的來源便是「文化生活底提高」〔註154〕。

對於胡風的指責，郭沫若曾撰文予以回應。郭再次強調他「是以動員大眾為前提，故須得側重在普及方面，而且是認定普及為提高的手段」，「因為要把文化的恩惠普及於大眾，把大眾的文化水準提高了，而後文化本身的提高也才有著落」〔註155〕，而並不是否認提高。因而，在他看來，他與胡風之間「並沒有兩樣」，問題只是出在他所用的「條件反射」與「無條件反射」這兩個新術語上。正因為在郭沫若看來，二人的不同只是術語帶來的誤解，而且「怕引起不必要的論爭，耗費彼此有用的精力」〔註156〕，所以他的反駁文章寫好後並未及時發表。

但實際上，二人的分歧並非出於術語的誤會〔註157〕，相反，他們在文學如何動員民眾這一問題上，走著根本不同的道路。胡風所說的以提高的方式進行普及，其著眼點在於「改造人民意識」，通過培養其信念和智慧，促進其政治上的覺悟，正如胡風所明確強調的，這是新文化的啟蒙傳統〔註158〕。郭沫若則不同，他選擇的不是智慧，而是情感，是「由情以達意」的動員方式。他這種觀點是在國民精神總動員的背景下提出的：

> 人的精神活動，不外乎智，情，意三方面，而精神總動員的目標是在最後的意的活動，便是要使全體國民在「國家至上，民族至上」，與「軍事第一，勝利第一」的認識之下，使「意志集中，力量集中」。故爾發動精神的途徑也不外乎由智以達意與由情以達意的兩種。但理智有深有淺，而情感則老弱無殊，故由智以達意不如由

〔註154〕胡風：《要普及也要提高》。

〔註155〕郭沫若：《「無條件反射」解》，《文學月報》，第2卷第1、2期合刊，1940年9月15日。

〔註156〕郭沫若：《「無條件反射」解》文末附記，《文學月報》，第2卷第1、2期合刊，1940年9月15日。

〔註157〕針對郭沫若《「無條件反射」解》一文，轟紺弩曾寫《胡風的水準》加以諷刺，在他看來，雖然郭沫若認為是術語理解的誤會，但他依舊認為，郭沫若只重普及的民眾教育觀，與胡風的觀點其實兩樣（轟紺弩：《胡風的水準》，載《早醒記》，第74頁，桂林：遠方書店，1942年。按，該文寫於1940年底）。

〔註158〕胡風：《要普及也要提高》，《國民公論》，第1卷第3號，1938年10月1日。

情以達意之較爲捷便，詳其理論不如列舉事實，以言服人不如以身
作則，在這兒正爲文藝作家開闢出了極廣大的活動疆域。〔註159〕

郭沫若認爲「由情以達意」比訴諸理性要更爲快捷和有效，而「文藝是訴諸
情感的最有效的工具」，「它是要把一切理論形象化，使理論的骨骼，得到血
肉，得到色澤，得到呼息，得到生命，得到一切的聲音笑貌，具體的，活鮮
鮮的，呈現在人們感受的門前，而竄入其堂奧。作者由形象以表現理論的綱
領，讀者則因感發而生出實踐的步驟」〔註160〕。從情感的途徑思考文藝的動
員效能，是郭沫若與胡風的不同，卻是郭沫若一向堅持的方式，訴諸情感的
社會和政治功能，與他的戰時浪漫主義精神正是內在一致的。

三、國民精神總動員視野下的動員文藝

郭沫若對民眾動員的思考與呼吁，主要集中於抗戰初期，這些文章後來
大多收錄在《羽書集》一書中，正如論者所指出的，「《羽書集》的核心主題
是『民眾動員』」〔註161〕。《羽書集》所收錄的基本上是郭沫若任職第三廳期
間所寫的宣傳文章，在重慶版的序言中，郭沫若將其戲稱爲「『鳴鑼奉告』式
的宣傳文字的總匯」，「自己並不十分願意祝福它的出世」〔註162〕，因而在1941
年香港初版的版本被戰火焚毀後，並沒有及時再版。但同時，郭沫若也坦誠
他對這些文章「不免有些偏愛」〔註163〕。這種曖昧的態度，在1948年卻有所
轉變，他的《抗戰回憶錄》在述及此節時，不僅隱去了諸多歷史細節，而且
認爲當時許多言行是「昧著良心」〔註164〕，諸多言論「言不由衷」。如果說郭
沫若是以透露隱微心曲的方式爲自己正名的話，另一位當事人陽翰笙的回
憶，則是盡力將這段歷史洗白。如他的回憶錄《風雨五十年》，便將抗戰期間
的工作都置於黨的領導之下：「以郭老爲首的第三廳，在長江局和周恩來同志

〔註159〕郭沫若：《發揮大無畏的精神——論文藝作家在精神動員中的任務》，《羽書
集》，香港：孟夏書店，1941年，第158頁。

〔註160〕郭沫若：《發揮大無畏的精神——論文藝作家在精神動員中的任務》，《羽書
集》，第158頁。

〔註161〕李斌：《〈羽書集〉考釋》，載《郭沫若文獻史料國際學術研討會暨 IGMA 學
術年會論文匯編》，2010年，第34頁。

〔註162〕郭沫若：《羽書集·序》，重慶：群益出版社，1945年。

〔註163〕郭沫若：《羽書集·序》。

〔註164〕郭沫若：《撤守前後——〈抗戰回憶錄〉之十三章·三昧著良心》，《華商報·
茶亭》，1948年11月13日，第二版。

的直接領導下，衝破了國民黨反動派所加的種種限制和迫害，在極端困難複雜的環境中，作了大量的工作，進行了艱苦的鬥爭，在歷史上寫下了不可磨滅的一頁。」〔註165〕此類說法相當廣泛。這類為抗戰初期的政治活動洗白的方式，顯然表明他們當時的活動超出了政黨政治敘事的限度，這也提示我們再度思考，郭沫若對如何動員民眾這一問題的探索，究竟應該放置在哪個歷史位置，是屬於哪種政治的遺產，釐清這些問題，有助於我們理解抗戰初期郭沫若的立場與心態，以及他的動員文藝觀的歷史價值。

讓我們先從他最想迴避的地方出發。就上文引用較多的《文化人當前的急務》和《發揮大無畏的精神》等文章來看，後來修改時郭沫若刪去了這樣一些內容：

> 幸好我們的最高領袖，蔣委員長在本月一號《告全國國民書》頒發了出來，把持久抗戰和全面抗戰的既定國策重新昭示了一遍，要我們從今以後「更衰戚，更堅忍。更踏實。更刻苦。更猛勇奮進，以致力於全面之戰爭，與抗戰根據地之充實，而造成最後之勝利。」就給驅除黑暗的太陽一樣，把一切懷疑失望悲觀畏怯的妖霧，完全掃蕩乾淨了！〔註166〕

> 關於國民精神總動員的綱領和實施辦法，政府的功令和部署已經愷切而周密了，剩給我們全體國民的只待如何去實行而推動。文藝作家是國民的一份子，而且是被稱為「靈魂的工程師」，當如何虔謹奉行，以為國民全體的表率，並使文藝成為精神總動員中的一個動力，是值得我們切實考慮的。〔註167〕

> 一篇博大精闊的《國民精神總動員綱領全文》便是文藝家的具體方案，不必說把這方案的全部，如能夠把這方案的局部形象化起來，已經就是足以傳之萬民而不悖，垂諸萬世而不朽的劃時代的作

〔註165〕陽翰笙：《第三廳——國統區抗日民族統一戰線的一個戰鬥堡壘（一）》，《新文學史料》，1980年第4期。

〔註166〕郭沫若：《文化人當前的急務》，《勝利》，第3期，1938年；《沫若文集》十一卷刪除，《沫若文集》第十一卷，北京：人民文學出版社，1959年，第327頁。

〔註167〕郭沫若：《發揮大無畏的精神——論文藝作家在精神動員中的任務》，《羽書集》，香港：孟夏書店，1941年，第158頁。《沫若文集》第十一卷，北京：人民文學出版社，1959年，第359頁。

　　品。文藝作家的救國與建國的責任可以由此克盡；國民精神的改進
　　與動員的企圖可以由此而完成。〔註168〕

已有論者根據這些刪改探討郭沫若與蔣介石之間的關係問題〔註169〕，但我們更想以此探討郭沫若抗戰初期文藝理念的歷史歸屬問題。目前學界關注較多的是，中共如何通過文學動員民眾的經驗問題，從郭沫若這裡我們可以發現，國民黨對這一問題也進行了積極的探索。郭沫若雖然在 1941 年底的「壽郭」運動之後，更爲明確地轉向了左翼，但抗戰初期，他作爲國民政府第三廳廳長，他的「鳴鑼奉告」只能是奉蔣介石的文告，如他提及的《國民精神總動員綱領》，便是國民政府於 1939 年 3 月 12 日，即孫中山逝世 14 週年紀念日之際，開始實施的國民精神總動員運動的綱領性文件。

　　該綱領正是基於總體戰的視野提出的，旨在全方位動員民眾的物質和精神力量。綱領指出：「現代戰爭爲全民動員之戰爭，故不僅應動員國內一切之物質與人力，亦必動員全國國民之精神以充實抗戰之國力，不僅在於發動，而尤貴於組織，必具有組織之精神，發揮有組織之人力，利用有組織之物資，方足以適應國家當前之需要。且此次抗戰之意義，不僅限於排除暴敵之侵略，而尤在於努力抗戰之中，樹立戰後建國之永久基礎，其任務之重，使命之大，在吾國歷史上將爲空前絕後之無上艱辛的一役。」〔註170〕郭沫若在思考文藝如何動員民眾的時候，很大程度上正是由此出發，如他 1941 年在總結抗戰以來的文化抗戰時就指出，「爲著對抗敵寇的文化侵略，第三期抗戰開始，我們的文化戰線也展開新的陣勢，在蔣委員長『政治重於軍事』、『宣傳重於作戰』的偉大的指示之下，前線與敵後展開了劇烈的文化反攻，而大後方的文化戰線，則開始走向沉著，深刻，與充實的道路」〔註171〕。《發揮大無畏的精神》一文，原本也有副標題「論文藝作家在精神動員中的任務」〔註172〕，只是後

〔註168〕郭沫若：《發揮大無畏的精神——論文藝作家在精神動員中的任務》，《羽書集》，第 161 頁。《沫若文集》第十一卷，北京：人民文學出版社，1959 年，第 362 頁。

〔註169〕孟文博：《郭沫若前期文藝論著校勘與發現》，山東師範大學博士論文，2014 年，第 214～221 頁。

〔註170〕國防最高委員會編訂：《全國精神總動員綱領》，世界書局 1939 年，第 6 頁。

〔註171〕郭沫若：《四年來之文化抗戰與抗戰文化》，載軍事委員會政治部編印《抗戰四年》，青年書店，1941 年，第 189 頁。

〔註172〕郭沫若：《發揮大無畏的精神——論文藝作家在精神動員中的任務》，《羽書集》，香港：孟夏書店，1941 年，第 158 頁。

來被刪除而已。事實上，就郭沫若抗戰初期的話語和政治實踐來看，將其置於國民黨左派的立場來考察也未嘗不可。

抗戰伊始，郭沫若之所以對恢復政治部極為熱心，並非僅僅是為國民政府考慮，也與政治部的政治屬性有關，它負載著郭的某種政治理想。政治部是孫中山「聯俄、聯共、扶助農工」三大政策的產物，一直由國民黨左派推動，前期是廖仲愷，之後則是汪精衛。寧漢合流之前，汪精衛是武漢政府的首腦，很多左派都對他抱著極高的期待。政治部完全是在蘇聯顧問的協助下建立起來的，屬於左派的陣地，蘇聯派有鐵羅尼作顧問，而政治部主任鄧演達也是左派中的實權人物。因此，作為三大政策的產物，政治部對於郭沫若來說，它既是國共合作的平臺，更是國民黨左派政治理想的象徵。這種理想可能既不同於國民黨右派，與共產黨也有所區別，鄧演達後來另立「第三黨」便是此意。抗戰時期，郭沫若歸國後本來就有與國民政府修好之意。甫抵上海他便去拜會沈尹默，此人有策士之稱，二人在古文字研究方面有共同的興趣，早有書箚往來，且在歸國一事上，沈尹默也表示孔德研究會可從旁協助。在沈尹默處，郭沫若對歸國後的打算直言不諱，他列出了兩個方案：「這裡的二條路，是投向中央的懷抱，或是發動青年。」〔註173〕加上此前郁達夫書信中所提及的，「委員長有所藉重」〔註174〕等信息，投向國民政府無疑是他此時的首選。這種心態在他拜會蔣介石之後就更為清晰了，在接受蔣介石的召見之際，他不僅拜會了南京的左派政要，如汪精衛、孫科、陳公博等，還詳細地記述了這一過程，尤其是面蔣的細節：

> 蔣先生的態度素來是有威可畏的，有好些人立在他的面前，不知不覺的手足便要戰慄，但他對我總是格外的和藹。北伐時是這樣，十年後的今日第一次見面也依然是這樣，這使我特別感著慰適。
>
> 「目擊而道存」，儲蓄在腦裏所想說的話頓時已感覺著絲毫沒有說的必要。因為蔣先生的眼神充分地表明著鋼鐵樣的抗戰決心，蔣先生的健康也充分地保證著鋼鐵樣的抗戰持久性。抗戰既堅決而能持久，國家民族的幸福還能有更超過於這一點的嗎？

〔註173〕殷塵（金同祖）：《郭沫若歸國秘記》，言行社，1945年，第168頁。
〔註174〕郁達夫：《致郭沫若》，《郁達夫全集》第6卷（書信），杭州：浙江大學出版社，2007年，第271頁。

　　　　蔣先生是我們最高的領袖，他既有持久抗戰的決心，那他對於
　　抗戰必如何始能持久的物質條件。（例如孫總理三大政策所暗示），
　　必已高瞻遠矚，成算在心，不然，他是不會有那樣的清明，那樣的
　　寧靜的。〔註175〕

這篇文章先發表於《申報》，後被多次轉載，並收入郭沫若各類文集，影響不
小。當然，在該文中，郭沫若對蔣介石也非一味奉承，而是有著期許，甚至
是諷諫，如他在文中就認為既然蔣介石有如此抗戰決心和精神狀態，那麼對
物質條件也應該有所考慮，應該是已「成竹在胸」了，在提及物質條件時，
郭沫若則在括號內注明：「例如孫總理的三大政策所暗示」〔註176〕。

　　「三大政策」正是國民黨左派的理論綱領，而此時他追懷的革命前輩也
是左派領袖廖仲愷。歸國後他曾面對廖仲愷的遺像，寫下這樣的詩句：「嗚呼
先生，你是忠於革命者的典型，／我們要追蹤你的血跡前仆而後起。」這裡
所說的革命，是國民黨左派的政策：「你所協定的三大政策：聯俄，聯共，扶
助農工，／這都是中國革命並世界革命的根底。」詩後有跋語：「一九三七年
八月一日，余單身由日本回國後之第六日也。深夜獨坐，瞻仰廖仲愷先生遺
容，不覺淚下，爰草此數語以誌感觸。」〔註177〕對於自己的歸國，他也描述
為：「十年退伍一殘兵，今日歸來入陣營」〔註178〕。十年的海外經歷，對他來
說似乎只是對昔日革命的暫時缺席而已。

　　問題的複雜性在於，國民黨左派與中共的界限極難把握，這也是當初國
民黨要清黨的原因之一。而郭沫若也並未因追認國民黨左派的傳統便與中共
分道揚鑣，中共系統他依舊有很多朋友，黨政軍方面有周恩來、葉挺、朱德
及葉劍英等，這些人都是北伐時期的戰友，左翼文化系統就更不必說。這讓
我們看到了政黨政治在遭遇人脈關繫時，所呈現出來的歷史複雜性，政治的
敵友關係在遇到網狀的人際關繫時變得含混了，當歷史的模糊性再蓋上敘述
的面紗時，便愈加難以辨識。

〔註175〕郭沫若：《在轟炸中來去》，《申報》，1937年10月19日，第二版。按，郭沫
　　　　若會見蔣介石的這段記述，曾以《蔣委員長會見記》收入抗戰時期的多種文
　　　　本，如戰時出版社的《抗戰將領訪問記》等。
〔註176〕郭沫若：《蔣委員長會見記》，《抗戰將領訪問記》，第2頁，戰時出版社，出
　　　　版時間：不詳，約為1938年。
〔註177〕原文無題，以手稿形式刊載於《立報》，1937年8月20日，二版。
〔註178〕郭沫若：《由「有感」說到氣節》，《救亡日報》，1937年8月30日。

　　這種含混性在郭沫若就任第三廳廳長之後，曾一度稍微變得清晰起來。就職第三廳在某種程度上意味著立場的選擇，郭沫若在初期也確實是盡職盡責地做宣傳動員工作，對於第二廳廳長康澤與他搶工作的做法，他也是從同僑競爭的角度去理解，而不存黨派之見。其政績除了前文所提及的 1938 年 4 月三廳成立初期的宣傳周之外，他最爲樂道的是「七七紀念周」的擴大宣傳。爲籌備這個宣傳周，陳誠特批了三千元的費用，後來蔣介石在召見郭沫若時，又親自批了一萬五千元，並且告訴他：「你以後隨時都可以到我這裡來啦。要錢用，隨時告訴我啦，唵？」〔註 179〕因此郭沫若不僅有了充足的經費，而且還是「奉旨出朝」，所以這次活動也格外成功。或許是因這次活動的成功，郭沫若此後也成了蔣介石府上的座上客，有時會受邀參加「御前會議」。蔣介石對知識分子較爲尊重，經常邀約學者前去面談或聚餐，談論時局問題〔註 180〕，而郭沫若也常能與他取得一致。如海南島淪陷之後，蔣介石便曾邀請郭沫若、張季鸞、陳博生、王芸生及陳立夫等人探討如何進行國際宣傳的問題。郭沫若認爲應該發動華南民眾，發動民眾一直是他解決政治問題的首選，但蔣介石的著眼點並不是對內，而是如何對英法做文章。之後郭沫若針對此事件作了題爲《鞏固反侵略的戰線》的廣播演說，便先引述蔣介石的觀點，將海南島的淪陷看作日本對英法美的挑戰，並作了進一步的闡發，詳細分析了日本佔領海南島後對英法美的損害。

　　此外，作爲政治宣傳和動員的主要負責人，他還寫有《戰時宣傳工作》，這是國民黨戰時宣傳的綱領性文件。該書分「總論：理論與方法」和「分論：應用與實習」，全面闡釋了宣傳的要義和宣傳方法。其立場無疑要從國民黨的角度出發，如總論對目前宣傳工作基本任務的規定中，第一條便是：「隨時隨地，根據具體的環境，闡揚中央和最高領袖蔣委員長的國策、訓令、言論、

〔註 179〕郭沫若：《保衛大武漢——〈抗戰回憶錄〉之七章‧二特別召見》，《華商報‧茶亭》，1948 年 10 月 5 日，第二版。
〔註 180〕按，馮友蘭對此有較爲詳細的記述，在《三松堂自序》中他寫道：「蔣介石有一個辦法：凡是從別的城市到重慶去的比較知名之士，他都照例請吃一頓飯。我差不多每次到重慶，他都送來一張請帖，請去吃飯。吃飯的時候，客人先到，坐在客廳。蔣介石先到客廳旁邊的一個小房間裏，請他所要單獨接見的人進去單獨談話。每個人進去，談幾分鐘就出來。他也隨著出來到客廳，說幾句應酬話就一起到餐廳。每次吃飯，大約有二十人。中餐西吃，坐定以後，邊吃邊談。」見馮友蘭：《三松堂自序》，北京：人民出版社，2008 年，第 96 頁。

使全國民眾在中央和最高領袖領導之下，一切為國努力。」〔註181〕陽翰笙等人的回憶錄，往往談及郭沫若等人如何反對國民政府「一個政府、一個主義、一個領袖」的口號，事實顯然並非如此。除該書外，當時郭沫若的其它文章也經常出現「最高領袖」的字樣。或許正因為它過於清晰，這部長達十餘萬字的手冊既未收入之後的文集，也沒有收入全集，學界也少有人提及。而從這些史實來看，郭沫若那些「鳴鑼奉告」的文字，也並非完全「言不由衷」，而是特定歷史環境中的產物。

因此，即便我們不將郭沫若坐實為國民黨左派，從他抗戰初期的立場和言論來看，他的文藝觀也顯示了左翼知識分子在國民政府「抗戰建國」意識形態框架之內，對於文藝如何動員民眾這一問題探索的深度及其獨特性。現代戰爭對民眾精神與意志的倚重與強調，以及國民政府所發動的國民精神總動員，都為郭沫若的詩人氣質提供了用武之地，其「由情以達意」的動員模式，也再次體現了浪漫派的情感政治學。而他與延安文藝之間的相似性，則提醒我們，在考察四十年代文藝政策的形成時，除了黨派差異的問題，更需要看到二者間的共性，如他們共處的戰爭語境，現代總體戰對人的思維、對文學觀念和形式的影響，乃至對戰後政治形態的影響等，都是值得進一步探討的問題。

第三節　政治修辭術（上）：演說及其儀式

> 表達方式的轉變
>
> 新文化的傳統
>
> 如何學習演說
>
> 儀式與演說的外部修辭
>
> 儀式的政治修辭

演說是郭沫若戰時重要的表達方式，這一兼具政治實踐與話語實踐的表達，為我們考察郭沫若如何出入文學與政治提供了一個最佳的中介。演說本來就是一種修辭術，本文將重點探討演說這一帶儀式性的話語形式，如何成

〔註181〕郭沫若：《戰時宣傳工作》，第5頁，武漢：青年書店，1938年。按，該書的發行量非常大，先是1938年7月由政治部印發，後由中央陸軍軍官學校也大量印發，首印為10000冊，而青年書店至1940年1月，已經是第三版。

爲政治統治的修辭。本文主要從以下兩個方面展開：一是從歷史的脈絡，考察郭沫若如何習得演說術，這種修辭方式與新文化傳統有何內在關聯；其次，郭沫若抗戰初期的演說很少是孤立的行爲，往往是政治文化活動的組成部分，是政治儀式的一環，同時，郭沫若也不僅是被邀請的演說者，也是組織者，作爲政治部第三廳廳長，他組織了一系列大型的政治、文化活動，如「七七」紀念周的慶典等。演說和節慶的儀式性，不只是個人表達的修辭，更是國家統治的修辭。那麼，作爲個人表達方式的演說及其儀式，與國家的組織形式有何內在聯繫，對抗戰意識形態的建構又發揮了何種作用，這是我們要探討的問題。

一、表達方式的轉變

初回上海的郭沫若，因一時去向不明，未免感到彷徨無定。在《回到上海》一文中，他寫了女友黃定慧（穆蘭）送他一支黑色派克筆的小事。因他逃歸的匆忙，將他常用的筆落在了日本，這倒與他「投筆」的心願頗爲一致，但朋友的厚意卻把「自己一切的奢望都打消了」，「自己是決心和筆斷絕關係的，然而一回國便有女友送筆」〔註 182〕。這個雙關的說法，表達了他初期報國無門的苦悶。郭沫若不免過慮，不到半月，「八・一三」抗戰爆發，時移世易，即便他想繼續寫作研究恐怕也不可能了。

在加入全民抗戰之後，他的表達方式也隨之發生了變化。除了前文提及的經常奔赴前線勞軍，擔任政治部第三廳廳長等職務以外，無論作爲政府官員還是文化名人，他都需要出席公眾活動，作大量的發言和演說。筆者根據《郭沫若年譜》作了一個不完全的統計〔註 183〕，僅時間、地點和主題都明確的演講記錄，抗戰期間就約達 195 次，按演說時間和演說對象的標準，可看出其不同的分佈（見表 1－1）：

表 1－1

年份＼對象	文化團體	社會團體	電臺廣播	學生團體	合　計
1937.7〜12	6	5	2	3	16
1938	9	29	6	5	59

〔註 182〕郭沫若：《回到上海》，《歸去來》，上海：北新書局，1946 年，第 166 頁。
〔註 183〕龔濟民 方仁念：《郭沫若年譜》，天津：天津人民出版社，1992 年。

年份＼對象	文化團體	社會團體	電臺廣播	學生團體	合　計
1939	5	11	1	5	22
1940	12	7	3	1	23
1941	13	4	3	2	22
1942	7	4	0	2	13
1943	9	2	1	0	12
1944	7	2	0	1	10
1945	11	14	1	2	28
合計	79	78	17	21	195

　　這裡統計的僅是公眾演說，普通聚會無算。從時間分佈上看，演說主要集中於 1937 至 1941 年間，1945 年後又漸漸多起來。1942 至 1944 年間演說較少，主要原因是他轉向了話劇活動和學術研究，外部原因則是國民政府對左翼知識分子活動的限制，如出臺明文規定限制演說等。從演說內容或對象來看，針對公眾的演說與針對文化團體的演說也呈現此消彼長的現象，公眾演說次數在他擔任第三廳廳長期間達到最大值，皖南事變之後則陷入低谷，尤其是 1940 年他轉任文化工作委員會主任後，因主持文化工作，演說內容隨之轉向學術和文化領域。直到民主運動期間，公眾演說次數才再度增加。這也大致可看出他戰時在文化與政治之間的擺動。而不同領域之間的轉換，也為他規避國民黨對左翼知識分子的不利政策提供了條件。從總體上看，在抗戰初期，演說對於郭沫若來說，已成為一項極為重要的表達方式。這不僅體現在演說這一行為，還在於演講稿的記錄、發表與傳播等衍生環節中。

　　從寫作的文類來看，除了《甘願做炮灰》這個獨幕劇，以及往來前線的一些報告文學外，抗戰初期的郭沫若基本上沒有其它文學作品，他恢覆文學創作是從第三廳退出，於 1940 年 10 月底改任文化工作委員會主任委員之後。1941 年他曾在香港出版文集《羽書集》，在該書的《序》中，他表示對於學術研究的荒廢「並不引以為憾」，並解釋放棄學術研究與文學創作，是鑒於「在目前這樣天翻地覆的大時代，即使有更適當的環境讓我從事研究，我也不會有那樣靜謐的心境」；而對於朋友的質問，「四年來為什麼少寫文藝上的東西」這個問題，他的看法是「在大動蕩的驚濤惡浪中固定在一座珊瑚礁上了，不

要說沒有工夫寫，甚至沒有工夫看」〔註184〕。不過，他也表示如果假以時日，在學術和文學方面「總能有至少使得自己較爲滿足的成績出現」〔註185〕。可見，1941 年《羽書集》的出版是郭沫若再次轉型的一個症候。但即便在爲重新出場預熱的文集中，他也收錄了至少 10 篇演講稿。

文集中收錄演講稿表明了作者對演講內容的珍視。但對於演講來說，更爲重要的是現場效果，對此最有發言權的是觀眾。從場面來看，因爲郭沫若既是革命家，又是詩人，顯然極具吸引力，因此場面往往頗爲壯觀。時在中央大學就讀的徐中玉，就曾領略郭沫若在該校演說的盛況：「特別熱烈的是郭沫若來那一次。大飯廳裏裏外外全擠滿了人，不少老師也來參加了。」演說效果也值得一書：「郭又是詩人，講得激昂慷慨，熱情奔放，在師生中造成了很大影響，震動了整個沙磁文化區」〔註186〕，附近高校也多有慕名前來者。從當時報刊的記載來看，郭沫若的演說現場也往往是被「熱烈的掌聲鼓舞著」〔註187〕，或是「郭氏講詞每至精彩處，均博得熱烈掌聲」〔註188〕。而對於演說者的表演技術，親聆者也多有繪聲繪色的描述，如羅嵐所見，郭沫若在長沙文化界爲之舉行的歡迎會上的即興答詞：

> 郭先生的氣概，正像他的詩一樣，非常豪邁。講話的聲音很大，也很有節奏，也正像他的詩一樣有節奏。一種略帶四川音調的語音飛散著，熱情而中肯的愛國情緒，扣緊了各人的心弦。有時，當他的右手臂用力地舉起時，像衝鋒的號聲殺進一群戰士的耳朵似的，立刻會使各人的筋肉緊張起來。〔註189〕

這雖然不是正式的演說，但絲毫不影響郭沫若在興致高的時候「手舞足蹈」，演說之於郭沫若，不僅是一種表達方式，更是一場表演。他不僅將詩的節律融入到演說之中，對聽眾的心理也有準確的把握。郭沫若的演說大多是爲了

〔註184〕郭沫若：《羽書集·序》，香港：孟夏書店，1941 年。
〔註185〕郭沫若：《羽書集·序》。
〔註186〕徐中玉：《郭沫若到重慶中央大學演講》，華道一主編：《海上春秋》，第 43 頁，上海：上海書店出版社，1992 年。
〔註187〕郭沫若：《在文藝界抗敵協會第一屆年會上講話》，《抗戰文藝》，第 38 期。轉引自曾健戎編：《郭沫若在重慶》，西寧：青海人民出版社，1982 年，第 264 頁。
〔註188〕《應中華職業教育社與青年會之請講演「汪精衛投降論調的批判」》，《新蜀報》，1939 年 4 月 23 日。
〔註189〕羅嵐：《歡迎會上的郭沫若先生》，《抗戰中的郭沫若》丁三編，廣州：戰時出版社，1938 年，第 42～43 頁。

鼓舞抗戰士氣，激揚民氣，尤其是為了動員民眾，因此演說極具煽動性，這在與他相熟稔的陽翰笙、田漢等人筆下，都得到了強調。

二、新文化的傳統

郭沫若的演說主要集中於抗戰初期，演說本身卻非抗戰新象，而是有著自身的傳統。那麼，演說這個新傳統有何特性，郭沫若又是如何習得這一修辭術的呢？演說與現代報刊一樣，是晚清時期的舶來品。在晚清的困局中，開明士紳意識到變法圖存的重要性，朝廷則以「民智未開」為由暫緩變法，因此，如何「開啟民智」成為士紳的努力所在。在效法英美，尤其是近鄰日本的情況下，演說、辦報與教育被當作傳播文明的三利器，梁啓超等人對此提倡尤力〔註190〕。這種政治訴求，墊定了演說的重要品格，即不僅有較強的政治性，而且是教化下民的手段。

晚清的演說主要還是作為「社會底層啓蒙」的工具，因此，往往依存於當時傳播新學或新文化的場所，如閱報處、書場、茶館，甚至戲院等地〔註191〕。演說的形態也未固定，既有新式的演說，有僅將說書內容改換為新學的，也有的僅是模擬演說寫文章，如晚清的《演說報》便是如此。演說真正成為一種獨立的傳播方式，與教育制度的變革密切相關〔註192〕，這主要包括留學制度與現代中高等教育機構的設立，尤其是微觀層面的課程設置和教學方式的變化。現代高校的課堂替代了傳統書院，教師的演說替代了傳統的講談，而外籍教員的大量引入和留學生的歸國則加快了這一變革的進程。據郭沫若的回憶，當時他們評價一個學校的高下，便往往以外籍教員有無多寡為標準〔註193〕。課程設置方面，如清華這樣的留美預備學校，更是直接將演說列為必修課程，這大大提高了演說的技術含量。

〔註190〕梁啓超：《飲冰室自由書・傳播文明三利器》，《飲冰室合集》，上海：中華書局，1936年，第1冊。按，據陳平原考證，此說由日人犬養毅最早提出，參考陳平原：《有聲的中國——「演說」與中國現代文章的變革》，《文學評論》，2007年第3期。

〔註191〕參考李孝悌：《清末的下層社會啓蒙運動1901～1911》，臺北：中央研究院近代史研究所專刊，1992年，第97～103頁。

〔註192〕陳平原在《有聲的中國》一文中，對「演說與學堂之關係」有較為詳細的考證，參見陳平原：《有聲的中國——「演說」與中國現代文章的變革》，《文學評論》，2007年第3期。

〔註193〕郭沫若：《初出夔門》，《豕蹄》，上海：不二書店，1936年，第88頁。

　　教育制度的變革培養了新的人才，也孕育了新的政治文化和政治運動方式，這不僅直接影響了晚清政局與社會變遷〔註194〕，也為新文化的傳播提供了條件。而經由新文化運動，演說的範圍從教學及校園推廣到了社會。在「五四」運動等文化社會運動中，演說很快顯示了它在文化社會動員方面的優勢。演說作為一種新的文化形態，也成為新派知識分子的文化象徵，從而深入並影響到了私人生活。如鄒韜奮就曾提及一則較有意思的事，在接受新式教育之後，他本有解除舊式婚約的打算，但因為對方誓不他嫁，鄒韜奮便收回成命答應完婚，唯一的要求卻是在結婚儀式上要發表演說，不僅是新婚夫婦，家長也都要演說。這對維新的鄒韜奮來說自然是手到擒來，但卻苦了他的妻子和丈人，老人家為了演說，事前好幾天都拿著演說詞，「在房裏踱著方步朗誦著，好像小學生似的『實習』了好幾天」，但臨場卻「忘記得乾乾淨淨，勉強說了兩三句答謝的話就坐了下來！」〔註195〕

　　由此可見演說作為新文化的象徵性。如果將晚清新學也視為新文化的一部分，那麼，演說從一開始就與新文化的傳播有內在相關性，不僅具有極強的政治性，而且還具備了作為社會動員的功能，這些經由「五四」、「五卅」等社會事件而得到進一步的強化，已基本內化為演說的固有性格，學術演說雖一直延續，但從此只是作為副線存在。

三、如何學習演說

　　郭沫若習得演說修辭術的過程，大致也經歷了類似的歷史流變。他晚清便入新學，老師多為留日歸國的學生，這使他很早就熟悉了演說這種形式。但因他留學日本期間所學專業為醫學，這反倒使他在海外疏遠了演說，因而沒有機會充分領會演說的竅門，以至於成名之後的他，雖屢被邀請發表演說，卻依舊視之為畏途。如1924年他作為中華學藝社的一員，前往杭州參加該社的年會。年會的一個議程便是開演講會，為了傳播新學，演講內容有物理學家周頌久講「相對論」，聶俊講德國現狀等。但前來聽講者寥寥，主辦方只得將演講會推遲，臨時加上郭沫若講《文藝之社會使命》，並在報刊上大做廣告，情況才有所改觀，「在未到時刻之前，那宏大的講堂裏，

〔註194〕參見桑兵：《晚清學堂學生與社會變遷》第八章，桂林：廣西師範大學出版社，2007年。
〔註195〕鄒韜奮：《二十年來的經歷》，《經歷》，出版社不祥，1937年4月，第122頁。

樓上樓下都被人坐滿了」。但問題是郭沫若的演講卻未能留住觀眾：

> 聽眾在開始的十分鐘光景，都還能夠忍耐，但漸漸地便動搖起
> 來了。自己所向人淋灑著的是那種不明其妙的漿糊，自己也是明白
> 的，心裏在感覺著內疚，聲音怎麼也就提高不起來。聲音不能提高，
> 聽的人也就愈見著急，最後的幾排裏面有擦腳的聲音起來了，接著
> 是有幾個人退場，接著又是十幾個，幾十個，幾百個，沒到三十分
> 鐘的光景，全場的人退了三分之一。〔註196〕

主辦方期待的「大成功」成了「大失敗」，這不能不歸咎於郭沫若太缺乏演說
的技術。演說是西方的傳統，指導演說技巧的方法便是修辭術或修辭學。修
辭與演說在古希臘有著本體的相關性，其最核心的要素是實踐性，是對聽眾
的「說服」，修辭學的創始人柯拉斯（Corax）和梯希亞斯（Tisias）就認為：「修
辭學是個說服的藝匠。」〔註197〕但如果修辭術就是為了說服的話，演說便容
易流於詭辯，柏拉圖因此將修辭學家也驅逐出了理想國。亞里士多德則試圖
糾偏，他在其名著《修辭學》中將修辭術定義為「一種能在任何一個問題上
找出可能的說服方式的功能。」〔註198〕將修辭術的重心從說服轉化為如何說
服，但這實際上與柯拉斯等人的說法並無根本區別，亞里士多德因而不得不
引入倫理的範疇，以演說者的道德和意圖制衡說服的能力和方式。

　　不過，隨著修辭學逐漸學科化，修辭術逐漸成為研究比喻、隱喻等辭格
的學問，說服這一原初含義則逐漸被忽略了〔註199〕。中國學界的修辭學研究
尤其如此，中國雖有源遠流長的說書傳統，但旨在說服的公眾演說卻相對少
見，因而修辭學也幾乎成了文章學的補充，多從內部研究入手探討作者如何
修飾自己的言辭，相對忽略了修辭術的社會性。當然，修飾言辭的目的也是
為了說服，但對象則多為讀者而非聽眾。本文試圖將修辭重新與演講關聯起
來，將其作為一種說服的方式，探討演說以何種獨特形態傳播知識、進行社
會動員和傳播價值理念，這有助於我們進一步理解新文化運動的遺產及其社
會、歷史後果。

　　置身新文化運動之中的郭沫若，很快便無師自通，學會了如何演說。1925

〔註196〕郭沫若：《創造十年續編（六）》，《大晚報》，1937年4月6日，第五版。
〔註197〕尼采：《古修辭學問題》，屠友祥譯，上海：上海人民出版社，2001年，第5
　　　　頁。
〔註198〕亞里士多德：《修辭學》，羅念生譯，北京：三聯書店，1991年，第24頁。
〔註199〕高辛勇：《修辭學與文學閱讀》，北京：北京大學出版社，1997年，第9頁。

年，學藝大學正式開學，作為籌備者之一的郭沫若自然要在開學典禮上發表演講。但這次演說居然非常成功，以至於典禮結束後一位校董稱郭沫若講得最好。之所以能從之前的「大失敗」轉變為這次的「大成功」，郭沫若覺得是經歷「五卅」運動的結果，因為在該運動中他多次演說，逐漸識得演說門徑：

> 我是經過五卅潮滌蕩過來的人，在那高潮期中講演過好些次，不知不覺之間也就把那妙竅懂到了。的確的，你總要目中無人才行。儘管有多少群眾在你面前，他們都是準備著讓你吞的，你只是把他們吞下去就行了。怎樣吞法呢？我告訴你，你的聲音總要宏大，話句總要簡單，道理總要武斷。愈武斷，愈有效果。最好要辦到一句便是一個口號。喊口號的方法你總是知道的吧？那照例是要有宏大的聲音的。但一味的宏大也不行，你總得要有抑揚，而且要先抑而後揚。一句話的表達要這樣，一場演說的表達也要這樣，——再說一次，總要先抑而後揚。在落尾處你把聲音放大，在愈武斷的地方你愈把聲音放大，包管你是要受著熱烈的喝彩的。千切不要貪長，千切不要說理，千切不要先揚後抑，這些都是催人睡眠的東西。

〔註200〕

從社會運動中習得的修辭術，使得郭沫若的社會演說與學術演說不同，這種旨在社會動員的演說，注重演說者的魅力，重在調動觀眾情感，拒絕說理。可見演說借助的也是浪漫派的情感政治學。其實這不乏先例，如浪漫派代表人物卡萊爾的《論英雄與英雄崇拜》，便是一系列的演說，並取得了巨大成功。而郭沫若注重情感而非說理的演說理念，與亞里士多德所歸納的三種說服方式也頗為一致。為了成功說服聽眾，亞里士多德將演說本身提供的證明分為三種：「第一種是由演說者的性格造成的，第二種是由使聽者處於某種心情而造成的，第三種是由演說本身有所證明或似乎有所證明而造成的。」〔註201〕演說者性格引入的是演說者的道德品格，從而對詭辯形成制約，在他看來，具備「見識、美德和好意」的演說者，「必然能使聽眾信服」〔註202〕。至於聽眾的心情，在他看來演說者應根據目的利導觀眾的情緒。這對於郭沫若來說則較為容易，作為一個富有激情的詩人，他的演說從來不乏煽動性。而第三

〔註200〕郭沫若：《創造十年續編（四六）》，《大晚報》，1937年6月23日，第五版。
〔註201〕亞里士多德：《修辭學》，羅念生譯，北京：三聯書店，1991年，第24頁。
〔註202〕亞里士多德：《修辭學》，第70頁。

種則與邏輯性有關，在亞里士多德看來，修辭術也需要遵循邏輯，需要按照三段論進行論證，但也留有餘地，這是考慮到修辭的說服性目的：

> 在打動聽眾的情感的時候，不要使用修辭式推論，那樣一來就會把情感擋回去，或者使修辭式推論等於白說，因為同時發生的運動會互相排斥，結果是相互抵消或彼此削弱。〔註203〕

對聽眾情感的重視，也就為演說者的武斷留下了空間，亞里士多德甚至認為，「誇大法最適用於典禮演說」〔註204〕，因為較之政治演說和訴訟演說，典禮演說是最注重現場效果的。而郭沫若的演說，大多都是具有煽動性的典禮演說，因而往往顯得誇張武斷，但其接受效果卻往往最為理想。這引出的問題是，演說如何處理技巧與真理的問題，這是纏繞古希臘的老問題，亞里士多德寫作《修辭學》便是試圖解決這個分歧。而到了尼采，他甚至認為：「語言是修辭，因為它欲要傳達的僅為意見（doxa），而不是系統知識（episteme）。」〔註205〕這對於我們反思晚近以來知識分子的啟蒙者姿態也有啟發性，演說者多採取居高臨下的宣喻姿態，很少向聽眾論證其方案的可行性，因此，民眾從來就是沉默的，是單方面被動員的對象。而從「五卅」這樣的社會運動習得演說術的郭沫若尤甚，他明知自己的演說是「毫無道理的詭辯」，明知「每一句都說不通」〔註206〕，卻並不妨礙他在臺上盡情表演。問題的複雜性還在於，演說姿態對話語實踐的影響，不僅見於說，也見於寫，新文化人的文章大多難免帶有演說腔。

以戰時郭沫若來說，抗戰初期因為工作的原因，他的演說和文章都以宣傳為主，難免流於空疏；當他從宣傳部門退迴文化領域之後，公開演講的機會隨之減少，但他的文章還是時見演說風。這主要表現在，文章多為應時而作，如青年節、詩人節與魯迅逝世週年紀念等，郭沫若必然要寫文章，這類文章與參加典禮時的演說並無本質區別；另外就是行文多用判斷句和祈使句，文中多用呼語，面向青年讀者時尤其如此。現代有啟蒙情結的知識分子，多以愛護青年自許，郭沫若也不例外，他的大多數文章都以青年為擬想讀者，較為直接的，如《青年化，永遠青年化》《青年喲，人類的春天》《如果我再

〔註203〕亞里士多德：《修辭學》，第208頁。
〔註204〕亞里士多德：《修辭學》，第47頁。
〔註205〕尼采：《古修辭學問題》，屠友祥譯，上海：上海人民出版社，2001年，第20頁。
〔註206〕郭沫若：《創造十年續編（四七）》，《大晚報》，1937年6月24日，第五版。

是青年》《青年‧青年‧青年》等，即便是談論「文化與戰爭」這類問題，青年也是他主要的對話對象；三是他學術文章的論證方式，有時也存在「以意逆志」之嫌，多用時髦詞彙詮釋古人觀點，階級論調且不提，他責難墨學的原因之一便是墨子「反進化」，而論證有時也不免情勝其辭，有武斷之嫌，如將屈原歸入儒家，並認為是陳良的弟子等。可見，演說的修辭術也滲透到了他的治學思維中。需要提及的是，抗戰後期郭沫若的言論受限，他的演說便主要轉向學術方面，這些學術文章在發表前，基本上都先在文化工作委員會演講過，這個發表的過程，也不免影響到他的文體和文風。

四、儀式與演說的外部修辭

以上對演說修辭術的分析，主要還是側重話語實踐方面，即郭沫若從社會運動中習得的演說，具有哪些修辭特徵，而這又如何影響了他的思維、表達和文章寫作等問題。但演說作為發生在公共領域中的社會行為，本身也是一種極為重要的政治文化，甚至是政治參與和社會實踐的直接方式，因此，還需要借助更為宏觀的視野，將其置於現代政治文化的確立過程中，探討郭沫若演說的意識形態內涵。正如論者所指出的，「『修辭』的形式——尤其是具體的『修辭格』本身——可能帶有意識形態的內涵。這並不僅只是說，修辭可以傳達意識形態（如政治家用修辭手段增強其政見的傳播與說服力），而是說修辭的形式本身也會蘊含價值觀念」〔註207〕。不過，與論者將「修辭的形式」具體化為辭格範疇不同，本文試圖還原演說的社會實踐性，引入演說的儀式性這一形式修辭。

所謂形式修辭，是相對於從語言學層面探討辭格的語義修辭而言，指如何利用演說的外在形式達到說服公眾的目的。如前文所引鄒韜奮的事例，他在同意迎娶父母為之聘定的對象時，卻堅持結婚典禮上要發表演說，正是鑒於演說是新文化的儀式，以此作為新文化人的身份象徵；郭沫若對演說的這種外在修辭也有著高度的自覺，而且，儀式在他這裡進一步具體化、程式化了。

1936 年郭沫若曾追記他在武漢政府時期的一則插曲。某次他代替鄧演達，應漢口基督教青年會之邀前去演說。到場之後，卻發現他們請他來演說的目的，並非為了革命，而是為了宣揚宗教。在請郭沫若上臺之前，是漫長

〔註207〕高辛勇：《修辭學與文學閱讀》，北京：北京大學出版社，1997 年，第 3 頁。

的宗教儀式：「讚美歌唱畢後，司會者又開始祈禱。祈禱過後又作開會辭。」
〔註208〕面對這些宗教儀式，郭沫若有種受到侵犯的感覺，因為以革命者自居
的他，是要「反對文化侵略」的，西方的基督教也在反對之列。為了與之抗
衡，他臨時發明了一套「革命的儀式」：

> 我先對聽眾說，「我自己的正式的講演要留在後面，在講演之前
> 還得舉行一次儀式。剛才司會者某先生所行的儀式是基督教的儀
> 式，某先生是基督教徒，自然要行基督教的儀式。但我們是革命軍
> 人，我們革命軍人在講演之前也是有革命的儀式的。這儀式是要先
> 推一個主席，由主席宣佈開會，讀總理遺囑，默哀三分鐘，然後才
> 落到我們的講演。我們現在就先推李鶴齡同志為主席。」〔註209〕

在提出革命的儀式後，「聽眾徑直狂熱化了，鼓掌聲比前兩次的更高更長，就
像始終不肯止息」。而郭沫若根據「滿場充滿著和惠的眼光」判斷：「我知道
聽眾已經完全是我的。」〔註210〕儀式對演說效果的重要性由此可見一斑。而
革命儀式在受到宗教儀式的啟發後出現，也頗有意味，這表明革命與宗教一
樣，都要借助某些非理性的因素。

　　發明革命儀式，雖是郭沫若的神來之筆，卻非郭沫若首創，而是他讀書
期間參加學生活動時，所受到的「政治訓練」。1910年曾發生學生國會請願事
件，活動也波及到了郭沫若時在就學的成都，但成都的學生請願卻鬧哄哄的
全無秩序，頗像一齣鬧劇，直到教師劉子通登臺，告訴大家要請願便需先具
備請願的資格，資格便是學會開會的儀式。劉子通的意見是，「今天的會不是
這樣開的，應該先推舉出一個臨時主席，再來討論本會的進行，產生出本會
的決議」〔註211〕，並具體列舉了會議的議程。這對成都學生的政治參與有莫
大影響，據郭沫若日後回憶，「那樣簡單的一種實地訓練給予了學生以多大的
經驗，多大的秩序，多大的力量呢！至少是在我自己，可是說是有生以來所
接受的第一次的政治訓練」〔註212〕。

　　除流程本身的儀式性之外，演說的儀式性修辭還包括：演說時間的選擇、

〔註208〕郭沫若：《雙簧》，《東方文藝》（創作專號），第1卷第3期，1936年6月25
　　　　日。
〔註209〕郭沫若：《雙簧》。
〔註210〕郭沫若：《雙簧》。
〔註211〕郭沫若：《反正前後》，上海：現代書局，1929年，第86頁。
〔註212〕郭沫若：《反正前後》，上海：現代書局，1929年，第87～88頁。

場地的布置、舞臺的設置和演說的次序等，這些外在的物質形態往往決定著演說的性質和效果。如會議上的演說與廣場演說便不同，尤其是會議演說，發言次序、演說內容、修辭形式都有獨特的講究，這經由政黨政治的運作，發展成了一種獨特的政治文化。革命時代的鄭超麟對此深有體會，「大家對於大會都視爲一種宗教儀式，彷彿進教堂聽牧師宣講或看神甫做彌撒，並不視爲決定革命命運的會議。事實上確是這樣的，眞正的決議是在大會以外做的，大會不過是宣佈和登錄決議的機關罷了」〔註213〕。

因爲郭沫若的無黨派身份，沒有參加黨會的機會，因此，抗戰時期他的演說時間主要是節日、開幕式、歡迎會、動員會、紀念會和各類團體的集會，如抗戰建國週年紀念大會、「九・一八」週年紀念、魯迅逝世週年紀念、「五四」、詩人節及「文協」、「劇協」等團體的成立週年紀念等。演說的場地，主要視活動的規模而定，但在重慶則多假抗戰建國紀念堂作演說，而紀念堂本身也是一種儀式性的建築。

儀式性要求演說要「合時宜」，不是自說自話，要切合更大的主題。抗戰時期最大的主題是抗戰建國，因此郭沫若的演說大多便是作抗日政策的宣傳與社會動員。但隨著抗戰的深入，不同團體在抗戰職責上有所分工，集會的目的不僅是爲鼓舞抗戰的熱情，還在於凸顯團體的主體性，重點便在該團體或某活動的抗戰方式和功能職責上，演說便要照顧主辦方的意旨。如在 1939年的中華全國戲劇界抗敵協會年會上，他便要表彰藝術的進步：「我們的藝術，不但未曾破產，反之卻有了驚人的進步。」〔註214〕在同一個月，他又要在中華全國文藝界抗敵協會成立一週年的紀念大會上，發言期待「紀念碑性的建國史詩之出現」〔註215〕。這雖並不矛盾，但都是看場合說話，如果聯繫到他此時多次批判沈從文的「反差不多」論，以及文壇對抗戰初期口號文學的反思，他的言論也不無自相齟齬處。

1938年可能是郭沫若抗戰期間演說最多的一年，粗略統計便近60場。在處理日常公事之餘要作如此多的演說實非易事，因此，有時演說也難免流於

〔註213〕鄭超麟：《鄭超麟回憶錄》（上），北京：東方出版社，2004年，第252頁。
〔註214〕《郭沫若在中華全國戲劇界抗敵協會年會上致詞》，《新蜀報》，1939年3月23日。
〔註215〕郭沫若：《紀念碑性的抗戰建國史詩之期待——慶祝文藝界抗敵協會週年紀念》，《大公報》（重慶），1939年4月9日。第二版。按，發表演說的時間爲1939年3月27日。

應景，甚至是空洞的口號和盲目的樂觀，演說便只剩下儀式性修辭。這也表明，外在的儀式並非與演說內容無關，如果演說者過於考慮演說的儀式性，那麼，儀式的意義訴求便會侵入演說內部，甚至決定演說的內容。而經受過豐富的政治訓練的郭沫若，對演說也逐漸內行，這一方面讓他從學者、文人轉向政治時顯得極爲從容，但同時，這種內行化也加劇了他的演說腔，導致了演說的儀式化。值得留意的，儀式這一人類學範疇，本身便是在重複的實踐中確立的，雖然重複帶來的是自身意義的損耗，但即便是空洞的儀式，也並非沒有意義。

五、儀式的政治修辭

正如郭沫若的演說，大多數是出現於節日、紀念會等大型場合，演說在現代是極少單獨發生的，大多數情況下，它是政治儀式的一個有機組成部分。反過來說，對於現代政治而言，演說更是必備環節。現代中國也是如此，孫中山就職臨時大總統需要演說，中華民國成立時有總統的演說，抗戰開始有蔣介石的廬山講話，等等。那麼，儀式對於政治究竟有何意義，郭沫若與抗戰時期的國家儀式又有何關聯？

在《抗戰回憶錄》中，郭沫若津津樂道於 1938 年他所策劃的兩次運動，一是政治部第三廳成立時的「抗戰擴大宣傳周」，七天的宣傳每天都有不同的主題，如歌詠日、戲劇日及火炬遊行等，郭沫若基本上每次都有演說，如歌詠日他便以項羽的四面楚歌之困，號召抗戰隊伍來個「四面倭歌」，事後他也覺得這個說法推敲起來或有不妥〔註216〕。這次活動因臺兒莊大捷的消息，取得了空前的成功。第二場運動在郭沫若的回憶中被稱爲「七七」週年紀念，這次慶典因得到蔣介石的支持，也取得了空前的成功。

至於這兩次運動的政治意義，在郭沫若日後的回憶中，更多地被描述爲對當局「消極抗日」的反抗，似乎它針對的與其說是日本侵略者，還不如說是國民政府。紀念大會發動了武漢三鎮的群眾，這種盛大的群眾場面在他看來是「民氣」的象徵，是人民想衝破國民政府統治的意志：「武漢三鎮的確是復活了！誰能說人民是死了呢？誰能說鐵血的鎮壓可以使人民永遠窒息呢？那是有絕對彈性的氣球，只要壓力一鬆，它不僅立刻恢復了原狀，而且超過

〔註216〕郭沫若：《宣傳周──〈抗戰回憶錄〉之五章·三「四面倭歌」》，《華商報·茶亭》，1948 年 9 月 24 日，第二版。

了原狀。」〔註217〕「七七」紀念周的意義更顯著，在他看來甚至超過了同期舉行的首屆國民參政會，紀念會上的獻金活動也比參政會更適合表達民意。時任郭沫若秘書的陽翰笙也作如是觀，不過他的解釋也更爲黨化。對於「七七」紀念周等活動，陽翰笙就認爲：「必須指出的是，以上每一件大事都是在衝破國民黨頑固派的限制和破壞的鬥爭中進行的；也幾乎每一件事的成功都招致蔣頑黨徒們的忌恨、掠奪和迫害。」〔註218〕並且認定這些活動是在中共南方局的領導下進行的。然而，事實並非如此。

從國民政府的角度著眼，這兩次活動的意義並不平凡。第一次的「抗戰擴大宣傳周」是政治部成立後，在陳誠授意下的一次自我宣傳，既有政績的考慮，也是國民政府戰時機構革新的嘗試〔註219〕。第二次的「七七」紀念周就更爲複雜，實際上它是國民黨確立抗戰意識形態的重要活動，其運作過程遠比郭沫若的敘述複雜。國民黨向來重視政治儀式，除了現代政治運行的各種會議和活動外，還採取確立節日、建立紀念碑、修建紀念堂和禮堂等方式，建構國家、國民和黨國等觀念。因此，節慶儀式是國民黨確立其黨統、政府確立政統的文化工程。如孫中山去世後，國民黨便舉行了盛大的葬禮，建造紀念堂和陵園〔註220〕，並確立了孫中山誕辰紀念、逝世週年紀念日、廣州蒙難紀念日、總理第一次起義紀念日、倫敦蒙難紀念等多個節日，此外，還有總理紀念周這種日常化的儀式，對此史學界也有較多的關注〔註221〕。正因國民黨如此重視節慶，抗戰時期爲了鼓舞民情，宣傳抗戰，確立黨國的抗戰意識形態，專門爲抗戰確立節日也是順理成章的事，「七七」週年紀念便是其中的重要組成部分。

「七七」週年紀念，官方稱爲「抗戰建國紀念日」，該年三月國民黨臨時國大制定了《抗戰建國綱領》，作爲戰時的意識形態總綱，這次紀念會可說是

〔註217〕郭沫若：《宣傳周——〈抗戰回憶錄〉之五章·二洪鈞運轉》，《華商報·茶亭》，1948 年 9 月 23 日，第二版。

〔註218〕陽翰笙：《第三廳——國統區抗日民族統一戰線的一個戰鬥堡壘〔二〕》，《新文學史料》，1981 年第 1 期。

〔註219〕對此問題的相關考論，可參考蔡震：《從文獻史料看郭沫若主政三廳始末》，《新文學史料》，2012 年第 3 期。

〔註220〕按，2013 年 11 月 29 日，德國海德堡大學教授瓦格納（G. Wagner）曾在北京大學作過題爲《制度：中山紀念堂》的演講，對中山紀念堂、中山陵等紀念建築作了意識形態分析，對筆者也有一定的啓發。

〔註221〕參考郭輝：《民國國家儀式研究》，華中師範大學博士學位論文，2012 年。

對該政策的一次全國範圍的宣傳。抗戰期間，國民黨中宣部、中央社、衛戍司令部及政治部有一個聯席宣傳會，每周定期舉行，交換情報，制定下一周的宣傳大綱。「七七」週年紀念便是在 1938 年 6 月中旬提上日程，具體則由政治部第三廳負責，郭沫若擬定具體計劃。計劃制定以後交政治部，由部長陳誠審核後交蔣介石，第二天便得到批示：「全部照計劃進行」。

因此，「七七」週年這個儀式化的紀念活動，是郭沫若與主流意識形態合謀的結果。如此，值得進一步追問的或許是，國家機器為何對儀式如此感興趣，儀式對於政治有何意義，而郭沫若為何對儀式也如此癡迷。儀式本來是一個人類學範疇，主要是指巫術和宗教中的祭祀過程，政教分離之後，政治便逐漸理性化，脫離了儀式色彩。如傳統中國就認為：「國之大事，在祀與戎。」〔註 222〕但辛亥革命之後，祭祀活動也逐漸從官方剝離，這從袁世凱祭孔遭到知識分子的批判可以看出。不過，當人們看到政治與宗教分離時，卻忽視了政治自身的宗教化。對此，子安宣邦曾指出：

> 近代國家在擁有能夠作為國權行使而進行對外戰爭這種主權性的同時，也被要求擁有「成為以國民能夠為國家進行戰爭為目的的國家」這種理念性。這是近代國家作為擁有自身神聖性的國家而成立的緣由。……直截了當地說，近代國家是作為能夠進行對外進行戰爭。國民能夠為國家而死的國家而成立的。而且，為國家而死的人是被國家作為保證國家永存的基礎而祭祀的。〔註 223〕

國家不僅是一個統治機器，而且還是國民為之犧牲的終極目的，從統治方式到目的的轉化，使它自身逐漸宗教化了。而與郭沫若差不多同時期的卡西爾，在二戰期間對此就曾有過尖銳的批判：「在當代政治思想的發展中，也許最重要的、最令人驚恐的特徵就是新的權力——神話思想的權力的出現。」〔註 224〕在他看來，現代的政治家已經把原始時代的巫士（homo magus）與理性時代的手藝人（homo faber）這兩種完全不同的角色和功能融為一體：

> 他（指現代政治家——引者按）不得不同時既以巫士又以手藝人的身份去行動。他是一種完全非理性的和神秘的新宗教的牧師，但他在保衛和宣傳這種宗教的時候，又進行得有條不紊。他並不寄

〔註 222〕楊伯峻編著：《春秋左傳注》，第 2 冊，北京：中華書局，2009 年，第 861 頁。

〔註 223〕子安宣邦：《國家與祭祀》，董炳月譯，北京：三聯書店，2007 年，第 18 頁。

〔註 224〕恩斯特‧卡西爾：《國家的神話》，范進等譯，北京：華夏出版社，1990 年，第 3 頁。

　　　　希望於機遇，每一步都作過很好的準備和籌劃。正是這種奇怪的結
　　　合成了我們政治神話的一個最爲鮮明的特徵。〔註225〕

子安宣邦與卡西爾對政治神學的研究，都是立足於二戰的後果所作出的，對
我們研究抗戰時期的中國現實問題不無針對性。他們所指出的政治的自我宗
教化過程，在現代中國也正在逐步完善，而抗戰這個「例外狀態」無疑又爲
政治集權化提供了最佳時機。按照施密特所說，「例外狀態」或「緊急狀態」
是相對於常態而言，是指「一種極端危險的情況，威脅到國家的存亡，或諸
如此類的情況」〔註226〕，戰爭從客觀上屬於此例。但在傳統的獨裁制國家，
是否宣佈進入緊急狀態與採取何種措施，是統治者的權力，而現代議會國家
則對此形成了有效的制約。因爲爲常規狀態而設的法律不適用於例外狀態，
但國家依然存在，因此施密特引入主權的概念，認爲「主權就是決定非常狀
態」〔註227〕，由此，施密特便以國家的名義爲新式獨裁賦予了合法性。而處
於訓政時期的國民黨也採取了這種做法，1938 年 3 月臨時國大便通過決議實
施總裁制，蔣介石之集軍權與黨權於一身的做法至此變得合法，「一個政府，
一個主義，一個領袖」成爲戰時國民政府的宣傳口號。這種領袖崇拜，正是
政治宗教化的外觀。

　　但與制度、法令等相互配合，卻又極爲隱蔽的方式則是政治文化，尤其
是政治儀式的實施。而這方面，作爲一介書生的郭沫若，不僅不是旁觀者，
還是一個推動者和組織者。除了英雄崇拜以外，浪漫主義者似乎對宏大的群
眾場面也特別迷戀，正如哈特曼（G. Hartman）所指出的，浪漫派對神話、宗
教和集體無意識有種天然的迷戀，因此帶有「反自我」的意識〔註228〕。郭沫
若正是如此，他不僅熱衷於對群眾發表演說，同時也熱衷於「製作」大規模
的群眾集會。

　　按照郭沫若的回憶，他爲「七七」週年紀念活動所做的計劃是：「規定『七
七』爲抗戰紀念日，通令全國普遍開會紀念，舉行陣亡將士紀念碑奠基典禮，

〔註225〕恩斯特・卡西爾：《國家的神話》，第 331 頁。

〔註226〕施密特：《政治的概念》，劉宗坤等 譯，上海：上海人民出版社，2004 年，
　　　　第 6 頁。

〔註227〕施密特：《政治的概念》，第 1 頁。

〔註228〕G. H. Hartman, Romanticism and 「*Anti-self-consciousness*」, Harold Blood, ed.,
　　　　Romanticism and Consciousness: Essays in Criticism, New York: W. W. Norton
　　　　& Co., 1970, P49～51.

正午十二時全國默哀三分鐘，頒發告人民書，告前線將士書，告國際書，進行徵募寒衣，藥品，獻金等計劃。擴大慰勞運動，慰勞前線，慰勞後方，慰勞傷兵，慰勞征屬，等等。」〔註229〕這與當時的報刊所報導的並無多大出入〔註230〕。從郭沫若的規劃中，可見他對儀式性慶典極為內行。該活動主要由第三廳主持，故於6月27日成立的籌備會上，由第三廳的主任秘書陽翰笙任籌備會主席，時在三廳供職的洪深和張志讓也是籌備會成員〔註231〕。事實上，紀念大會從7月6日晚便全面展開，《大公報》和《申報》均有詳細報導，而《申報》較為簡潔：

> 昨為「七七」抗戰建國週年紀念日前夕，武陽漢三鎮各界民眾，特提前昨晚六時分別召開紀念大會，並在漢口中山公園，舉行向蔣委員長獻旗典禮，參加民眾約在二萬以上，各機關均紮高大素彩牌樓，各商店鋪戶，學校門首，亦多懸掛彩燈，紀念會後，分別舉行火炬大遊行，經過各街道時，市民夾道圍觀，人山人海，並鼓掌高呼擁護最高領袖，力促抗戰建國成功及打倒日本帝國主義等口號，當各團體齊唱救亡進行曲時，市民亦均隨唱，實為武漢空前未有之熱烈現象，直至一時半，行列抵民權路總理遺像前方告散會。〔註232〕

《大公報》則詳細報導了「儀式極為隆重」的獻旗典禮。它先描述廣場上的主席臺「是大海中的燈塔，成了人們的目標，大家集向那個莊嚴的臺前」，主席臺上的橫幅是「武漢各界抗戰建國紀念週年大會」。大會主席講話之後，獻旗儀式開始：「張一麐代表全國民眾向蔣委員長獻旗，由陳調元代表接受。『民族領袖』四個青色大字配著藍底紅邊，它閃著光、它訴說出全國人民擁護抗日領袖的熱情和期望。華僑抗敵動員總會代表黃民魂也獻了一面旗：『抗戰建國，民族復興』」〔註233〕。幾乎每一個細節都滲透著政治的符碼，整個活動可以說是一套極為完善的政治修辭。

〔註229〕郭沫若：《保衛大武漢——〈抗戰回憶錄〉之七章・一計劃「七七紀念」》，《華商報・茶亭》，1948年10月4日，第二版。
〔註230〕《七七抗戰建國紀念》，《大公報》（漢口），1938年6月26日，第三版。
〔註231〕《抗戰週年紀念籌備會昨成立》，《大公報》（漢口），1938年6月28日，第三版。
〔註232〕《抗戰週年前夕舉行紀念大會》，《申報》（漢口），1938年7月7日，第一版。
〔註233〕《三鎮昨夕紀念大會向蔣委員長獻旗 火炬遊行情況熱烈》，《大公報》，1938年7月7日，第二版。

同時，其它活動也隨之展開，這包括蔣委員長向各界發布公告和電文，舉行公祭〔註234〕，基督教會的祈禱，國民黨中宣部和政治部等聯合編輯《抗戰週年紀念冊》等。儀式還深入到了普通民眾的生活：「通令全國於七月七日停止一切娛樂，全體國民一律素食一日。」〔註235〕而持續時間最長、影響最大的則是郭沫若一再堅持的獻金活動，《大公報》對該活動也極為支持，從籌備到結束，不僅作詳細的跟蹤報導，而且作了大力宣傳和號召。該活動不僅動員了各民眾團體，連同期的參政會也臨時動議獻金，參政員短時內獻金達兩萬元〔註236〕，因市民的踴躍參加，該活動比計劃延長了兩日，最終收穫超過百萬〔註237〕。

故事還未結束，在第三廳具體籌備紀念周的過程中，政府機構則將這一紀念活動常規化了。經國民黨中宣部提議，得國民黨中央執行委員會常務委員會第83次會議通過：「定七月七日為抗戰建國紀念日」，成為了「國定紀念日」，列入了曆書〔註238〕。郭沫若所提議，並遵蔣介石之囑而寫的「三書」——《告全國軍民書》《告世界友邦書》《告日本國民書》，也成為此後歷次紀念日的必備環節，內化為政治文化的一個部分。

可見，「七七」週年紀念是一次儀式的大集會，這也確實如郭沫若所說喚起了武漢的民氣，宣傳了政府抗戰救國的政治綱領，但同時也極大地提高了蔣介石的個人威望。而被史學家和郭沫若研究界所忽略的是，在這整個活動的規劃和運作中，郭沫若都功莫大焉。節慶儀式和郭沫若的浪漫情懷，為國家機器的運轉提供了潤滑劑，對蔣介石戰時的集權，以及「抗戰建國」意識形態的深入宣傳與推廣，都有不可忽視的作用。但是，郭沫若之詩人政治家的特殊身份，也為他叛離這種國家的神話提供了可能。

〔註234〕《蔣委員長公祭國殤》，《大公報》（漢口），1938年7月9日，第二版。
〔註235〕《七七抗戰建國紀念》，《大公報》（漢口），1938年6月26日。
〔註236〕《參政員獻金共約二萬元》，《申報》（漢口），1938年7月8日，第一版。
〔註237〕《現金運動圓滿結束》，《大公報》（漢口），1938年7月12日，第三版。
〔註238〕中國第二歷史檔案館編：《中國國民黨中央執行委員會常務委員會會議錄》，
　　　　第23冊，桂林：廣西師範大學出版社，2000年，第116頁。

第二章　詩詞唱和與士大夫情懷

　　從某種意義上說，郭沫若是以詩詞唱和的方式開始他的抗戰生涯的。1937
年 7 月 24 日郭沫若從日本神戶登船歸國，也就在這天，預想著兩日後回到上
海的情景，他寫下了一首七律：

> 又當投筆請纓時，別婦拋雛斷藕絲。
>
> 去國十年餘淚血，登舟三宿見旌旗。
>
> 欣將殘骨埋諸夏，哭吐精誠賦此詩。
>
> 四萬萬人齊蹈厲，同心同德一戎衣。

〔註1〕

該詩是次韻唱和之作，和的是魯迅《慣於長夜過春時》韻〔註2〕。在郭沫若看
來，魯迅「原詩大有唐人風韻，哀切動人，可稱絕唱」，而他的和作「是不成
氣候的，名實相符的效顰而已。但寫的時候，自己確有一片真誠，因此工拙
也就在所不計了」〔註3〕。

　　這首詩後來流傳頗廣。在 8 月 2 日由中國文藝協會上海本會與上海文化
界救亡協會聯合組織的歡迎會上，潘公展代表國民政府致歡迎辭後，郭沫若
曾「揮淚」賦此詩，《申報》不僅對歡迎會作了詳細報導，也附載了此詩〔註4〕；

〔註 1〕　郭沫若：《由日本回來了》，《宇宙風》，第 47 期增大號，1937 年 8 月 16 日。

〔註 2〕　魯迅原詩為：「慣於長夜過春時，挈婦將雛鬢有絲。夢裏依稀慈母淚，城頭變
　　　　　幻大王旗。忍看朋輩成新鬼，怒向刀叢覓小詩。吟罷低眉無寫處，月光如水
　　　　　照緇衣」（魯迅：《為了忘卻的紀念》，《現代》第 2 卷第 6 期，1933 年 4 月 1
　　　　　日）。

〔註 3〕　郭沫若：《由日本回來了》，《宇宙風》，第 47 期增大號，1937 年 8 月 16 日。

〔註 4〕　《兩文化團體昨聯合歡宴郭沫若》，《申報》，1937 年 8 月 3 日，第 11 版。

文學刊物如《宇宙風》等則直接刊載了郭沫若該詩的手跡，而在友朋徵求墨寶時，他也多次題寫此詩〔註5〕。除了媒體發表、為友朋題字與朗誦之外，這首本為唱和之作的詩，也引起了士林注意，並出現了新的唱和之作，如張元濟便步原韻寫有和詩：「報國男兒肯後時，手揮慧劍斬情絲。孤懷猛擊中流楫，遠志徐搴旭日旗。甘冒網羅寧結舌，遍規袍澤更陳詩。慚余亦學深宵舞，起視星河淚滿衣」。詩末有小注「昨夜聞空中戰，不能成寐」〔註6〕。除張元濟外，沈尹默、陳布雷、孫陵等人也有和作。

對於戰時的舊詩寫作來說，這僅僅是冰山一角。所謂「國家不幸詩家幸」，抗戰之際，國家的危亡也激發了詩人的詩興，無論是流徙途中的見聞，還是創作史詩的衝動，都為舊體詩詞的復興提供了契機和條件。舊式詩詞創作一時也的確蔚為大觀，如章士釗「入蜀兩年成詩約四千首」〔註7〕，平均每天便要寫五六首，而柳亞子有時候一天能寫十多首；除了寫作外，士林的宴集修禊、唱和酬答也呈中興之勢。

舊體詩詞的復興，郭沫若——這個激進的新文人，與有「功」焉。抗戰時期，尤其是重慶時期，當政治工作從忙碌趨向賦閒之後，他與士林間的交遊也漸多。與革命耆老、士林宿將，以及新文人之間，均多有詩詞唱和，因而留下了大量的古典詩詞。而他新詩的創作，無論是質還是量都頗為有限，以至於文學青年一度對他頗為不滿，認為郭老向舊詩投降了〔註8〕。那麼，對於郭沫若來說，首先要追問的便是，一向激進的他為何選擇了古典詩詞，詩詞唱和這種交流形式，對他有何特殊意義？或者說，詩詞唱和作為一種交流方式和文化模式，對於郭沫若的文化政治實踐，以及對於我們理解抗戰時期的郭沫若來說，提供了哪些新的視角？

另外，此時寫作古典詩詞的新文人並不止郭沫若，其它創作較豐的有田漢、郁達夫、朱自清、葉聖陶、老舍等，創作之盛堪稱一道獨特的文學或文化風景。更有意味的是，詩詞唱和成為舊詩詞寫作的動力之一，此時不僅舊派士人之間多有詩詞酬唱，新舊文人之間、新文化人之間也多有詩詞往來，如朱自清與葉聖陶、郭沫若與田漢、郭沫若與老舍之間，都迭有唱和。之所

〔註5〕 夏衍：《懶尋舊夢錄》，北京：三聯書店，1985年，第379頁。

〔註6〕 張元濟：《和郭沫若〈歸國書懷〉步原韻》，《張元濟全集》，第4卷，北京：商務印書館，2008年，第69頁。

〔註7〕 章士釗：《近詩廢疾》，《文史雜誌》，1941年第5期（1941年6月11日）。

〔註8〕 臧克家：《新詩舊詩我都愛》，《文藝報》，1962年第5～6期。

以出現這種情況，究竟是新文學在表達方面的某種普遍性的不足，還是這代人的特殊境遇所致？因此，對於郭沫若詩詞唱和的研究，也有助於我們反觀新文學在抗戰時期地位和功能的變化。

　　要探討這些問題，我們需要先進入戰時的文化語境。就郭沫若所在的戰時陪都重慶來看，當時這是一個文化人集聚的地方，如果從文化歸屬做一個粗略的分類，這裡既有大量的新文人，如郭沫若及其領導的第三廳，中華文藝界抗敵協會的總部也設在這裡；此外，還有大量舊派文人，這主要以清遺民和革命耆老為主，清遺民除了避難而來者，更多的則是蜀中老名士，如著名的「五老七賢」，他們雖多寓居成都，且抗戰時期大多已謝世，但他們所形成的保守風氣，以及他們的弟子輩也不容忽視；革命耆老則是清末倡議革命的開明士紳，如老同盟會成員，此時大都是國民黨元老，或是社會名流，雖不必有具體職務，其言議對士林、社會、政界都有影響，如張瀾、沈鈞儒、柳亞子、章士釗等均是如此，而南社的大部分成員此時也多避居重慶，亦可歸入此類。而政界和軍界顯要如馮玉祥、于右任、孫科等人出於不同目的，也發揚傳統養士之風，為流寓重慶的部分新舊文人提供了庇護。

　　無論是位居西南的地緣，還是抗戰時期特殊的時代氛圍，都使蜀中成為一個文化相對保守的地方。而湧入重慶的大批新文化人，如何因應這種新的文化環境，也是擺在他們面前的一個現實問題。但在既有的文學史敘述中，這基本上不成為一個問題，不僅古代文學史管不著，絕大部分新文學史更是直接忽略其存在，即便是對新文人的古典詩詞創作也多視而不見〔註 9〕。那麼，本文首先要著手的，便是以郭沫若為中心，重新繪製一份文壇指掌圖，首先通過描述他與重慶新舊文壇之間的多重關係，探討他多元身份背後文化、政治的複雜性，以及由此顯示出來的「新舊蛻嬗」之際的時代症候性。

〔註 9〕較早反思這一問題的新文學研究者有吳曉東，其在 1995 年發表的《建立多元化的文學史觀》一文中，對單一的「現代性」史觀作了反思，主張將「現代」看作一個中性的時間概念，「舊體詩詞」應該被納入文學史的研究視野（見吳曉東：《建立多元化的文學史觀》，《中國現代文學研究叢刊》，1996 年 01 期）。這種主張旋即遭到王富仁的反對，他從中國現代文學的學科，以及為維護「五四」新文化傳統的角度，策略性地提出，「不同意把它們寫入中國現代文學史，不同意給它們與現代白話文學同等的地位」（王富仁：《當前中國現代文學研究中的若干問題》，《中國現代文學研究叢刊》，1996 年 02 期）。新世紀以來，對將舊體詩詞納入現代文學研究框架的做法，雖依舊不乏反對之聲，但學界對現代的舊體詩詞關注還是逐漸增多。

　　「新舊蛻嬗」借用的是陳寅恪的說法。他在研究元稹（微之）的《鶯鶯傳》時，曾嘗試從文體與社會風氣互證的角度，探討其社會身份、文化身份與寫作文體之間的多重關聯，並從當時文化道德的更替提出了「新舊蛻嬗」概念，相對政權更迭的「易代之際」，這在研究抗戰文學尤其是國統區文學時似乎更爲妥帖。而「新舊蛻嬗」的文化意識之所以重要，是因爲它對士大夫的言行，乃至身份意識都直接構成了威脅，正如陳寅恪所說：

> 凡士大夫階級之轉移升降，往往與道德標準及社會風習之變遷有關，當其新舊蛻嬗之間際，常呈一紛紜綜錯之情態，即新道德標準與舊道德標準，新社會風習與舊社會風習並存雜用。各是其是，而互非其所非也。斯誠亦事實之無可如何者。雖然，值此道德標準社會風習紛亂變易之時，此轉移升降之士大夫階級之人，有賢不肖拙巧之分別，而其賢者拙者，常感受苦痛，終於消滅而後已。其不肖者巧者，則多享受歡樂，往往富貴榮顯，身泰名遂。其何故也？由於善利用或不善利用此兩種以上不同之標準及習俗，以應付此環境而已。〔註10〕

文化變遷不再是虛幻的風氣流變，而是關係著士大夫的安身立命問題，因此不可小覷。抗戰時期的文化變遷與陳寅恪所描述的相反，恰好是一個保守主義再度回潮的過程，遭遇挑戰的反而是新文化人，但文化型態和價值理念的「紛紜綜錯」則是一樣。新文化人所遇到的挑戰不僅在於文化與身份意識方面，也在於表達層面，即如何表達興亡感這一與舊文學形式同構的文化心理（興亡感本身便是由舊詩詞生產並不斷累積的情感結構）。因而，本文除從文化社會學的角度考察郭沫若的新舊意識之外，也試圖從文學史的角度，打破新文學史敘述的單一線索，呈現抗戰時期重慶文壇舊派文士的流風餘韻。

第一節　書拓與詩詞唱和

漢磚拓片與郭汪唱和
唱和的社會交際功能
沈郭交遊中的詩書畫
聲韻共同體

〔註10〕陳寅恪：《元白詩箋證稿》，上海：上海古籍出版社，1978年，第82頁。

　　1959 年由作家出版社出版的《潮汐集》，收錄了郭沫若三百餘首舊體詩詞。這些詩詞都寫於抗戰時期，其中絕大部分是題贈唱和之作，這包括他與朱德、葉劍英、董必武等中共軍政高層，與柳亞子、沈衡山等革命士紳之間的唱和，以及他為政治部第三廳職員、戲劇演員等下屬或友朋的題贈之作。無論就數量還是酬和對象而言，都表明詩詞唱和對於戰時郭沫若的重要性，同時，這種呈現方式，也不排除 1959 年意識形態的有色眼鏡，使他對自己的作品進行了必要的篩選和修改，如他所和的朱德詩「群峰筆立太行頭」韻，原有七首〔註11〕，《潮汐集》則改為四首。除了這種曾經發表過的詩作以外，舊體詩詞因其寫作與傳播的私人性，使我們很難窺得原貌，因此難以估量意識形態因素在他建國後的刪選中究竟發揮了多大的作用。

　　如此，郭沫若戰時的拓片題詩、題畫詩、書法作品等顯得尤為重要。這些私人藏品，因無意於公眾流通，也非向公眾表明姿態之作，故部分地保留了詩詞的原初面貌，為我們探討戰時郭沫若的詩詞唱和與文人交遊，提供了彌足珍貴的原始資料，使我們可以部分地還原郭沫若及重慶文人的日常文化生活，重新繪製他與士林的交往圖譜。其次，對於郭沫若而言，一個繞不開的問題是，作為新文化人最激進的代表，他為何重新大量寫作舊體詩詞。而與之相關的第三個問題是，詩詞唱和作為一種兼及言論與行動的藝術，對於處身戰亂的郭沫若有何意義。公眾視野中的郭沫若，此時念茲在茲的問題是民眾動員，強調的常是文化人要從書齋走向十字街頭，以社會動員為創作旨歸，呼籲一種見諸「行動」與社會效果的文化政治學。這賡續的固然是「五四」以來，以運動的方式從事文化政治活動的傳統，也符合革命政黨的動員形態，因此在後來的抗戰史與革命史中，這被一再強調；與此相反，製作磚拓、詩詞唱和這些行為，似乎宣示了郭沫若行為的「無意義」一面，因此，重返這些郭沫若自己以及研究者所忽略的材料，有助於我們更全面地審視抗戰時期的郭沫若，以及同時代知識分子的文化行為和心態。

一、漢磚拓片與郭汪唱和

　　1940 年 4 月 22 日重慶《益世報》上刊載了一篇長文，開頭便是：「轟傳一時的江北發掘漢墓工作，現已匆匆結案。考古家郭沫若，衛聚賢，馬衡，

〔註11〕郭沫若：《郭沫若和朱德詩》，《新華日報》，1940 年 7 月 24 日。

常任俠諸氏，在熱心工作一周間所獲得的全部漢墓古物，也在昨天做了最後一次的公開展覽。」〔註 12〕這篇題爲《漢墓古物觀賞記》的文章，詳細記載了此次展出盛況：「昨逢星期，天氣又晴朗，行都各界人士都前往觀光者，不下二三千人。」〔註 13〕但記者重點描述的卻是郭沫若製作的漢磚拓片與題詩：

　　　　郭沫若先生特別手拓四幅，懸諸展覽室中，雅好者，徘徊於拓本之前，留連忘返，蓋拓本上且有郭氏之題詩耳，詩意入古，筆力秀勁，並爲此二千年前之土磚增色不少。其題「昌利磚」者云「農家漢覓砌泥溝，拾取歸來汗滿頭，剷剔苔痕辨昌利，一輪紅日照渝州。」此詩蓋寫出發現之經過，最後一句，乃照出此磚正中有一紅輪花紋也。

　　　　其題「富貴磚」一詩，尤爲精心之作，因郭氏現雖從事抗戰工作，而對昔年考古治學，未嘗忘懷，故詩意奔放，有直追唐漢氣概，詩曰：

　　　　「富貴如可求，尼叟願執鞭，今吾從所好，乃得漢時磚，上有富貴字，古意何娟娟。文采樸以素，委婉似流泉，相見僅斯須，逖矣二千年！貞壽逾金石，清風拂徽絃，皓月來相窺，拓書人未眠，嘉陵江上路，藹藹豎蒼煙。」〔註 14〕

其中，題「昌利磚」一詩，爲目前學界所未見，應爲佚作〔註 15〕。就該詩來看，作者描繪了一個遠離戰爭的田野工作場景，詩人不再是公眾場合的演說者，而是一個田野考古家；詩作語言平實，情感眞摯；結尾一句拓開出新的詩境，非鄙儒所能爲。因此，該詩的宏廓視野與詩人所爲之事反呈現出一種張力；而從色彩政治學的角度來說，國統區在日後的革命史中，向被描述爲白色，「一輪紅日照渝州」自然政治不正確，被作者選擇性遺忘也是難免。

〔註 12〕襄謨：《漢墓古物觀賞記》，《益世報》（重慶），1940 年 4 月 22 日。

〔註 13〕襄謨：《漢墓古物觀賞記》，《益世報》（重慶），1940 年 4 月 22 日。

〔註 14〕襄謨：《漢墓古物觀賞記》，《益世報》（重慶），1940 年 4 月 22 日。

〔註 15〕《郭沫若全集》（文學編，北京：人民文學出版社，1992 年）、《郭沫若年譜》（龔繼民 方仁念著，上、中、下三卷，天津：天津人民出版社，1992 年）不載；由上海圖書館所編的《著譯繫年目錄》（載《郭沫若專集 2》，成都：四川人民出版社，1984 年）也未見，新出《《郭沫若全集》集外散佚詩詞考釋》（丁茂遠編著：《《郭沫若全集》集外散佚詩詞考釋》，杭州：浙江大學出版社，2014年）也未收錄。

　　第二首題「富貴磚」詩爲五言古體，由實入虛，從論學到遣志述懷，景語收尾，餘音嫋嫋，頗具唐人風韻，古樸可玩。郭沫若曾將《二十四詩品》的風格分爲雄壯與沖淡兩類，並且認爲自己的詩作也主要是這兩種風格，據此，這首詩可列入沖淡一品，是郭沫若詩詞中的佳製。對此事的報導，除《益世報》外，中央社也發了消息，因此《時事新報》《國民公報》《掃蕩報》《新民報》等重慶各大報都有相關報導，均稱「郭沫若氏曾將漢磚之上各式花紋文字拓出，題有詩句，懸之壁間，古色古香，與陳列之古物，相映成趣」。可見，郭沫若之參與嘉陵江北岸漢墓的挖掘與展覽，是當時的一個公眾事件。而他自己對此也較爲看重，如在他後來自製的《五十年簡譜》中，1940 年條下便有「四月發現江北延光四年之漢墓」〔註 16〕，與九月政治部改組並列，可見其重要性。

　　然爲公眾所未見的，是郭沫若對漢磚拓片的後續處理，以及士林對郭沫若詩詞的反應。當時參與其事的常任俠，後來曾回憶郭沫若發掘漢磚、題詩，以及他與汪辟疆等人的唱和經過；近來也有論者從金毓黻（靜庵）的《靜晤室日記》中鈎稽出金毓黻、汪辟疆、常任俠等人的唱和詩作〔註 17〕。因此，漢磚所引出的，不僅是一個社會事件，它也提供了一個視點，據此我們可以略窺戰時郭沫若與士林的唱和與交遊情形。

　　金毓黻原執教東北大學，曾任職僞滿，後逃歸上海，戰時執教於中央大學，在史學領域頗有建樹，著有《中國史學史》等。金毓黻與當時大多數教授一樣善詩詞，他的日記中不僅記載了他與友人汪辟疆等人的唱和，也記載了他自己的大量詩作。據論者考察，金毓黻曾兩度次韻郭沫若的題漢磚拓片詩，素不相識的二人也因此定交，金毓黻不僅邀請郭沫若前往其執教的中央大學演講，二人之後也時相過往，繼有唱和之作。如 1945 年金毓黻有《邀郭君沫若過寓小飲，賦贈長句》，郭沫若也有和作〔註 18〕。鑒於學界對金郭二人的唱和已有考論，此處從略，可略作補充的是，《靜晤室日記》1940 年 5 月 11 日記載：「郭沫若囑題漢磚拓本，以前撰之詩寫其上。」〔註 19〕這表明漢磚拓

〔註 16〕郭沫若：《五十年簡譜》，《抗戰文藝》，第 7 卷第 6 期（1942 年 6 月 15 日）。

〔註 17〕宋叢：《郭沫若題富貴磚拓墨詩》，《社會科學輯刊》，1979 年第 3 期；李斌：《〈靜晤室日記〉中的郭沫若》，《郭沫若學刊》，2014 年第 2 期。

〔註 18〕金毓黻：《靜晤室日記》（第 8 卷），遼瀋書店，1993 年，第 5854 頁；李斌：《〈靜晤室日記〉中的郭沫若》，《郭沫若學刊》，2014 年第 2 期。

〔註 19〕金毓黻：《靜晤室日記》（第 6 卷），遼瀋書店，1993 年，第 4552 頁。

本是郭沫若與金毓黻詩歌唱和的媒介，而「前詩」雖次郭沫若韻，但實是與汪辟疆的唱和，此時遵郭沫若之請而題，故也可看作是和郭沫若的詩作。另外，金毓黻實三次次韻郭沫若詩，除論者鈎稽出的兩首外，另一首是他寫於5月14日的《贈澄宇押鞭字韻》〔註20〕，依舊是次郭沫若詩韻，可見「鞭字韻」的範圍可能會超出郭沫若的交友圈。以漢磚拓片為媒介的唱和，現存最多者為汪辟疆與郭沫若之間的和詩。汪辟疆為近代詩詞大家，他與郭沫若之間的唱和有進一步考掘的必要，而親歷者常任俠的文章《永念考古學家郭沫若先生》，常為學界徵引，但他對這一史實的記述也有可商榷處。

汪辟疆，名國垣，號方湖，工詩學，著有《光宣詩壇點將錄》，有詩才，早年曾受陳三立（散元）提攜，受其影響，後轉益多師〔註21〕，不落同光窠臼。汪辟疆一生創作甚富，據其弟子程千帆介紹，其詩作達一千四百餘首，惜文革期間被抄沒，僅剩殘餘，門人整理有《汪辟疆文集》，輯有《方湖詩鈔》，該詩鈔保留了他與郭沫若之間的唱和詩作。因此，將《方湖詩鈔》、《靜晤室日記》、常任俠的回憶與郭沫若題拓片詩進行校讀，或能部分還原唱和原貌。

在論及和詩之前，需先釐清郭沫若原詩的面貌。《郭沫若全集・考古編》第10卷根據郭沫若紀念館館藏拓片，整理有《疊鞭字韻題漢墓墓磚》詩十一首，均為五言古詩，押「鞭字韻」。剔除重複者，計有鞭韻詩八首，在郭沫若的跋語中有「十四日晨九用鞭字韻」〔註22〕，表明尚有亡佚之作。這麼高的創作密度，以及多次為人題識，可見他此時花費了頗多心力在拓片、作詩與題詩上。從現存的磚拓及題詩來看，題富貴磚的詩有四首，順次為《題富貴磚之一》，即上述記者所記載的五古，文字略有差異；其次是《題富貴磚之二》，其詩為：

> 延光二千載，瞬息視電鞭。人事兩寂寞，空餘壙與磚。重堂歎
> 深邃，結構可聯娟。上規疑碧落，下矩體黃泉。但期堅且美，無復
> 計華年。富貴江上波，巧奇琴外弦。一旦遘知音，彷彿啓冬眠。影
> 來入我齋，壁上生雲煙。

題寫時間都是「廿九年五月十日」，去四月二十一日的展覽已有半月餘，第一

〔註20〕金毓黻：《靜晤室日記》（第6卷），第4553頁。

〔註21〕對汪辟疆的學術與詩學的介紹可參考其門人程千帆所著《汪辟疆文集・後記》，載《汪辟疆文集》，上海：上海古籍出版社，1988年。

〔註22〕郭沫若：《郭沫若全集・考古編》（第10卷），北京：科學出版社，2002年，第232頁。

首的文字差異應爲修改所致。第二首於五月十二日再次題於「延光四年」磚拓，據全集編者介紹，延光四年磚另一拓本也題此詩，後有跋語，可辨識者爲：「……月廿一日此磚出土於嘉陵江北岸雨田山，旁晚拾歸，拓此紙……疊鞭字韻一首以詠之。」〔註23〕可見該詩首先題於延光四年磚拓，後題於富貴磚拓，因此可定題爲《題延光四年磚》。而根據記者的報導展覽日期爲4月21日，延光四年磚爲展覽當晚發現，又因題寫日期早於五月二十一日，因而殘缺的月份是四月，故可確定創作時間爲1940年4月21日晚，此爲《郭沫若年譜》所未載。

汪辟疆和郭沫若的詩，《靜晤室日記》載有三首，均爲次韻之作：1940年4月27日所記《和郭沫若漢冢詩》，5月1日《再題延光磚拓本和沫若韻》，及5月2日《再題富貴磚，用沫若韻》。日記4月23日載有郭沫若的《題富貴磚》（即《題富貴磚之一》），及金毓黻與常任俠的和詩，因爲都是押鞭韻，這樣的記錄順序，很容易讓人以爲汪辟疆第一首和的就是《題富貴磚之一》。另外，唱和強調的是雙方的往來，但金毓黻的日記中，卻不見郭沫若的和詩。這一點爲常任俠補足，他在《永念考古學家郭沫若先生》一文中，不僅描述了他與郭沫若之間的唱和，也提到了汪辟疆與郭沫若之間的唱和。

在常任俠的描述中〔註24〕，郭沫若成詩的經過，是先有《題富貴磚之一》，常任俠隨即唱和，後他到郭沫若處製作富貴、昌利及延光等磚的拓片，並請郭沫若題款，郭沫若疊前韻作《題延光四年磚》；之後，常任俠又請同在中央大學執教的汪辟疆題詩，汪辟疆再步郭沫若韻，該詩《靜晤室日記》未見，詩爲：「嗜古郭與衛，得君同竟鞭。言尋董家磧，果得漢時磚。磚文出奇古，紋彩尤麗娟。何物可方之，古木森寒泉。入眼延光字，失喜二千年。考證見淹洽，疏越聞朱絃。一讀一歎息，損我清夜眠。誰謂金石壽，過眼如雲煙。」常任俠認爲汪辟疆也將此詩寄給了郭沫若，因此郭沫若有和詩《再疊前韻簡方湖》，《郭沫若全集》從其說。

但《方湖詩鈔》所載則與上述二者均有差異。其與《靜晤室日記》的差異在於，汪辟疆第一首和詩爲《至董家磧觀新掘漢墓和郭沫若韻》（金毓黻日記中的《和郭沫若漢冢詩》，二者字詞略有差異），其和的對象不是《題富貴磚之一》，而是《題延光四年磚》；第二首和詩爲《題富貴磚拓本，再和沫若，

〔註23〕郭沫若：《郭沫若全集·考古編》（第10卷），第228頁。
〔註24〕常任俠：《永念考古學家郭沫若先生》，《考古》，1982年第6期。

奉酬靜庵先生》（即金毓黻日記中《再題延光磚拓片和郭沫若》一詩），這才是和郭沫若《題富貴磚之一》詩；第三首爲《題延光四年磚拓本，三用沫若韻》，日記中題爲《再題富貴磚，用沫若韻》。因爲原詩都是題於拓片之上，詩題多爲後來所加，又都押鞭韻，因此易造成唱和次序的混淆。那麼順序該如何排列呢？

首先需要弄清楚拓片及郭沫若題詩的狀況，在和郭沫若詩之前，汪辟疆有答謝金毓黻詩，即《金靜庵以新出土漢延光四年磚拓本見貽，用章行嚴寺字韻成長句奉酬》一詩，有小序：「東漢安帝延光四年磚拓本凡三紙：其一昌利二字反書；其一橫書富貴二字，四周範以花紋；其一長方形，有延光四年七月造作牢堅謹，凡十一字，雙行分寫，界以直線，字體蒼潤，眞漢隸也。」〔註25〕可見磚有三種，即「昌利」「富貴」與「延光四年」，因這些漢磚都是延光年間所造，故延光磚爲統稱。另外，從郭沫若題詩的跋語「此專藏吾齋」、「旁晚拾歸」等字樣，以及常任俠到郭沫若處拓片可見，這些磚均存郭沫若處。而延光四年磚是展覽當天傍晚才發現，並由郭沫若「拾歸」，製作拓片題詩，因此，展覽當天觀者無法見到該拓與《題延光四年磚》一詩。

既然這些磚都存郭沫若處，那麼拓片便多從他那裡流出，金毓黻的拓片也很可能是郭沫若所贈，並題有詩句，這樣才會有後來的唱和。汪辟疆於展覽當天曾去參觀，如是此時唱和，和的對象只能是《題富貴磚之一》；但他於4月26日從金毓黻那裡得到了包括延光四年磚在內的三種拓片，而金毓黻是27日才見到和詩，因此，也可能是如《方湖詩鈔》所載，和的是《題延光四年磚》，因此，究竟是和哪一首，尚無從定論。而金毓黻的日記中也並未坐實是和《題富貴磚之一》，其詩題爲《和郭沫若漢冢詩》。因此，汪辟疆第一首和詩很可能只是和韻，而統和兩詩之意，原題《和郭沫若漢冢詩》也可爲證。後來和詩漸多，於是重新作了排列。

另一個問題是汪辟疆與常任俠之間的差異。郭沫若與汪辟疆之間的唱和與交往，遠不止金毓黻日記所載，二人此後還有進一步的詩詞往還。但常任俠所披露的，汪辟疆先將詩作寄給郭沫若，之後郭沫若作《再疊前韻簡方湖》回贈，這個順序也有問題。從《方湖詩鈔》可見，次序正好相反，是郭沫若先將詩寄給對方，請求汪辟疆爲其拓片題詩：郭沫若的詩爲《以詩乞方湖先生題延光磚拓本》，即《再疊前韻簡方湖》；汪辟疆的和詩爲《沫若以詩乞題

〔註25〕汪辟疆：《汪辟疆文集》，上海：上海古籍出版社，1988年，第991頁。

漢磚拓本，次韻答之》。至於汪辟疆爲常任俠的拓片所題，爲《庚辰郭沫若、衛聚賢於江州董家磧雨田山發掘東漢延光墓磚，常任俠參與其役有文記其事，且考證翔實，不愧學人之文也。今任俠出拓本屬題，因用沫若韻再成此詩》，從題詩傳統來看，該詩酬贈對象既爲常任俠，且該詩中「嗜古郭與衛，得君同竟鞭」中已提及郭沫若與衛聚賢，「君」自然指常任俠，「考證見淹洽，疏越聞朱絃」也是指常任俠而言，汪辟疆自然不會將其寄給郭沫若索和，可見常任俠之說有待商榷，而《郭沫若全集》據此定題也需斟酌。汪郭二人唱和還有餘響，《方湖詩鈔》中就存留了一首《題于立群女士手拓漢延光磚》，顯然是贈送給郭沫若的夫人于立群的。

　　于立群製作的漢磚拓片（見圖2－1），開拓了新的唱和空間。除了郭沫若、汪辟疆、常任俠這三人的唱和之作外，還有楊仲子、田漢等人的次韻之作，均押鞭字韻。可見，漢磚拓片是郭沫若與文化界交往的一個重要媒介。而製作磚拓、唱和題識等行爲本身也是士大夫的風雅傳統，頗富文人雅趣，而郭沫若、田漢輩的參與，不僅意味著他們對士大夫傳統的熟悉，也意味著他們對這一交往方式的認同。

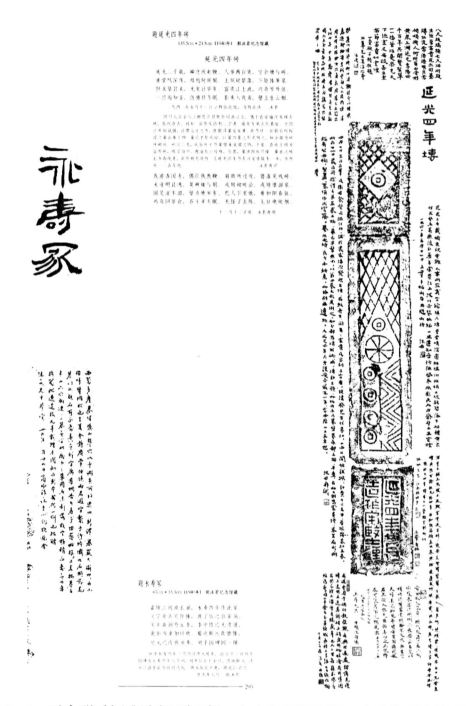

圖2-1，于立群手拓《延光四年磚》，左上為田漢題詩，右上為常任俠題詩，右中為「江南楊仲子」題詩，左中、左下均為郭沫若題詩，圖片正下方為汪辟疆（方湖）題詩，均為「鞭字韻」和詩。

二、唱和的社會交際功能

　　以延光四年磚拓片爲媒介的唱和，讓我們略窺郭沫若戰時與士林的交遊情況。但問題是，作爲新文學家的郭沫若，爲何對漢磚拓片如此感興趣，並汲汲於詩詞唱和？在新文學的傳統中，這種情形並非第一次出現，在新文化運動之前，魯迅就曾在 S 會館埋首抄古碑，這在《吶喊自序》中已成爲一個經典的場景。在新文化運動的語境中，抄古碑的行爲是一種自我麻醉的象徵行爲：

　　　　「你鈔這些有什麼用？」有一夜，他翻著我那古碑的抄本，發了研
　　　　究的質問了。
　　　　「沒有什麼用。」
　　　　「那麼，你鈔他是什麼意思呢？」
　　　　「沒有什麼意思。」〔註26〕

面對新文化人的質問，抄古碑者只能唯唯，這個頗有意味的對話場景，宣告了新文學家魯迅的誕生，也宣告了抄古碑者的死刑。但爲我們所不知的是，抄古碑或許更合魯迅脾性，正如他無法釋懷《嵇康集》一樣，只是在新文化運動的進程中，這種策略性否定是必要的。郭沫若也是如此，逃亡日本期間，他從事的是甲骨文、金文與石鼓文研究，這些比古碑還要古老，不僅如此，研究的性質要求他用毛筆作爲撰寫工具，以文言文爲述學語言。但從新文化立場來審視，這些都需要辯解。他在 1936 年所寫的反駁陳獨秀《實庵字說》的文章中，曾對自己的述學方式有所解釋：

　　　　《甲骨文字研究》那書，我是用文言，用毛筆寫，用影印問世
　　　　的，使一般的讀者難於接近，這怕也就是我應該負的責任了。因爲
　　　　研究文字的古代著作，有多數古字用鉛印不便，所以便不得不筆寫
　　　　而影印。筆寫，實在是一件苦事，能夠少寫得幾個字便樂得少寫幾
　　　　個字，在這兒，用文言實在比白話要簡單一點。因此，那書的發表
　　　　的形式便成了那樣。我的其它的固〔同〕性質的著作都以同樣的形
　　　　式發表了的，也都是基固〔因〕於這同樣的理由。那到不必如某一
　　　　部人〔分〕人所推測，有什麼骨董趣時〔味〕含蓄在裏面。然而那
　　　　樣發現〔表〕了使一般的讀者難於接近，實在也是千眞萬確的事。
　　　　〔註27〕

〔註26〕魯迅：《吶喊・自序》，《晨報・文學旬刊》，1928 年 8 月 21 日。
〔註27〕郭沫若：《讀〈實庵字說〉（六）》，《新民報》，1937 年 7 月 7 日，第 4 版。

這種致歉的口吻顯出他心態的微妙，毛筆和文言不僅有迷戀「骨董趣味」之嫌，更爲重要的是，文言阻礙了知識的傳播，這是典型的新文化人的啓蒙心態。因此，書寫工具和述學語言對於他才成了一個問題，即便是用之於學術，也需要加以辯解。但他內心又不得不承認文言的簡潔，可見郭沫若置身新舊文化之間的矛盾。

然而，抗戰時期的郭沫若，經由尋訪漢磚、掘漢墓、拓片、題詩等，卻漸成「好古之士」。在江北漢墓發掘期間，媒體基本上是跟蹤報導，雖然郭沫若並不天天到場，但報導中首先提及者必爲郭沫若。如對於參與者的報導：「郭沫若，衛聚賢，胡小石，金靜庵，楊仲子，馬衡，常任俠等親往主持，潘公展先生是研究中國文字的，自然也到場找材料，張西曼更盼能發現奇珍異寶好送到蘇聯去展覽，張溥泉先生同張夫人前天已經去過一次。」〔註28〕其它報紙則多冠之以「考古家」的頭銜，常任俠則乾脆稱這些人爲「好古之士」。

與毛筆、文言、古碑與磚拓一樣，古典詩詞也是一古，而且是新文化運動要打倒的首要對象。但它不像磚拓那樣有學術研究作爲幌子，因此，在現代的境遇無疑最爲艱難。雖然郭沫若在蟄居日本期間也寫有不少舊體詩〔註29〕，但在面對公眾時，他對舊體詩詞還是持否定態度。如在歸國之前，對於郁達夫「打算用舊詩的形式來盡量表現新出的現象」這一計劃，郭沫若十分不以爲然，在他看來這無疑是「黃公度路的重踐」，因此「沒有表示出什麼可否的意見」〔註30〕；抗戰時期他也堅持認爲「舊詩乃至文言都不適於作爲表現新時代的工具了。新時代應該用新時代的言語文字來表示，這不僅在表現上更適宜而且也更自由，更容易得多。舊詩和文言文眞正要做到同仁的地步，是很難的事。作爲雅致的消遣是可以的，但要作爲正規的創作是已經過了時了」〔註31〕。因此，即便是在大量創作古典詩詞之時，他也不願承認舊詩具有表達的優勢，而是以一種自嘲的方式對待——「骸骨的迷戀」〔註32〕，在

〔註28〕 西洛：《掘墓之第一日 漢墓中藏巨蛇》，《新民報》，1940 年 4 月 15 日。

〔註29〕 參考蔡震：《郭沫若流亡日本期間若干舊體佚詩考》，《新文學史料》，2011 年第 3 期。

〔註30〕 郭沫若：《達夫的來訪》，《宇宙風》第 35 期（1937 年 2 月 16 日）。

〔註31〕 郭沫若：《戰士如何學習與創作》，《戰士月刊》創刊號（1943 年 3 月）。

〔註32〕 按，郭沫若雖曾用「骸骨的迷戀」一語，但其發明者爲創造社小夥計張友鸞，他《隨感錄·吃飯》一文中用此語，後郁達夫應其約寫有七律《骸骨迷戀者的獨語》。參見張恬：《張友鸞早期文學活動——兼及一些珍貴的文學史料》，《新文學史料》，1990 年第 3 期。

一種反諷的姿態中，既維護了新詩的立場，同時也為自己寫作舊詩留下了餘地，這與周作人以打油詩之名寫舊詩，其轍一也。

此處我們看到了郭沫若公眾姿態與自我意識之間的某種齟齬，古典詩詞、文言、毛筆與拓片一樣都是老古董，作為新文化人的郭沫若，自然要排斥，但又時時受其誘惑。而郭沫若與汪辟疆等以漢磚拓片為媒介進行唱和，也表明這些骨董之間互為表裏的關係。從人類學的角度來看，文物是集體記憶的承載者，與民族認同與身份認同密切相關〔註33〕。在戰時特殊的歷史境遇中，追摹古物，寄託著賡續傳統文化的幽情。因此，這次考古發掘不僅受到了蜀中士林的關注，也引起了公眾的興趣，正如郭沫若所說，「勿謂古物無補於抗戰，實則乃發揚民族精神之觸媒」〔註34〕。這便為戰時的考古和古典詩詞的興起，從民族精神的角度提供了合法性。但這種從戰時環境與文化心理的角度，對戰時古典詩詞興起原因的考察，學界已有論述，但似乎都難落到實處。本文試圖從文學社會學的角度，以郭沫若為案例，對這一問題再略作討論。

憑弔古蹟、吟詩作賦為士人傳統，但這個傳統不僅表現於士大夫的審美趣味，也是其日常生活的有機組成部分，尤其是詩詞唱和，很大程度上是文人士大夫間的社會交際方式，帶有很強的社會功能性。因此，單從文化心理學的角度難以充分解釋它與文人習俗之間的關係。反觀民國時期的詩詞創作，絕大部分詩詞都是酬贈之作，或為唱和，或為結社、宴飲等場合的應制產品，單純的述懷之作只占少部分。這也正是詩詞唱和這一研究視角的意義，它為我們考察文人之間的交往提供了可能。從某種程度上可以說，「唱和」本身就是古典詩詞獨特的生產方式，因此，不僅要著眼於詩，也要著眼於唱和這一行為。

如郭沫若近十首「鞭字韻」詩，本身便產生於「題詩」這一特定的文化生產模式中，更為重要的是，除了《題富貴磚之一》《題延光磚拓片》兩詩之外，其它後續的疊韻之作都是唱和的產物，而汪辟疆、常任俠與金毓黼等人的鞭韻詩，也都是應唱和之需而創作的。如金毓黼在日記中就記載了他應汪辟疆之請，作第二首和詩的情形：「汪方湖要余再押鞭字韻作一詩，勉為應命，

〔註33〕Alan Radley, *Artefacts: Memory and a Sense of the Past*, Middleton & Edwards ed. Collective Remembering, London: Sage Publications, 1990, P113～143.
〔註34〕郭沫若：《關於發現漢墓的經過》，《說文月刊》，第 3 卷第 4 期，1941 年 10 月 15 日。

殊無佳句。」〔註 35〕很多唱和之作都是出於「應命」的需要，背後則是人際間的情誼與交流，如郭沫若以詩「乞」汪辟疆為其漢磚拓片題詩，汪辟疆的和詩也屬「應命」之作；而多數情況他們是樂於應命的，如此，方有十數韻甚至上百韻的往來。

　　文人間的詩詞唱和，往往與結社、郊遊、宴飲等社會活動聯繫在一起。且不說古代那些知名的文人結社與唱和，就民國時期著眼，也不乏文人結社、修禊的佳話。如柳亞子筆下南社每年一度的雅集，詩友相晤，各逞風騷，刻印詩集，均為一代之雅；另外有二十年代的「師期韻」唱和，後有《師期酬唱集》，但讓人印象更深的，是胡樸安在《南社詩話》中所記載的「來臺」韻唱和：「一時友輩，凡有宴遊之作，皆用『來、臺、哀、來』韻。」〔註 36〕成集《來臺集》。如果說這是民國初年的舊事，且以文人為主，那麼，抗戰時期的重慶更不乏此類活動，且不限於文人圈，而是兼及官場與士林。如于右任筆下，就有多次這樣的修禊活動，擇錄部分如下：

　　　　寶圌山紀遊二首　　同遊者林少如、楊孝慈、嚴谷聲、林君默、
　　羅文謨、張采芹、馮翰飛諸先生與林紀芳、李祥麟、揚大智諸君，
　　時三十一年八月。〔註 37〕

　　　　韜園修禊，分韻得青字，寄賈煜如先生　　年年修禊春如醉，
　　次日嚴寒昔未經；莫報南山朝積雪，滿山松柏獨青青。〔註 38〕

　　　　三月三日默君、槐村約臺北賓館禊集　　拈得王字。〔註 39〕

對於這類雅集活動，郭沫若也時有參加。黃炎培 1942 年 4 月 7 日的日記中便曾記載：「陪張仲仁訪沈衡山，同渡嘉陵江，衡山招午餐，觀朱氏熙園花木（朱，重慶銀行，杜名岷莫，律師公會會長）。沈衡山假朱氏熙園招飲，同席張仲仁、于右任、江翊雲、郭沫若、杜協華，即席賦六絕：軟軟風絲淺淺舠，嘉陵春思怒於潮。百花開盡猶能醉，不逐時芳意自高。」〔註 40〕同席的江庸（翊雲）

〔註 35〕金毓黻：《靜晤室日記》（第 6 卷），第 4550 頁。

〔註 36〕胡樸安：《南社詩話》，載曼昭　胡樸安《南社詩話兩種》，北京：中國人民大學出版社，1997 年，第 167 頁。

〔註 37〕于右任著，楊博文輯錄：《于右任詩詞集》，長沙：湖南人民出版社，1984 年，第 246 頁。

〔註 38〕于右任著，楊博文輯錄：《于右任詩詞集》，第 248～249 頁。

〔註 39〕于右任著，楊博文輯錄：《于右任詩詞集》，第 268 頁。

〔註 40〕黃炎培：《黃炎培日記》（第 7 卷），中國社會科學院近代史研究所整理，北京：華文出版社，2008 年，第 249 頁。

對此也有記載：「沈衡山招飲江北熙園，園中花木多不知名。主人朱敬熙一一舉以告客。因戲仿山谷《演雅》謝衡山、敬熙，並示仲仁、右任、沫若、任之、協華。」其中有「演雅聊效涪翁蠻，敢乞舍人安注腳」句〔註41〕，用的是郭舍人的典故，相傳他曾於樂山之烏尤山注《爾雅》，此處借指郭沫若，因郭沫若是樂山人，並有《登爾雅臺懷人》詩。這表明遊園、宴飲與賦詩等文人傳統，在重慶士大夫中間得到了延續，郭沫若處身其間，自不能例外。

　　詩酒風流，題贈酬答，不僅見於舊派文人，及縉紳官吏之間，也見於新文人之間。此時寫舊詩的新文人頗不少，詩詞唱和較多的如朱自清與葉聖陶等「白馬湖」故舊間。與郭沫若相關的，則是他與田漢之間的唱和，二人是「三葉」老友，此時則以舊詩續寫佳話；同時，郭沫若與老舍之間也多有詩詞來往，如1941年郭沫若在賴家橋請客，老舍便有酬贈之作《沫若先生邀飲賴家橋》，發表於《新蜀報》〔註42〕。而當時老舍、吳組緗、姚蓬子等人之間曾一度興起作人名詩，即以當時的作家姓名聯句為詩，一時也成風氣，郭沫若也曾作數首，老舍有回贈〔註43〕。重慶時期，即席賦詩、聯句幾乎成為一種必要的交際能力。如1940年3月20日，王崑崙代表中蘇文化協會宴請蘇聯作家，老舍、郭沫若、孫師毅等作陪，席間大家念及遠在南洋的郁達夫，便即席聯詩：「莫道流離苦（老舍），天涯一客孤（沫若）。舉杯祝遠道（崑崙），萬里四行書（施誼）」〔註44〕；郁達夫接到該詩之後，回贈一首：「萬里倦行役，時窮德竟孤。關門無令尹，誰問老聃書」〔註45〕。郭沫若還曾著文介紹他與幾位友好為于伶聯句祝壽事，詩為「長夜行人三十七，如花濺淚幾吞聲。至今春雨江南日，英烈傳奇說大明」。每句都嵌入了于伶的一個劇本名，依次為《長夜行》《花濺淚》《杏花春雨江南》《大明英烈傳》。在郭沫若看來，此詩「嵌合得很自然，情調既和諧，意趣也非常聯〔連〕貫」，因此他感歎道，「聯句的諸兄平時並不以舊詩鳴，突然得此，也是值得驚異的事」〔註46〕。可見聯句是一項較有難度的交際形式；而郭沫若在看過此詩後，覺得該詩情緒過於低沉，於是揮毫改為「大明英烈見

〔註41〕江庸：《江庸詩選》，北京：中央文獻出版社，2001年，第108～109頁。

〔註42〕老舍：《沫若先生邀飲賴家橋》，《新蜀報‧蜀道》，1941年8月23日。

〔註43〕方錫德：《老舍、吳組緗與「抗戰人名詩」》，《現代中文學刊》，2010年第2期。

〔註44〕郁達夫：《「文人」》，《星洲日報》，1940年4月19日。

〔註45〕郁達夫：《無題》，《星洲日報》，1940年4月20日。

〔註46〕郭沫若：《人做詩與詩做人》，《半月文萃》，第1卷第11、12期（1943年5月11日）。

傳奇，長夜行人路不迷。春雨江南三七度，杏花濺淚發新枝」〔註47〕。也可見郭沫若的敏捷才思，以及他的某種大局觀。除了遊園宴飲時的唱和外，古典詩詞的交際功能還在於酬贈，郭沫若就有相當多的詩詞是為友朋而作，如賀徐悲鴻新婚，更多的則是為演員而作，這既包括傳統戲曲演員如金素痕，也有現代的話劇和電影演員如張瑞芳等。

新詩本來也具有交際的功能，如贈別〔註48〕、祝壽之什，但並不普遍。其中的緣由要從五四時期新文化人對新詩的想像入手。胡適《文學改良芻議》所列的「八事」，無論是「須言之有物」，「不作無病之呻吟」，還是「務去陳言套語」〔註49〕，幾乎都切中應酬詩的弊端；陳獨秀的三大主義，如「推倒雕琢的阿諛的貴族文學，建設平易的抒情的國民文學」〔註50〕，更讓士大夫之間的應酬之作無立錐之地；與之相對的是新文學，在胡適看來，「光有白話算不得新文學」，「新文學必須有新思想和新精神」〔註51〕；具體到新詩，則不僅要有「活的工具」白話文，還需要「詩體的大解放」，這樣，「豐富的材料，精密的觀察，高深的理想，複雜的感情，方才能跑到詩裏去」〔註52〕，新詩不僅是證明白話文作文有效性的方式，它本身也是傳播新知、塑造新的國民的媒介。正是這種將新詩當啟蒙工具的心理，使新文人對新詩有種「意義」的焦慮，因而自覺抵制新詩的程式化或應酬化。如魯迅在為胡適《嘗試集》再版去取提建議時，便著重強調要刪去《周歲》一詩，因為「這也只是壽詩一類」。對此，有論者指出，「魯迅對剛誕生的白話詩有可能成為新的應酬工具，保持高度的警惕，故特別點出此乃源遠流長的『壽詩』傳統」〔註53〕。

新詩對酬贈傳統的自覺抵制，使新文學固然符合傳播新知的工具要求，但因此也留下了一些無法征服的社會空間，尤其是社會交際與應酬方面，如

〔註47〕 郭沫若：《人做詩與詩做人》，《半月文萃》，第 1 卷第 11、12 期（1943 年 5 月 11 日）。
〔註48〕 參考袁一丹：《詩可以群——康白情與「少年中國」的離合》，《新詩評論》，2011 年第 2 輯。
〔註49〕 胡適：《文學改良芻議》，《新青年》，第 2 卷第 5 號（1917 年 1 月 1 日）。
〔註50〕 陳獨秀：《文學革命論》，《新青年》，第 2 卷第 6 號（1917 年 2 月 1 日）。
〔註51〕 胡適：《逼上梁山》，《胡適文集》（第 1 集），北京：北京大學出版社，1998 年，第 156 頁。
〔註52〕 胡適：《談新詩——八年來一件大事》，《星期評論》「雙十節紀念專號」（1919 年 10 月 10 日）。
〔註53〕 陳平原：《經典是怎樣形成的》，載《觸摸歷史與進入五四》，北京：北京大學出版社，2010 年，第 255 頁；魯迅語轉引自該書 247 頁。

宴飲、壽詩、對聯、挽幛等，依舊是舊體詩詞的地盤。新詩與酬贈交際之間的這種錯位，隨著「新青年」逐漸成為社會中堅，其矛盾便逐漸顯露出來，也使得新文人的文化歸屬成了一個問題。抗戰時期的郭沫若，已不再是五四時期的文學青年，而是知名文化人，是國民政府的高層官員，此時真可謂「往來無白丁」〔註54〕，文字交往不可或缺，舊詩的優勢也再次得到凸顯，因此，郭沫若之創作舊詩，就不僅僅是因為形式的誘惑〔註55〕，也與舊詩的社交功用有關。當然，這種交往有程式化的，也有源自肺腑的，因此，詩的品類也有高低。

三、沈郭交遊中的詩書畫

與詩詞唱和的交際功能相關的是，作為文人傳統的一部分，唱和往往不單獨發生，而是與書畫、器物等物質媒介相伴而行，郭沫若的詩作也多經由這些媒介保存下來。這也表明，要研究古典詩詞唱和，需要將古詩詞置於文人傳統之中。另外，郭沫若與士林間的交往，也非漢磚拓片這一事件所能窮盡，但與其一一列舉他的交遊對象，不如繼之以郭沫若與沈尹默之間的交往個案，探討古文字、拓片、書法、詩詞等「骨董」，如何綜合地在他的社會交際中發揮作用。之所以選擇沈尹默，不僅在於抗戰期間二人往來較多，更在

〔註54〕郭沫若在《創造十年》中曾記述了他與田漢第一次見面的情形：「壽昌來訪的結果是產生了一部《三葉集》，所蒐集的是白華、壽昌和我的通信。壽昌對我有很很的失望。他回東京時，路過京都，和鄭伯奇見面，伯奇問他見了我的感想如何，他說了一句『聞名深望見面，見面不如不見。』這是後來伯奇對我言及的，但我相信絕對不是假話：因為壽昌對我也露過這樣的口氣。當他初來的時候，我正在燒水，好等產婆來替嬰兒洗澡，不一會產婆也就來了。我因為他的遠道來訪，很是高興，一面做著雜務，一面和他談笑，我偶而說了一句『談笑有鴻儒』，他接著回答我的便是『往來有產婆』。他說這話時，或者是出於無心，但在我聽話的人卻感受著不小的侮蔑。後來在《三葉集》出版之後，他寫信給我，也說他的舅父易梅園先生說我很有詩人的天分，但可惜煙火氣太重了。當時的壽昌大約是嫌我太不清高，太不自重，往來的是產婆下女，關心的是柴米油鹽，這樣是會把詩藝之女神駭到天外去的。但他卻沒有想到我假如有錢，誰去幹那樣的事體；不消說，更沒有想到使我們不愁鹽不愁米的社會，更是怎樣的社會。《三葉集》出版之後頗受一時的歡迎，壽昌便又食指欲動起來，又曾約我和他的另一位朋友作三角的通信，好出一部《新三葉集》。這個提議是由我拒絕了」（郭沫若：《創造十年》，上海：現代書局，1932年，第82～83頁）。兩廂對照，可見郭沫若境遇的變化。

〔註55〕劉納：《舊形式的誘惑——郭沫若抗戰時期的舊體詩》，《中國現代文學研究叢刊》，1991年第3期。

於沈尹默的多重角色，可帶出郭沫若與士林交往的其它輪廓，由此也可見出郭沫若詩詞交往的廣度。

　　沈尹默是新文化運動的主將之一，其新詩《三弦》被胡適評爲「從見解意境上和音節上看來，都可算是新詩中一首最完全的詩」〔註 56〕；後來他回到書齋，不僅創作舊體詩詞，並以書法聞名。沈郭二人雖同爲五四新文化人，並曾於 1921 年在日本京都相識，但彼時二人對對方的印象都不見佳，直到後來郭沫若蟄居日本，潛心學術期間，二人才以古文字定交。新文化人借助古文字論交，這本身便頗有意味，傳統的學人眼光或重於新文化人之間立場的投契。在 1939 年 7 月出版的郭沫若的《石鼓文研究》中，有沈尹默的序，他在序言中提及郭沫若將書稿寄給他尋求發表的事，而該書後來也確是作爲「孔德研究所叢刊之一」出版。沈尹默在序言中對該書作了較高評價，他尤其提到該書因首次完備採錄「北宋三拓」（《先鋒本》《後勁本》《眞權本》）等資料，故「得此一書，則石鼓文之精英悉備於斯矣。其所以嘉惠士林者爲何如耶！」並從學術研究的角度，認爲「持論精闢者，固當推此書爲第一」〔註 57〕，可見其評價之高。如此看來，沈郭定交，或源於「北宋三拓」。抗戰前，二人除了書信論學，對於郭沫若的歸國一事，沈尹默也表示孔德研究會可從旁協助，而當郭沫若抵達上海後，第一件事便是去孔德圖書館，找「策士」沈尹默商量以後的計劃〔註 58〕。不過，郭沫若並未如他所建議的那樣，去繼續研究學術，而是選擇了「在轟炸中來去」的生活，但這並不妨礙二人的詩酒交往。

　　沈尹默很早就和了郭沫若「又當投筆請纓時」一詩，此後，即便在硝煙四起的上海灘，二人也常把酒賦詩，並留下不少墨寶。如近有論者從書畫中考得，1937 年 11 月 5 日，剛從前線歸來的郭沫若，便約沈尹默、褚保權，以及張鳳舉夫婦「於錦江會食」，興致到處，各逞筆墨；後來，郭沫若的即席題詩，經沈邁士添畫，沈尹默題跋，竟成書畫長卷〔註 59〕；三日後，他們再次「共飲於錦江」，郭沫若又押沖字韻作詩，沈尹默即席唱和，奮起

〔註 56〕 胡適：《談新詩》，《新青年》，第 8 卷第 1 號（1920 年 9 月 1 日）。

〔註 57〕 沈尹默：《石鼓文研究・沈序》，《石鼓文研究 祖楚文考釋》，北京：科學出版社，1982 年，第 273 頁。

〔註 58〕 殷塵：《郭沫若歸國秘記》，言行社，1945 年，第 168 頁。

〔註 59〕 對該長卷的釋讀參考龔明德：《郭沫若一九三七年十一月上旬在滬三天紀事》，載氏著《舊日箋》，北京：中華書局，2013 年，第 100～117 頁。

揮毫，再成書卷。錦江飯店老闆董竹君與郭沫若淵源頗深〔註60〕，初回上海的郭沫若，在戎馬倥傯之際，是這裡的常客。潘公展也曾應郭沫若之邀到此聚會，他的一首詩便曾敘及「沫若約餐於滬上錦江餐室壽昌亦在座談鋒甚健」之事〔註61〕，後來郭沫若五十壽辰之際，潘公展不僅代表官方出席慶賀，而且賦詩相贈，可見郭沫若與潘公展之間私交也不錯，並非歷史敘述中的那樣立場分明。

　　避難重慶期間，沈尹默入監察院，實際是借于右任棲身。抗戰期間，于右任這個國民黨元老，羅致了大批舊派文人，當時師從沈尹默學書法的張充和曾描述過當時的狀況：「桃園是監察院同人宿舍，院長于右任先生羅致詩詞書畫篆刻家於一堂，其它文人墨客亦以類聚，我所見即如汪旭初（東），喬大壯（曾劬），潘伯鷹（式），章孤桐（士釗），曾履川（克耑）及謝稚柳等。」〔註62〕這些藝術監察員多住桃園，篆刻揮毫，詩詞唱和，也形成了一個小小的文化圈。而重慶著名的「寺字韻」唱和，便與這個圈子密切相關。對於此次唱和的盛況，時在中央大學歷史系就讀的黎澤濟，日後回憶起來依舊不無感慨：

> 參加的人，名流如章行嚴（士釗）、江翊雲（庸）、黃任之（炎培）、詩人如陳仲恂（毓華），劉成禺（禺生）、曾履川（克耑），詞人如汪旭初（東）、盧冀野（前），學者如朱悌先（希祖）、李思純（哲生）、汪辟疆（國垣），大僚如于右任，政府文官如譚仲輝、楚廉山、陳錫襄，軍人如陳銘樞、姚味辛，姓名難以備舉。〔註63〕

兩份名單對比多有重合，可見桃園文化圈之於重慶士林風習的作用，而沈尹默是其中的重要成員，他的《蜀中雜詩》便是此時的作品。這些人中與郭沫若有詩詞來往者並不少，如江庸、黃炎培、汪辟疆、陳銘樞及于右任等，另外還要加上金毓黻與馬衡，二人不僅都參與了寺字韻唱和，與郭沫若也都有詩詞交往。他們甚至還一度成立了「友聲書畫社」，據當時報載：

> 梁寒操、郭沫若、黃炎培、章士釗、褚輔成、沈尹默、江庸、汪旭初、江恒源、沈鈞儒等諸人最近發起友聲書畫社，目的在以所

〔註60〕可參考夏衍：《懶尋舊夢錄》，北京：三聯書店，1985年，第380頁。
〔註61〕潘公展：《答田壽昌》，《民族詩壇》，1938年第3輯，第39頁。
〔註62〕張充和：《從洗硯說起——紀念沈尹默師》，吳耀輝、盧之章主編《尹默二十年祭》，北京：北京燕山出版社，1991年，第30頁。
〔註63〕黎澤濟：《桑榆剩墨》，南昌：百花洲文藝出版社，1999年，第320頁。

得潤資，捐助優待出征軍人家屬費用，聞日內即可在民生路生活書
店內開幕陳列，歡迎各界參加。〔註64〕

此外，郭沫若也並未外於寺字韻唱和。1959 年出版的《潮汐集》中便收錄了
一首題為《登烏尤山（用寺字韻）》的七言古詩，在注釋中他寫到：「當年重
慶詩人盛行用寺字韻，迭相倡和，成為風氣。余亦偶為之，今僅存此一首。」
〔註65〕事實上，郭沫若曾創作十數首寺字韻詩，其中一部分也經由他的書法
作品得以保存，後來逐漸為學界發現：1980 年，曾在第三廳工作的張肩重，
披露了郭沫若書贈朱執桓的《題蘇子樓（七言詩寺字韻）》一詩〔註66〕；1999
年四川辭書出版社整理出版了《郭沫若書法集》，收錄了包括上述兩首詩在內
的七首寺字韻詩，這些詩存於郭沫若 1940 年書贈于立群的條幅，詩後有跋語：
「廿九年一二八紀念之前夕書此立群其保之 沫若／／三十五年前在重慶曾
為寺字韻十三首，此卷存其七首，餘六首如石沉大海矣 一九六五年二月十五
日 沫若」〔註67〕，可見郭沫若是兩度題跋；另外，蔡震還考得郭沫若的另三
首寺字韻詩——「書奉馬衡」的《十二用寺字韻》及兩首《疊韻寺字韻贈別
西北攝影隊》的寺字韻詩〔註68〕。那麼，郭沫若共有寺字韻詩十三首，現在
可見的有十首。如此規模，如果與他同時期的「鞭字韻」詩聯繫起來考察，
不難發現，古典詩詞的唱和與題識，是郭沫若此時與士林交流的重要方式。

沈尹默與郭沫若雖都有大量的寺字韻詩，但因為詩作散佚，無法確定二人
之間是否有直接唱和。但沈郭之間的交流一直未中斷。1941 年底郭沫若五十歲
生日，沈尹默曾賦詩相贈，郭沫若有和詩。1942 年沈尹默曾應郭沫若之邀，再
次為他題漢磚拓片。該拓片來自四川蘆山新發現的建安時期的石棺，當時受到
重慶士林的關注，郭沫若也輾轉得到該拓片。從郭沫若所藏拓片來看，該拓為
彩拓，是車瘦舟為郭沫若製作的，郭在得到該拓後題詩多首，詳細描述了石棺
發現的情況，以及圖案本身的藝術魅力，在跋語中他還意猶未盡地描述道：「棺
之兩旁有浮雕為飛龍飛虎，兩端亦有龜蛇相纏之浮雕及王暉之簡短墓誌。雕工

〔註64〕《梁寒操、郭沫若等 組友聲書畫社》，《新華日報》，1941 年 5 月 8 日，第一
版。
〔註65〕郭沫若：《潮汐集》，北京：作家出版社，1959 年，第 446 頁。
〔註66〕張肩重：《在郭老周圍的日子裏》，《四川大學學報叢刊》，第 8 輯，1980 年。
〔註67〕郭沫若：《寺字韻詩七首》，《郭沫若書法集》，成都：四川辭書出版社，1999
年，第 214 頁。
〔註68〕蔡震：《抗戰期間用寺字韻作佚詩考》，載《郭沫若生平文獻史料考辨》，北京：
社會科學文獻出版社，2014 年，第 220、228 頁。

精細，甚有藝術價值。因於燈下題此長句。」〔註69〕同時，他又請于右任和沈尹默題詩，此二人既工詩詞，又擅書法，因而共同生產了一件精美的藝術品（見圖2－2）：拓片正中是飛騰的青龍，下方是郭沫若的題詩與跋語，左下是沈尹默的書法，左側是于右任的題識，右側是于右任的題詩，青龍朱砂色，線條粗獷古樸，郭沫若在詩中描述爲「虎龍矯矯挾棺走，龜蛇糾繆尾與首」，可想見其神態，配上名人書法，可以說是郭沫若藏品中的珍品。

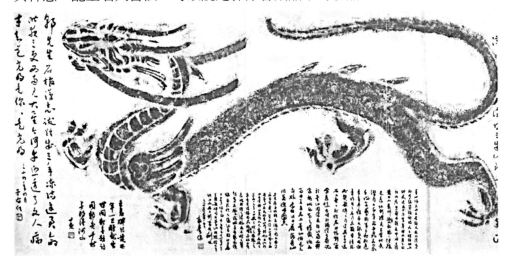

圖2－2　王暉石棺左側青龍圖拓本及題跋（部分）

　　郭沫若如此醉心於拓片，也提醒我們重新思考拓片與詩詞唱和的關係。從延光磚拓片來看，拓片充當了郭沫若與友朋唱和的媒介，但從王暉石棺拓片來看，題詩反爲拓片而存在，正如題詩之於國畫一樣，最終完成的是畫，而非詩。那麼，郭沫若之所以重視拓片，很大程度上也是因爲這些拓片自身的美學價值，如果聯繫他蟄居日本的十年間，陪伴他的都是甲骨、青銅器和石鼓文的拓片，而他在史學領域的建樹之一便是對原始圖案作繫年處理。由此，他與拓片之間的淵源不可謂不深。郭沫若《題富貴磚》中有句「皓月來窺窗，拓書人未眠」，就較爲恰切地表露了他對拓片本身的情懷，製作拓片不僅是體物，也是言志抒情。

　　從上文的梳理來看，書拓、詩詞與書法是沈郭二人交往的綜合媒介，因此可以說，這些尋常爲郭沫若研究界所忽略的部分，恰爲我們瞭解郭沫若重慶時期的生活提供了一個獨特的視角。如磚拓便綜合了考古、歷史、美術等

〔註69〕郭沫若：《郭沫若全集・考古編》（第10卷），第340頁。

多個領域，尤其是作爲詩詞唱和的特殊媒介，讓我們得以窺見政治與新文化之外的郭沫若，他不僅與士林來往密切，而且深度參與了他們的活動，這是爲後來的革命史和抗戰史所遮蔽的。另外，製作拓片、題詩與唱和，這些「無意義」的行爲，也顯示了郭沫若戰時行動詩意的一面。

四、聲韻共同體

爲了重新勾勒郭沫若與士林的交遊輪廓，前文較爲側重從外部研究詩詞唱和的社會「行爲」，而較少涉及唱和詩詞本身。事實上，郭沫若與汪辟疆等人的唱和，並非簡單的交際應酬，而往往有深意存焉。汪辟疆的第一首唱和之作是《和郭沫若漢冢詩》，其詩爲：

> 延光去千載，咄哉義和鞭。不謂陵谷移，乃出劍與磚。埋幽者誰子，絕代豈嬋娟。不然累世士，玩志甘林泉。我聞江州彥，多出元初年。賢守好薦士，永歌蜀國絃。豈其歸山丘，愛此吉祥眠。松楸不可見，悵望空雲煙。

作者驀然看到兩千年前的漢磚，難免時光飛逝之歎，這也是郭沫若原詩「相見僅斯須，遞矣二千年」所表達的意蘊。汪詩值得留意處是其典故，「江州彥」「賢首」都有具體出處，這可與他贈給金毓黻的詩——《金靜庵以新出土漢延光四年轉拓本見貽，用章行嚴寺字韻成長句奉酬》互相參看。

> 幽宮近發香國寺，斷磚喜睹延光字。光氣沉沉土花碧，知有神物故矜異。千華山民走涪岷，蒐奇稽古聲闇闇。江守王堂號薦士，嚴張陳黃皆雅馴。史乘荒邈曠年載，瘞藏或有諸賢在。不然三傑謁陳諶，恐有姓字遺滄海。冥搜莫問公與卿，即看題記世已驚。貞壽豈必輸金石，烏曹雅擅千秋名。

這也是寺字韻詩，金毓黻曾次韻兩首回贈，由此可見當時寺字韻唱和與鞭字韻唱和有重疊處。這首詩用了與上一首詩同樣的典故，但更爲具體，「賢首」爲「王堂」，「江州彥」則是「嚴張陳黃」，以及「謁陳諶」三傑等。結句「冥搜莫問公與卿，即看題記世已驚。貞壽豈必輸金石，烏曹雅擅千秋名」之中，「題記」指的是郭沫若題詩中的「貞壽逾金石，清風拂徽絃」句，可見，這裡不僅是汪辟疆與金毓黻之間的唱和，也是對郭沫若詩的回應，三首詩之間形成了互文關係，可以看作是郭、汪、金三人之間的特殊唱和。因汪辟疆所用是僻典，故在小序中又特意申張了他的意思：

　　　　巴郡自東漢而後，文教大興，賢守如杜安（見《後漢書·杜安
　　　傳》。）、王堂（《後漢書》四十八有傳。）爲政公清，徵辟賢能，習
　　　成風尚，故人文蔚起，尤盛於章、和之世。《華陽國志》載，廣漢王
　　　堂以安帝元初三年爲巴郡太守，撥亂政治，進賢達士，貢孝子嚴永、
　　　隱士黃錯、名儒陳髦、俊士張璩皆至大位；又有然溫、然存亦江州
　　　碩彥，溫以度遼將軍守貴陽；稍前有謁煥、陳禽、譙章，號三傑。
　　　煥汝南太守，爲司隸校尉，章度遼將軍也。據此，則江州名賢並集
　　　於東漢元初延光之朝，可謂極盛，惜史傳未能備載，而方志又歷久
　　　失墜，漏略亦多，即諸賢墓地乾隆、同治二志亦無徵，此考古者所
　　　爲歎惋也。〔註70〕

對古代重慶賢首的表彰，不無借古諷今之意。郭沫若的和詩無疑是讀出了汪
辟疆的言外之意。其和汪辟疆的詩作《以詩乞方湖先生題延光磚拓本》中有
句，「天地一大墓，京垓人正眠」，較之汪詩，這就更進一步，不是諷諫，而
是「怨」了。從當時的文人心態來看，士林之「怨」頗具普遍性。如朱希祖
當時對政府的施政措施便極爲失望，在他日記中對政府政策頻有怨詞。其1938
年11月14日的日記中甚至有如下記載：「本擬欲撰一文以箴當世，繼而思之，
垂亡之國，箴已晚矣，且微末之人，剴切之言，必不能達。蔽塞已甚，不堪
救療，因而中止。」〔註71〕可見政治弊端之甚，知識分子的失望之情。

　　這種不滿從郭沫若的經歷也能得到理解，他憑熱情歸國抗戰，但經歷了
抗戰初期的短暫忙碌之後，此時卻落得「廳務閒閒等蕭寺」，只能「偶提筆墨
畫竹字」〔註72〕（《六用寺字韻》）；賦閒的原因又並非能力不足，也不是無事
可做，而是黨派偏見，所謂「非關工作不需人，受限只因黨派異」〔註73〕（《六
用寺字韻》）。抗戰進入相持階段以後，國共之間的摩擦逐漸升溫，左翼知識
分子不免受到排擠。對此，金毓黼在日記中也有長文分析：「查自抗戰以來，
中央即與共產黨釋嫌講好，一致對外，兄弟鬩於牆，而外禦其辱，誠爲可喜
之現象。然爲時不久，即有國、共摩擦之傳說，今日道路流傳，更有在陝北
以干戈相見之事。此說果確，又爲可悲之現象。或謂共產黨自有固定之政策，
不以國家爲前提，當國難嚴重之際，仍以擴充本黨勢力爲第一目的，喻其爲

〔註70〕汪辟疆：《汪辟疆文集》，第1009頁。
〔註71〕朱希祖：《朱希祖日記》（中），北京：中華書局，2012年，第950頁。
〔註72〕郭沫若：《寺字韻詩七首》，《郭沫若書法集》，第214頁。
〔註73〕郭沫若：《寺字韻詩七首》，《郭沫若書法集》，第214頁。

禍之烈，甚於洪水猛虎。信如是說，則終無釋嫌講好之可能，而一致對外亦
為徒託空言，此即所謂政治集團之矛盾現象也。」〔註74〕國共如果無法互相
取信，一切都是空談，黨派利益必然要凌越國家。因此，為國難而請纓的郭
沫若，必然也要先遭遇黨派的利益選擇。可見，此時詩詞唱和發揮的是「詩
可以怨」的儒家詩教功能。

除了「怨」以外，唱和更為直接的功能顯然是「群」。而無論是「寺字韻」
還是「鞭字韻」，都是次韻。這種唱和方式，成熟於中唐時期的元白唱和，後
逐漸成為唱和的主要方式，民國詩人繼承了這一傳統。然而，從文學史的角
度來看，詩人參與面極廣的次韻唱和，其文學史地位卻並不高，有清以來尤
其如此。如袁枚就「雅不喜疊韻、和韻，及用古人韻」，因為「既約束，則不
得不湊拍；既湊拍，安得有性情哉？」〔註75〕標舉性靈的袁枚作此語，原不
足怪，但清代的詩話大多對次韻持否定態度，吳喬便認為：

> 依其次第者，謂之步韻。步韻最困人，如相毆而自繫於足也。
> 蓋心思為韻所束，於命意布局，最難照顧。今人不及古人，大半以
> 此。嚴滄浪已深斥之，而施愚山侍讀嘗曰：「今人只解作韻，誰會作
> 詩？」此言可畏。出韻必當嚴戒，而或謂步韻思路易行，則陷溺其
> 心者然也。此體元白不多，皮陸多矣，至明人而極。〔註76〕

李重華更是認為「近世胸中未有詩，藉以藏拙，故離卻次韻，不復能為倡和」
〔註77〕，這便不是否定，而是將次韻作為缺乏詩才的標誌了。因此，從文學
史的角度來看，唱和之作雖一直是詩詞大宗，但其地位一直不高，翻檢古代
詩詞研究成果，專門論述唱和詩詞者並不多見。到了民國時期，士林對次韻
的興致依舊有增無減，不過他們對次韻的理解卻有新見。如上文論及的「來
臺」韻唱和，在《來臺集》的序言中，傅屯良便賦予了次韻以積極意義：

> 自是朋輩之作，咸用斯韻。雖賦事異常，而協音則一。馳和千
> 里，積簡盈尺。銅山崩而洛鐘應，牙絃響而期心會。彬彬乎？炳炳
> 乎？蓋亂離以來，未有之盛也。余惟風雅之道，世變繫焉。時會昇

〔註74〕金毓黻：《靜晤室日記》（第6卷），第4533頁。
〔註75〕袁枚：《隨園詩話》，北京：人民文學出版社，1982年，第3頁。
〔註76〕崑山吳喬修齡：《答萬季埜問》，載中華書局上海編輯所編《清詩話》，北京：中華書局，1963年，第25頁。
〔註77〕吳江李重華玉洲：《貞一齋詩論》，載中華書局上海編輯所編《清詩話》，第930頁。

平，則言皆溫厚；世傷屯塞，則人具哀思；兔置麟趾，質異而情合；
匪風下泉，興殊而感同。一國之風，不必篇皆一事；一代之雅，不
必作皆一人。而自成一國之風，一代之雅，世爲之也。故世治則安
以樂，世亂則怨以怒，亡國則哀以思。聲成於言，通於政，動乎感，
見乎情，自古然矣。用「來臺」韻者數十題，以通邇近之世，而極
詩人之情者也。〔註78〕

次韻形成的時代風氣，便不僅僅關乎詩人的性靈與技藝，也關乎世情世變，
大有季札觀樂遺風，以樂觀政之得失，以聲音體察國運興衰。因此，韻雖小
道，卻繫於國家興亡，因而遭到現代詩人的青睞。到了抗戰時期，家國罹難，
士人流離播遷，觸目即是詩料，到處不乏詩情，以至有韻便可成詩，如「寺
字韻」的唱和之所以能成爲一時風氣，也是如此，其始作俑者章士釗，「入蜀
兩年成詩約四千首」〔註79〕，以至於友人送來詩韻，也能觸發他的詩情，「我
詩本如馬，得韻如得鞭。一韻抵萬金，長沙容迴旋。夜半起高吟，同舍驚佳
眠。性命良有託，兼可延壽年。河陽訊如何，不問司徒燕。浩然爲此歌，遐
想白雲邊」〔註80〕。高吟詩詞以託性命，可見詩詞在戰時甚至成爲士人安身
立命的所在。大約身處戰亂時代，舊體詩詞所蘊藏的豐富的歷史經驗，爲身
處亂世的知識分子，提供了表達其離散經驗和時代意識的最佳形式。知識分
子通過詩詞唱和這種交遊形式，以文學的方式重建了一個文化共同體。正如
傅屯良所指出的，「雖賦事異常，而協音則一。馳和千里，積簡盈尺」。次韻
意味著韻律的完全一致，這種獨特的形式，超越了事類與地域之間的隔閡，
從而具有了「群」的意義，形成了一個聲韻共同體，乃至知識共同體，這不
僅深合南社的旨趣，也是抗戰時期知識分子的一種普遍心態。郭沫若歸國之
初，即用魯迅原韻作詩，大概也是考慮到「群」的這種社會效應。而抗戰時
期，他在重慶參與的「寺字韻」「鞭字韻」唱和，之所以能引起如此多的士人
參與，也與唱和所蘊含的共同體意味有關。由此，也可見戰時重慶士林的精
神共通性。這是爲日後左翼敘事所遮蔽的，而文學與日常生活之間的關聯、
新舊之間交疊融合的歷史情形，也是新文學史所無法完全容納的。

〔註78〕 傅屯良：《來臺集·序》，轉引自《南社詩話兩種》，北京：中國人民大學出版
　　　　社，1997，第 168～169 頁。
〔註79〕 章士釗：《近詩廢疾》，《文史雜誌》，1941 年第 5 期（1941 年 6 月 11 日）。
〔註80〕 章士釗：《章士釗詩詞集》，長沙：湖南人民出版社，2009 年，第 29～30 頁。

第二節　危機與救贖：一個新文化人的「南渡」

「南渡」的焦慮與救贖

「南方」的地理詩學

歷史的救贖，柳郭唱和中的「南明」

　　1942 年，郭沫若在為傅抱石題畫時，步龔半千與張鶴野的原韻寫了五首詩，並寫了長文《題畫記》，對原詩與傅抱石的畫作了細緻的讀解。對於他自己的和詩，他「覺得都還滿意」〔註81〕。這是一組較為特殊的唱和詩：龔半千與張鶴野均生於明末，身處亂世。傅抱石將他們的詩以畫境表達出來，而郭沫若又次韻原詩題畫。在中國的文人傳統中，集古人句、次前人韻都是較為習見的創作方式，大致唱和對象以陶淵明為多，而集句材料多採杜詩。傅抱石和郭沫若則選擇了明末詩人，著眼處都是其民族意識，這無疑與他們身處亂世的共同歷史境遇相關。

　　抗日戰爭時期，國民政府西遷，無論是都城的移動，還是知識分子的播遷，都讓人很容易聯想起歷史上的南渡經驗。因而，南渡一度成為當時知識分子常涉及的經驗，這種現實處境與歷史經驗的相互映襯，既是國難危機中知識分子憂患意識的體現，也是知識分子的一種言說方式和行為模式。對此，學界關注較多的是京派學人群，如陳寅恪、吳宓、馮友蘭等人的南渡詩詞，而較少涉及由南京、上海等地內遷的文人，至於新文化人的南渡經驗，處理得就更少。事實上，新文化人並未因反對傳統而外於南渡經驗，如田漢、胡愈之、于伶、凌叔華等人都以各自的方式表達了他們對南渡歷史與現實的關注；由上海南下香港、廣州，後又輾轉武漢、重慶的郭沫若也是如此，他不僅步龔半千、張鶴野等明末詩人的詩韻作詩，與柳亞子這種有著濃厚南明情結的詩人交往密切，而且還以南明題材創作了話劇《夏完淳》。

　　那麼，新文化人如何選擇、闡釋與接受南渡經驗，以及南渡對於他們又有何特殊意義？如果將其置於新文化運動以來的歷史脈絡中，這個問題將變得更為複雜。因此，本文從郭沫若的舊體詩詞出發，結合他此時的文學與文化活動，探討其如何處理南渡這一現實與歷史問題。尤其是在危急時刻，郭沫若如何借助傳統詩學與歷史經驗以因應現實問題，以及面對這些問題時他的特殊性所在。

〔註81〕郭沫若：《題畫記》，《今昔集》，重慶：東方書社，1943 年，第 115 頁。

一、「南渡」的焦慮與救贖

1937 年年底，郭沫若離開上海，擬往南洋向華僑募款。輾轉香港之際，他「站在騎樓上望著煙霧迷蒙著的海，煙霧迷蒙著九龍對岸的遠山」，成詩兩首：

> 十載一來復，兩番此地遊。興亡增感慨，有責在肩頭。（其一）
>
> 遙望宋皇臺，煙雲鬱不開。臨風思北地，何事卻南來。（其二）

〔註82〕

第一首詩比較平實，郭沫若以舊體詩詞的形式，道出了傳統士大夫在危機時刻的行為模式。在民族主義情緒高漲之際，「責」無疑是指向國家；「天下興亡，匹夫有責」的說法，出自《日知錄》，作者顧炎武與龔半千、張鶴野一樣，也是明遺民。第二首詩中的「宋皇臺」，既是實指，也是用典。宋皇臺又稱宋王臺，為南宋遺蹟，位於香港九龍，當年宋端宗趙昰南逃至此，曾在一巨石上休息，後病死於香港，後人在巨石上刻「宋王臺」三字以示紀念。抗戰時期，不少知識分子借道香港轉昆明，詩詞中多有提及宋皇臺者，既增興亡之歎，也有擔憂歷史重演的焦慮。

除面對宋皇臺時「煙雲鬱不開」的感歎，同時期郭沫若的其它詩句，如「大業難成嗟北伐，長纓未繫愧南遷」〔註83〕等，都表明他也感受著同樣的南渡經驗，分享著同樣的時代焦慮。對此，他在日後的回憶中有更為清晰的說明：

> 宋皇臺不又成為了時代的象徵嗎？
>
> ……它們所關聯著一段歷史悲劇，卻沉重地鎮壓著我。
>
> 歷史在它長期停滯的期間，就給流水竄開了水津，便只是在西流裏打洄漩一樣，是可能重演的。
>
> 宋朝在南邊攪完了，明朝又到南邊來攪完，現在不又是明末宋末的時代了嗎？
>
> 衝破那種洄漩，不讓歷史重演，不正是我們當今的急務嗎？

〔註84〕

〔註82〕郭沫若：《（二）遙望宋皇臺》，《〈抗戰回憶錄〉之一章・南遷》，《華商報》，1948 年 8 月 26 日，第三版。

〔註83〕郭沫若：《（四）輾轉反側》，《〈抗戰回憶錄〉之一章・南遷》，《華商報》，1948 年 8 月 28 日，第三版。

〔註84〕郭沫若：《（二）遙望宋皇臺》，《〈抗戰回憶錄〉之一章・南遷》，《華商報》，1948 年 8 月 26 日，第三版。按，《郭沫若全集》本中，第三句改為：歷史在

這確實與陳寅恪、吳宓等人的感慨頗爲相似，南渡讓知識分子感受到的，是歷史深處的惘惘威脅。所謂「南朝一段興亡影，江漢流哀永不磨」〔註85〕、「綺夢空時大劫臨，西遷南渡共浮沉」〔註86〕等莫不如此；更爲關鍵的是，無論是晉、宋還是明的南渡，都是以悲劇收尾，這是知識分子在援引歷史經驗時，所低估的這種敘事模式本身所積累的歷史悲劇性，即，南渡從來就未北歸。正如陳寅恪所說的「南渡自應思往事，北歸端恐待來生」〔註87〕。這既是知識分子面對現實時的悲觀情緒，也是歷史經驗的歸納。因此，南渡的焦慮，首先是種歷史意識──「南宋」與「南明」所帶來的歷史重演的循環論隱憂。

既然南渡經驗是悲劇性的，爲何知識分子依舊樂道於此？從歷史的角度，南渡一般指東晉、南宋與南明的南渡，是一種因外族入侵所導致的京闕被迫遷移的現象。因此，它天然地與民族危亡相關，這不僅涉及江山易主時士大夫的出處問題，而且還與「華夷之辨」的民族主義傳統密切相關，這些因素都使「南渡」的敘事結構在國家危難之際有被喚醒的可能；而從詩學著眼，南渡主要處理的是朝廷行在、士人流亡等經驗，背後是政權顛覆、甚至於亡國滅種的威脅，形成的是一種獨特的危機詩學，處理的是國家危機時刻的離散經驗，在危難之際它往往成爲士大夫尋求精神支持的資源。因此，在文人傳統中，南渡不僅是獨特的歷史經驗，也是一種特具內涵的敘述結構和出處方法，背後關聯的是士人如何應對亂世的思想模式、道德倫理、情感結構和行爲模式等。

對於抗戰之際的知識分子，南渡敘事首先提供了一種熟悉的認知方式。面對日寇入侵這種家國興亡的經驗，他們需要從歷史上找到熟悉的敘述和表達方式，以言說自己的處境，緩解其身份和思想上的焦慮。因而，南渡敘事爲抗戰之際的知識人提供了某種身份想像的空間和方法，如此時詩人就極少使用「日本」或「日寇」這類現代詞彙，而是匈奴、狄、夷、倭寇等傳統歷

它長期停滯的期間，就像流水一水離開了主流一樣，只是打回漩。《郭沫若全集》第14卷第10頁。這大大淡化了郭沫若當時的歷史悲劇意識。

〔註85〕陳寅恪：《七月七日蒙自作》，陳美延 陳流求編：《陳寅恪詩集》，北京：清華大學出版社，1993年，第24頁。

〔註86〕吳宓：《大劫一首》，吳學昭整理：《吳宓詩集‧南渡集》，北京：商務印書館，2004年，第328頁。

〔註87〕陳寅恪：《蒙自南湖》，《陳寅恪詩集》，北京：清華大學出版社，1993年，第24頁；吳宓日記中題爲《南湖即景》。

史敘事和詩歌表達的詞彙。比如程潛有句「蠻夷覬諸夏，豺虎出東鄰」〔註88〕；郭沫若也是如此，如「樹影疑戎，風聲化狄」〔註89〕，「薄海洪波作，倭奴其式微」〔註90〕等均是如此，是借助傳統的夷夏觀，或表達自身的民族意識，或爲喚起民眾的抵抗情緒。可見在中日交戰之際，傳統的夷夏觀念並未因外族入侵而消除，而是被重新激活。

　　華夷之辨的復蘇不僅是詩學層面的，也延伸到政治、思想和社會領域，這主要借助的是南渡敘事的倫理意義，尤其是反抗、忠義與賡續民族文化等方面。這重倫理色彩，將士大夫的逃亡與普通的遷徙區分開來，逃避戰亂的行爲因而也變得不同尋常。這與抗戰時期的意識形態也最爲契合，它不僅具有社會動員的效能，而且也是處理叛國問題的倫理資源，正如「漢奸」這個詞彙所顯示的，傳統社會所積累的華夷之辨的資源在抗日戰爭中也被重新起用了。這也是郭沫若等人強調較多的一面，如同在國民政府政治部第三廳任職、且與郭沫若往來密切的畫家傅抱石，在抗戰初期便編譯了《明末民族藝人傳》，傳晚明詩人、畫家等藝人行狀。郭沫若在序言中特指出傅抱石的微言大義：

> 北京破後，直至清順治初期，若干書畫家在異族宰割下之所表現，竊以爲實有不容忽視者。如文湛持兄弟、黃石齋夫婦、史道鄰、傅青主，乃至八大、石濤諸名賢，或起義抗敵，或不屈殉國，其人忠貞壯烈，固足垂千古而無愧，其事可歌可泣，一言一行，尤堪後世法也。……茲民族危難不減當年，抗戰建國責在我輩，余嘉抱石之用心而尤願讀者深察之也。〔註91〕

南渡經驗與遺民傳統並不完全相同。但在南渡的歷史中，南明的特殊之處在於其時間較短，因而與遺民文化聯繫極爲緊密。傅抱石的傳主中，部分便屬此類，這也是郭沫若所指爲「忠貞」的對象。可見在民族危機時刻，新文化人也要從忠君的傳統汲取資源。

〔註88〕程潛：《贈賈韜園景德》，《養復園詩集》，長沙：嶽麓書社，2012 年，第 113 頁。

〔註89〕郭沫若：《望海潮》，《潮汐集》，北京：作家出版社，1959 年，第 431 頁。

〔註90〕郭沫若：《挽張曙詩兩首·二》，《潮汐集》，北京：作家出版社，1959 年，第 430 頁。

〔註91〕郭沫若：《〈明末民族藝人傳〉序》，傅抱石編譯《明末民族藝人傳》，商務印書館，1938 年。

但正如「宋皇臺」喚起了郭沫若的「南渡」無意識一樣，南渡經驗吸引郭沫若的，也並非只是其抗敵的實用價值，還在於南渡敘事與抒情本身所具有的詩美學。無論是龔半千的詩，還是傅抱石的畫，郭沫若都是從詩學的角度予以品評的，他讀到的是種獨特的亂世美學：

> 半千的詩雖然不多，大率精練，頗有晚唐人風味。就是這《與費密遊》三首，確是格調清拔，意象幽遠，令人百讀不厭。這詩的好處簡單的說似乎就是「詩中有畫」。借無限的景象來表示出蒼涼的情懷，儼如眼前萬物，滿望都是蒼涼。其實蒼涼的是人，物本無與，但以詩人有此心，故能造此物。〔註92〕

龔半千，名賢，工詩畫，明清之際隱逸之士。雖有隱逸情懷，但家國淪喪之情，故土易主之痛，卻通通湧入筆端，因此詩多寓興亡之意。如「六朝無廢址，滿地是蒼苔」；「一夕金痂引，無邊秋草生。橐駝爾何物？驅入漢家營」；「自憐爲客慣，轉覺到家愁。別酒初醒處，蒼煙下白鷗」等，均是如此。可見處身世外，亦難泯故國之思的概況。更無法迴避的，是滿目瘡痍，發而爲詩，故生成了一種獨特的殘破美，隱喻家山的破碎。郭沫若於此心有戚戚焉，故名之爲「蒼涼」。傅抱石顯然也體味到了這一點，他尋龔半千詩意作畫，並有題記：

> 壬午芒種，擬畫野遺《與費密遊》詩，把杯伸紙，未竟竟醉。深夜醒來，妻兒各擁衾睡熟，乃傾餘茗，研墨成之。蛙聲已嘶，天將曉矣。重慶西郊山齋傅抱石記。〔註93〕

郭沫若對此跋尤爲注意，認爲「雖僅寥寥數語，已不免滿紙蒼涼。更何況敵寇已深，國難未已，半千心境殆已復活於抱石胸中。同具此心，故能再造此境」。傅抱石之選擇龔半千，已不無興亡意識；而敵寇窺江、戰亂頻仍之際，跋語中雖聊作灑脫之態，卻難掩黍離之悲，卒顯蒼涼之感；末世況味，所續接的正是明末詩人的亂世美學，一種獨特的興亡之美，重點不在興，而在亡；處身隱隱威脅之中，這是戰時詩學的獨特風格，也是戰時士人感受到的某種普遍況味。

這種普遍況味，也體現在重慶士人的日常活動中。抗戰期間，重慶士林間的宴遊雅集反較平日爲多。以程潛現存的部分詩作爲例，僅1939年涉及修

〔註92〕郭沫若：《題畫記》，《今昔集》，重慶：東方書社，1943年，第117頁。
〔註93〕郭沫若：《題畫記》，《今昔集》，第116頁。

禊宴集者便多達七次：《馮園禊集四十二人　分得「實」字》《浴佛日集大興善寺　分得「方」字》《馮園消夏集　分得「綏」字》《七夕曲　樂府　菊花園集分得「意」字》《重九大興善寺集後同弔翠華公墓　分得「我」字》《贈賈韜園景德　並序》（序為：韜園六十生日，諸友集馬氏莘莊，賦詩為壽。分得「秦」字），《苦寒行》（序為：己卯小寒，同人舉消寒集，分得「平」字。感念軍民抗戰勞作，作《苦寒行》）。在詩中他也往往以歷史上的修禊佳話自許，如「蘭亭傳韻事，斯會正堪匹」〔註94〕等。程潛，字頌雲，時為第一戰區司令長官，但第一戰區早已淪亡，實為閒職。他本為近代大儒王闓運弟子，故與士林多有來往。從他該年的宴飲活動便可略窺重慶士林的風貌，這大致繼承了在節日期間集會的傳統。結合前文所述「寺字韻」「鞭字韻」唱和，不難發現，正如東晉與南宋詩人，多借宴遊、修禊以述懷一樣，重慶士林也往往借詩消愁。因此，南渡的詩學似乎為焦慮與離散中的知識人，提供了一種救贖的美學，修禊、讀詩、寫詩本身就是一種有效的抒情實踐。正如章士釗詩中所言：「人矜夔府去來詩，獨我泠然別有思。向壁功名餘白首，過人哀樂況危時。著經原不因關令，居室無須避寇師。老去眼存還愛讀，強遺遊舊借書帾。」〔註95〕而郭沫若之熱衷收藏漢磚拓片、為傅抱石等人題畫等行為，未嘗不可納入此種體物抒情的時代潮流。

　　郭沫若讀畫解詩之後，依龔半千原韻，和詩三首，詩為：

　　　披圖忽驚悟，彷彿釣魚臺。古木參天立，殘關倚水開。

　　　蒙哥曾死去，張玨好歸來。戰士當年血，依稀石上苔。

　　　卅載撐殘局，歸然有廢城。望中皆黍稷，入耳僅蟬鳴。

　　　一寺僧如死，孤祠草自生。中原獨釣處，是否宋時營？

　　　三面皆環水，雙江日夜流。當年遺恨在，今日畫圖收。

　　　我亦能拼醉，奈何不解愁。羨君凝彩筆，矯健似輕鷗。〔註96〕

詩中多殘破意象，如殘關、石上苔、殘局、廢城、黍稷、蟬鳴、孤祠、宋時營等，不一而足，套用郭沫若自己的話說，「蒼涼之意宛然矣」。如果置於晚明詩人集中，幾可亂真，對南渡詩人的殘破美學表達得尤其到位；他由傅抱

〔註94〕程潛：《馮園禊集四十二人　分得「實」字》，《養復園詩集》，長沙：嶽麓書社，2012年，第109頁。

〔註95〕章士釗：《章士釗詩詞集》，長沙：湖南人民出版社，2009年，第33頁。

〔註96〕郭沫若：《題畫記》，《今昔集》，重慶：東方書社，1943年，第118頁。

石畫而念及的釣魚臺，與宋皇臺一樣是南宋遺蹟，背後關聯的也是一段歷史悲劇。

二、「南方」的地理詩學

　　南渡對於知識人的影響，不僅在於流亡過程的「渡」，也在於地理方位的「南」。郭沫若詩中的釣魚臺是一個典故，指的並非漢代嚴子陵隱居江浙的釣魚臺，而是蜀中的釣魚城，詩中的蒙哥、張珏等典故均與此相關。郭沫若不僅曾經親往釣魚城憑弔，還著長文《釣魚臺訪古》詳細介紹釣魚城的歷史故實。釣魚城位於離陪都重慶不遠的合川，是南宋末年名將余玠、王堅、張珏等人抗元的遺蹟。郭沫若於 1942 年 5 月曾應盧子英之邀，前往釣魚城憑弔。釣魚城借釣魚山之固，依山築城，且有水勢之險，據巴蜀門戶，易守難攻。郭詩中的「蒙哥」即元憲宗，他曾親率大軍圍城，據說被飛石擊中而死。後來釣魚城在抵抗蒙元入侵時也屢建功勳。

　　釣魚城的堅固，讓郭沫若推而及於巴蜀在抗戰事業中的重要性。憑弔釣魚城時他曾賦七律一首，首、頷聯為：「魄奪蒙哥尚有城，危崖拔地水回濚。冉家兄弟承璘珏，蜀郡山河壯甲兵。」〔註 97〕冉家兄弟，即冉璡與冉璞，正是他們建議余玠修築釣魚城。富饒物產與難破天險，使蜀地成為抗擊外寇的最佳腹地，這也是國民政府西遷巴蜀的原因。郭沫若對此不乏自覺，他在其它詩作中也多次強調蜀地之於抗戰全局的重要性，其《再用寺字韻》有句：「抗戰以來逾二載，剩有蜀山猶健在」〔註 98〕；《別季弟》：「飄搖日夕驚風雨，破碎乾坤剩蜀山」〔註 99〕；《感時四首》其三：「嘉陵三月炎如暑，巫峽千尋障此民」〔註 100〕；《贈樸園》：「一成一旅能興夏，次日誰嗟蜀道難？況復中原文物盡，僅留福地在人間」〔註 101〕等等，均言巴蜀危卵獨完，不僅使境內居民得以保全，也是國民政府藉以抗敵的資源。因此，南方對於抗戰的重要性，正體現在其地理優勢上。

〔註 97〕郭沫若：《釣魚臺訪古》，《說文月刊》，第 3 卷第 7 期，1942 年 8 月 15 日；詩作又以《釣魚城懷古》為題，單獨發表於《新蜀報》，1942 年 6 月 18 日，第四版。

〔註 98〕郭沫若：《寺字韻詩七首》，《郭沫若書法集》，成都：四川辭書出版社，1999年，第 214 頁。

〔註 99〕郭沫若：《別季弟》，《潮汐集》，北京：作家出版社，1959 年，第 448 頁。

〔註 100〕郭沫若：《感時四首‧三》，《潮汐集》，第 411 頁。

〔註 101〕郭沫若：《贈樸園》，《潮汐集》，第 347 頁。

　　地理之於國家的重要性首見於資源、地勢等戰略層面，但對於知識人來說，則體現於南方的文化傳統。抗戰時期的南方，範圍主要是指大西南，與明末的文化中心江南不同。西南的文化開發要晚得多，這從西南聯大師生的紀行詩文中可以找到大量的材料。即便從大西南著眼，與郭沫若直接相關的蜀地也有特殊性，無論是從歷史資料，還是郭沫若等人發現的漢磚實物來看，都表明四川早在漢代便已得到開發，而且有司馬相如、楊雄、陳子昂、蘇軾等歷代文豪，因此，從文化傳統來看，士大夫在蜀地並不會感到不適。正如章士釗詩中所云，「巴蜀自來尊漢臘，文章何忍說新家」〔註102〕。相反，蜀中的山水反而為詩人提供了諸多新鮮的詩料，汪辟疆在《近代詩派與地域》一文中對此有詳細論說。在他看來，除蜀地詩人外，「即寓公遊客，如少陵、山谷、劍南諸家，其客蜀所作，亦頗與蜀山蜀水之青碧為近」，因而感歎，「蓋山川與文章相發，寓於目者不可彌於胸，其理固不可誣也。」〔註103〕而本為四川人的郭沫若，戰亂反為他第一次返鄉提供了契機，因此，他不僅不會感到不適，入川反而成了他的優勢。

　　但四川畢竟深處內地，文化較為封閉保守，這也為入川士人的南渡情結提供了文化氛圍。晚清張之洞創尊經書院，為蜀學轉變之一大關鈕，後王闓運任山長期間更培養了不少學生，如廖平、宋育仁等，均為蜀中後起之秀。民元後，這些人大多以遺老自居，即便善變如廖平者，也依舊閉門治學。因此，蜀中文化氛圍較為保守，而對於廖平、趙熙等遺老，蜀中有「五老七賢」的雅號，研究者認為在四川軍閥混戰之際，正是他們維繫著蜀地的上層文化和價值系統〔註104〕；當然蜀地也有離經叛道者，如吳虞便曾一度被胡適譽為「『四川省隻手打孔家店』的老英雄」〔註105〕，但究其史實，「隻手」屬實，「打」的效果卻並不佳，以至於到了抗戰時期周文還在向胡風抱怨：「這裡還是『五老七賢』的世界，文必『之乎者也』，詩必『七言五言』，這才能登『大雅之堂』」〔註106〕。

〔註102〕章士釗：《和翊雲花茶韻五首》，《章士釗詩詞集》，長沙：湖南人民出版社，2009年，第23頁。

〔註103〕汪辟疆：《近代詩派與地域》，《汪辟疆文集》，上海：上海古籍出版社，1988年，第320頁。

〔註104〕Kristin Stapleton, *Civizing Chengdu: Chinese Urban Reform, 1895～1937*, Cambridge: Harvard University Press, 2000, P208.

〔註105〕胡適：《吳虞文錄·序》，《吳虞文錄》，上海：亞東圖書館，1921年。

〔註106〕周文：《致胡風：1938年2月6日》，《周文文集》第4卷，北京：作家出版社，2010年，第196頁。

事實也是如此，這些耆老在抗戰時期依舊是士林中心。可以作爲象徵性事件的，是趙熙的北碚修禊。1941 年，趙熙被弟子江庸等接到重慶，在北碚冷宅主持了一次文人修禊活動，他們仿傚蘭亭之雅，取《蘭亭序》爲詩韻唱和，這幾乎驚動了重慶的整個士林，不僅晚清遺老視爲盛舉，軍政界要人與革命耆老也頗多參與者。如黃炎培因外出未能與會，友人也代爲拈得「長」韻，賦詩呈送香宋公〔註107〕。趙熙詩雖宗唐者多，但他與同光詩人鄭孝胥、陳衍等多有來往，故與閩派、贛派等都有交往，經由這些淵源，戰時入川的「下江」詩人對他也頗爲敬重，彼此多有詩詞往還。

郭沫若此次雖未與身其間，但他與「五老七賢」的關係並不淺，除了鄉誼之外，他本人便是廖平的再傳弟子，其經學業師帥平均便是廖平的弟子。郭沫若的古代史研究，實未走出今文經學範圍。而他 1939 年返鄉時，也特意前去拜會昔日業師。對於趙熙，郭沫若不僅與他的弟子江庸等人頗有來往，建國初期他還曾參與集資出版《香宋詩前集》。因此，戰時重慶形成了一種文化奇觀，晚清遺老、革命耆舊、新文人等在四川共聚一處，相互唱和。

然而，南渡傳統畢竟與遺民文化不同。南渡一般尚有京闕行在，旨歸在於反抗與復國，與遺民的自我放逐不同。因此，對於新文化人且兼任政府宣傳工作的郭沫若來說，他的問題不僅在於如何調整個人的心態，還在於如何從南方出發，重新講述一個關於抗戰、關於建國的故事，這不僅關係到抗戰建國的意識形態建構，也與知識人的文化認同相關。或許正是鑒於蜀地濃厚的遺老氣氛，郭沫若轉向更具代表性的南方文化──楚文化尋求支持。抗戰時期，受楚文化澤被者不止郭沫若，楚國的悲劇性，與東晉、南宋、南明等雖性質不同，但其面臨北方強敵入侵的局面卻是一樣，而楚人立志雪恥、仇終得報的氣魄，也一度成爲士人抗戰必勝的信念來源。「楚雖三戶，亡秦必楚」的說法，當時幾乎見於所有詩人的筆下，如郁達夫有「一成有待收斯地，三戶無妨復楚仇」〔註108〕；趙熙酬贈章士釗詩有「三戶亡秦原有讖，楚臺高處榜章華」〔註109〕；而即便身在桂林，黃炎培也不忘寫下「請纓寫遍千門帖，

〔註107〕黃炎培：《香宋先生退隱三十年矣，頃者，門弟子自其籍容縣車迎來渝，文燕無虛日，獨北泉禊集，余未獲與，纘衞代拈得長字，因賦呈兼示諸君子》，《黃炎培詩集》，北京：人民出版社，2014 年，第 156 頁。

〔註108〕郁達夫：《感時》，《郁達夫全集》，第 9 卷，杭州：浙江文藝出版社，1992 年，第 168 頁。

〔註109〕趙熙：《答章侯》，轉引自《章士釗詩詞集》，長沙：湖南人民出版社，2009 年，第 25 頁。

三戶興亡卜楚秦」〔註110〕之類的詩句，柳亞子在與郭沫若的唱和之作中，也寫道「郭生郭生歌莫哀，亡秦三戶燃劫灰。天祿著書餘事耳，燕然勒石亦豪哉」〔註111〕，等等，不一而足。

對於郭沫若，與其說他是認同楚文化，還不如說他是根據現實需要，在創造、發明楚文化。楚文化在抗戰時期的中興，與郭沫若有莫大的關聯，這不僅在於他的屈原研究，以及轟動一時的話劇《屈原》，更在於他從源頭上賦予了楚國文化以正統地位。楚文化是一種較爲獨特的南方文化，雖同爲士人想像的「南方」，江南與楚地之間差別卻極大。江南自隋唐之後，不僅成爲全國經濟重心，而且也是文化重心，江南士林向以中原正統自居。因此，即便是江山易主，江南士大夫依舊能保持文化上的優越感，這也是清初的明遺民文化形成的原因〔註112〕；但楚地則不同，歷史語境中的楚國，一向被視爲南蠻之地，尤其是頗具巫祝之風的楚文化，一直都是作爲漢文化對立面而存在，雖然楚文化逐漸被儒家化，但它依舊與以自居正統的漢文化不同。因此，郭沫若首先要面對的問題是，因日人入侵所喚起的夷夏之防，如何容納非正統的楚文化，或者說，楚文化本身所具有的南蠻形象，如何進入以漢文化爲中心的家國敘事。

郭沫若提供了一個根本性的解決方案。他以屈原研究爲契機，將南方確立爲中國的正統。在他看來，殷文化是華夏文化的源頭，周文化則屬西部的夷狄文化〔註113〕。後來在《論古代文學》一文中，他對此描述得更爲詳盡，不僅爲殷紂王翻案，還將楚確立爲殷的同盟及其文化的繼承者：

> 我們從民族的立場來講，殷紂王比周武王所貢獻的要大得多，殷紂王征服黃河、淮河、長江下游一帶的東夷，隨把殷朝的文化傳到東南。這種文化的擴張，乃殷紂王的功勞。殷紂王被周武王乘虛襲擊，逼得自殺後，一部分殷民族屈服成爲奴隸，一部分不願屈服，在黃河一帶曾同周朝鬥爭，結果失敗，而從中心區域的黃河中部退

〔註110〕黃炎培1937年12月31日日記：《黃炎培日記》，第5卷，北京：華文出版社，2008年，第240頁。

〔註111〕柳亞子：《次韻答沫若，六月八日作》，《磨劍室詩詞集》，柳亞子文集編輯委員會主編，上海：上海人民出版社，1985年，第1119頁。

〔註112〕參考楊念群：《何處是江南：清朝正統觀的確立與士林精神世界的變異》，北京：三聯書店，2010年；趙園：《明清之際士大夫研究》，北京：北京大學出版社，1999年。

〔註113〕郭沫若：《屈原》，上海：開明書店，1936年，第55～56頁。

據殷紂王所征服了的東夷的疆土（即今安徽江蘇一帶），立國號曰
宋。春秋時代的徐楚，古書稱爲徐人楚人，好像是外化的蠻子，實
際徐人楚人，是殷民族的同盟民族，周滅殷，徐民族不屈服，與周
民族抗戰失敗，被迫向東南遷移，過長江到江西。江西遂成爲徐人
的領土。〔註114〕

隨著殷民族的南遷，殷朝文化逐漸傳播到南方，尤爲重要的是，「這個南方的
殷文化，是沒有經過周民族的控制損益的」〔註115〕。這樣，郭沫若從民族志
的角度，將殷確定爲中華文明的源頭，而楚文化則是這一文明的直接繼承者，
從而確立了楚文化的正統性；因此，戰時知識人的南渡，反而是進入了正統
之內，這不僅解決了當時詩詞中常見的、以楚秦之爭喻指中日之戰的不倫，
也爲以南方爲中心的抗戰建國戰略提供了歷史依據。郭沫若此種觀念看似離
經叛道，但與史學界徐中舒、傅斯年等人關於夏商的研究，尤其是傅斯年所
提出的「夷夏東西說」，實有內在的一致性〔註116〕。郭沫若與傅斯年等人觀點
之間的相似並不足怪，因爲他們的源頭都是王國維的《殷周制度論》，正是王
國維在該文中提出殷周「政治與文物」的變革，較之夏商更爲「劇烈」〔註117〕，
從而開啓了後學對殷周變革問題的研究。

正如殷周變革問題最終轉變爲「夷夏東西」的民族問題一樣，郭沫若對
徐、楚「外化的蠻子」的否認，以及他爲楚文化追溯正統性的嘗試，也進一
步坐實了他的夷夏觀。但畢竟此時的焦點是「五族共和」以共同禦敵的問題，
因此，他的這種策略不僅未能解決問題，反而讓他的話語顯得矛盾：他無法
既徵用夷夏之防作爲抗敵的精神資源，同時又從南方這個本來就民族混雜的
地域，講述一個完整的中國故事，這種矛盾不僅體現於舊體詩詞的形式與內
容之中，也體現在他以西南爲歷史背景的話劇中。

1942 至 1943 年，除了《屈原》以外，郭沫若還作過兩部以南方爲背景的
話劇，即《孔雀膽》與《南冠草》。其中，《孔雀膽》是一部充滿少數民族風情

〔註114〕郭沫若：《論古代文學》，《學習生活》，1942 年第 4 期。

〔註115〕郭沫若：《論古代文學》。

〔註116〕傅斯年：《夷夏東西說》，《國立中央研究院歷史語言研究所集刊外編》，1933
年。學界對這一問題的探討，可參考王汎森著：《傅斯年：中國近代歷史與政
治的個體生命》（北京：三聯書店，2012 年），第 115～135 頁。

〔註117〕王國維：《殷周制度論》，載《觀堂集林》，北京：中華書局，1959 年，第 453
頁。

的戲劇，上演後頗受關注。就創作初衷來看，郭沫若本想「把宋末抗元史中的釣魚城的故事戲劇化的」，但在閱讀元文獻時卻被阿蓋這位女性吸引去了〔註118〕。但無論是四川釣魚城的故事，還是雲南孔雀膽的故事，郭沫若的初衷都是想從西南出發，講述一個團結抗敵的國族故事。因此，在他最初的設計中，是以阿蓋（元人）與段功（雲南沖家人，後改為民家人）的愛情為主線，因「怕驚動微妙的民族感情」，段功與元人的關係處理得較為含混。但該劇上演後卻不斷遭遇政治性的質疑，這使得郭沫若一再對該劇加以修改，最為重要的是加入了漢族大一統的歷史遠景，使以愛情為主線的故事，轉變為政治寓言。正如論者所指出的，西南的民族故事因而轉變為了以漢族為中心的國族建構〔註119〕。

　　需要進一步追問的，是修改後的《孔雀膽》能否講述這個大一統的故事。該劇修改幅度最大的，是加了漢人楊淵海主張反元的一幕，同時，段功的「妥協」也被重新塑造為立足民眾利益的「和親」，他的失敗也轉化為現實中對妥協主義的批判。但這樣修改過後，段功雖然替代阿蓋成為主角，他的形象反而更為模糊；大一統視野的引入，對於楊淵海是歷史的出路，但對於段功卻不見得如此。這只是徒增西南國族敘事的難度而已。如此，郭沫若寫作原劇只花費了五天，而修改則花費二十多天這一情況便能得到理解。可惜的是，修改本在悲劇性上也弗如原劇遠甚。

　　回到《孔雀膽》的創作初衷，阿蓋吸引郭沫若的，很大程度上是她的詩詞。阿蓋在丈夫遇害後，留下絕命詩而自殺。詩為「吾家住在雁門深，一片間雲到滇海。心懸明月照青天，晴天不語今三載。……雲片波瀲不見人，押不蘆花顏色改。肉屏獨坐細思量，西山鐵立風瀟灑。」〔註120〕郭沫

〔註118〕郭沫若：《〈孔雀膽〉的故事》。據郭沫若稱，他是幼年從《國粹學報》上的《阿蓋詩》得知阿蓋的存在的，而觸動他創作的，是1939年他回老家時，找到了青年時讀過的那冊《國粹學報》，並將之攜至重慶，「時時喜歡翻出來吟哦」，後起念將之搬上舞臺。查考《國粹學報》第64期，可見由雪生輯錄的「明遺老劉毅庵」的《脈望齋殘稿》，其中有《阿蓋詩》，雪生在按語中詳細考證了阿蓋的事蹟，肯定了她的「忠孝節烈」具有普遍性，而「不得以阿蓋為夷裔而遺棄之」，尤為表彰了段功後人的復仇之志，「足以愧天下萬世之靦顏男子而忘祖父仇讎，反認賊作父者」，這正與《國粹學報》所宣傳的種族革命觀一致。

〔註119〕王家康：《〈孔雀膽〉創作過程中的民族因素》，《聚散離合的文學時代（1937～1952）》會議論文集，北京：2013年，第74頁。

〔註120〕郭沫若：《〈孔雀膽〉的故事》，載《孔雀膽》，群益出版社，1946年，第183頁。

若最初是在《國粹學報》上讀到這個故事的。《國粹學報》是他青年時期的讀物，1939 年他返鄉時攜回重慶。對阿蓋的詩，則是「時時喜歡翻出來吟哦」〔註121〕，並進一步將其寫爲話劇。可見，南方對於戰亂中的知識分子來說，雖然提供了抗日的資源，但也可能只是心理寄託，一種源自地理的詩學救贖。

三、歷史的救贖，柳郭唱和中的「南明」

如果說，南渡和南方對於戰時知識分子來說，更多的是意味著一種獨特的亂世經驗，是危急時刻的政治經驗、文學想像和倫理資源，獲得救贖的方式的是心理層面的美學慰藉，而南渡背後歷史循環的隱憂，卻從未得到解決。相對而言，與南渡議題密切相關的南明，則突破了這一局限。而郭沫若對南明歷史的處理方式，以及他與柳亞子之間就南明事的唱和，也體現了郭沫若在面對南渡問題時的獨特性，即他試圖打破這個歷史的循環，獲得某種歷史的救贖。

抗戰時期曾一度興起南明熱。新文化陣營中，僅就蜀中而言，就有蘇雪林的《南明忠烈傳》（1941 年）、小說《蟬蛻集》（1945 年），吳祖光的《正氣歌》（1942 年），郝靜農的《南明講史》（未出版）〔註122〕。而身處淪陷區上海的阿英更是創作了《碧血花》（1939 年）《海國英雄》（1940 年）《楊娥傳》（1941 年）《懸嶴神猿》四部南明劇，蔚爲壯觀。郭沫若也是這一潮流的推動者，他於 1943 年初創作了《南冠草》，寫的是明末「江左少年」夏完淳抗清的事跡，後由夏衍執導，以《金風剪玉衣》的劇名上演；南明事也多出現於他的詩詞、尤其它與柳亞子的唱和詩詞中。柳亞子是「南社」主盟，南社之「南」本來就帶有以南方傳統（南音、南服等）對抗北廷的文化政治色彩，同時，他又立志獨立撰寫南明史，是南明熱的主要推動者。因此，借助新舊詩壇兩位盟主之間的詩詞唱和，我們或可體察南明之於當時士人的精神意義，以及二人之間的同與異。

〔註121〕郭沫若：《〈孔雀膽〉的故事》，載《孔雀膽》，第 191 頁。
〔註122〕對臺靜農寫作《南明講史》的分析，可參考王德威：《國家不幸書家幸——臺靜農的書法與文學》，該文收《抒情傳統與維新時代》，吳盛青 高嘉謙主編，上海：上海文藝出版社，2012 年。王德威主要是從新文學寫作的内在困境著眼，也涉及當時的文化語境。

　　南明在二人的唱和中，首先是作爲交往的話題。他們唱和中第一次出現
南明，是柳亞子到達桂林之後。因香港淪陷，柳亞子倉皇逃出，他此前所搜
集的南明史料及部分書稿，片紙未被攜出，這對於立志要編纂百卷南明史的
他來說，無疑是一個絕大的打擊。因此他在詩中寫道：

> 楚吳前輩典型在，風洞山高接水湄。百卷南明書未就，忍教流
> 涕話興衰。〔註123〕

此詩寫於1942年端午節，是應田漢之邀於「桂林七星岩前飲茶」時所寫。還
有兩首，其一提及郭沫若：「懷沙孤憤鬱難平，千載惟留屈子名。猛憶嘉陵江
上客，一片珍重寫幽情」〔註124〕。其二有句「劍態簫心吾已倦」〔註125〕，可
見亞子此時的倦怠之態。田漢是此時柳亞子作詩的主要「對手」，先次韻奉和
三首，又感於亞子對郭沫若的懷念，因而將亞子與自己的詩都寄給郭沫若，
囑其和韻。郭沫若依韻和詩，其三爲：

> 欲讀南明書已久，美人還在海之湄。薪樵豈有傷麟意，大道如
> 天未可衰。〔註126〕

與田漢著眼於亞子的精神狀態不同，郭顯然更側重亞子的名山事業，不僅和
韻，也是和意。亞子詩中的「楚吳前輩」、「風洞山」均有所指，「楚」指張同
敞（別山），湖北江陵人，「吳」指瞿式耜（稼軒），江蘇常熟人，二人均爲南
明封疆大吏，清軍進攻桂林時，二人被執，後從容赴死〔註127〕，風洞山相傳
爲二人就義處〔註128〕。在桂林期間，柳亞子曾多次憑弔二人的紀念亭，並有
詩紀念：「南明宗社莽榛蕪，紀念亭留德未孤」〔註129〕，又題瞿式耜遺像：「艱
危亡士空瞻拜，愧道勾吳是舊鄉」〔註130〕。這種今昔之感，表明南明往事實

〔註123〕郭沫若：《詩訊》，《新華日報》，1942年7月15日。
〔註124〕郭沫若：《詩訊》。
〔註125〕柳亞子詩見郭沫若《詩訊》。
〔註126〕郭沫若：《詩訊》。
〔註127〕可參考張暉：《帝國的流亡》，北京：中國社會科學出版社，2014年，第138
　　　　～152頁。
〔註128〕後來朱琴可告訴柳亞子，瞿式耜與張同敞就義處爲獨秀峰下的靖江王故邸，
　　　　埋葬之地爲仙鶴岩，風洞山系誤傳，因而後來柳亞子詩中有「流傳風洞誤，
　　　　青史念瞿張」句。見柳亞子：《中山公園示朱琴可，一月十日作》，《磨劍室詩
　　　　詞集》，柳亞子文集編輯委員會主編，上海：上海人民出版社，1985年，第
　　　　1025頁。
〔註129〕柳亞子：《十一月一日，謁瞿、張二公殉國紀念亭有作》，《磨劍室詩詞集》，
　　　　柳亞子文集編輯委員會主編，上海：上海人民出版社，1985年，第1014頁。
〔註130〕柳亞子：《瞿文忠公遺像，爲琴可題，二月十日作》，《磨劍室詩詞集》，第1032頁。

際上為戰時的柳亞子，提供了精神的支撐與歸宿。郭沫若的和詩無僻典，唯「傷麟」與孔子有關，據《公羊傳・哀公十四年》載：「西狩獲麟，孔子曰：吾道窮矣。」郭沫若反用，自是為了安慰柳亞子；而「南明書」則是指柳亞子的南明研究，但並未深入談論南明往事。可見，郭沫若固然瞭解南明對於柳亞子的重要性，卻無法在精神上與之相和。南明對郭沫若來說還只是一個話題。

1943 年 5 月，值柳亞子五十七歲壽辰之際，郭沫若再賦長詩一首：

> 亞子先生今不朽，詩文湖海同長久。
> 敢言振發天下聲，刀鋸斧鉞復何有。
> 南社結盟曾點將，四方豪俊唯君望。
> 刪詩聖手削春秋，史述南明志悲壯。
> 七七盧溝卷大波，一盤破碎漢山河。
> 弈樓射日日未落，且揮椽筆如揮戈。
> 春申一葉天溟開，崇朝飲馬宋皇臺。
> 吁嗟國姓爺已渺，永曆遺蹟埋塵埃。
> 放歌我欲飛南陔，飛入八桂共含杯。
> 壽君五十又七盞，盞盞血淚非新醅。
> 中原萬千鴻鳴哀，玄黃草木餘劫灰。
> 天地生我在今日，身無羽翼奈何哉。
> 珊瑚壩上有鐵鷹，日搏扶搖不我以。
> 手捧紅雲天上來，我為君歌歌不止。
> 因風我寄南冠草，壽以詩人應最好。
> 江左由來出奇才，君與完淳參與昂。

與前一首不同的是，該詩幾乎句句不離南明，尤其是第四闋中的「春申」、「宋皇臺」、「國姓爺」、「永曆遺蹟」等南明遺事、遺蹟，恰與柳亞子戰時的逃亡經歷相吻合，同時也再度激活了郭沫若抗戰初期「南遷」的歷史經驗。南明故事與抗戰現實之間的交互迭現，可見千古不變的離亂經驗和士人心跡。因此，南明對於此時的郭沫若，再次轉化為了敘述模式和心性結構，同時也是一種歷史意識。柳亞子次韻相和，進一步將東漢北擊匈奴的竇憲，南宋呼籲北渡的宗澤，都引入筆端，表明其抗戰必勝的信心。可見二人分享了以歷史經驗對待現實戰爭的文化心理。

　　即便如此，二人唱和中也有貌合神離的一面，這便是郭沫若在詩中所提及的《南冠草》。《南冠草》是「江左少年」夏完淳的絕筆詩集，郭沫若藉以作爲話劇名。夏完淳（字存古）是明松江人，其父夏允彝、業師陳子龍均爲明末幾社主盟，曾參與南明福王政權，後籌劃松江起義，事敗後夏允彝自沉。陳子龍歸隱而去，之後曾再度參與起事，被執而亡，夏完淳也未能幸免。柳亞子與夏完淳同爲「江左」詩人，對他早有研究。1940 年他便寫有《江左少年夏完淳傳》一文，考論夏完淳的抗清事跡；同時，柳亞子對郭沫若的話劇也頗爲稱道，曾專門收集郭沫若的創作〔註 131〕。因此，當柳亞子從夏衍的書信中得知郭沫若要創作關於夏完淳的話劇時，曾一度寄予厚望。他曾致信其女柳非杞，讓她將自己的文章《江左少年夏完淳》抄錄三份，一份給汪辟疆，因汪辟疆對夏完淳也有研究〔註 132〕，一份給他自己，另一份則讓她「送給鼎先生」，「供給他作參考材料」〔註 133〕。鼎先生便是「甲骨四堂」之一的鼎堂。同時，柳亞子在信中還透露，桂林漢民中學的任中敏也創作了一部《夏完淳》四幕劇，並打算在當年除夕公演，柳亞子打算讓任中敏也把劇本抄錄，並「送給鼎堂先生一份」。

　　郭沫若也瞭解《南冠草》之於柳亞子的意義，因此在柳亞子生日時，他特意寄贈該書：「因風我寄南冠草，壽以詩人應最好」。並且在詩中將柳亞子與夏完淳並提：「江左由來出奇才，君與完淳參與昴」。雖然郭沫若在壽詩中對此頗爲重視，但柳亞子的答詩中卻未言及《南冠草》，這不太符合酬答慣例。原來柳亞子對郭沫若該劇並不滿意，在他看來，郭劇想像成分未免過多，特別是劇中虛構的夏完淳表姐盛蘊貞對他的戀情，柳亞子認爲有附會之嫌〔註 134〕；或許正是史家與詩家看待南明的不同眼光，使柳亞子決議與張薰朗合作重寫關於夏完淳的史劇，這便是《江左少年》。柳亞子的野心還不止於此，他

〔註 131〕　如 1942 年 11 月 11 日致其女兒柳非杞的信中，柳亞子便曾抱怨，「《虎符》爲
　　　　　什麼不寄航空呢？兩星期叫人等得好苦」，並且詢問「《孔雀膽》有沒有單行
　　　　　本出版呢？如有，我也要的」（柳亞子：《致柳非杞：1942 年 11 月 11 日》，《柳
　　　　　亞子文集：書信輯錄》，上海：上海人民出版社，1985 年，第 255 頁）。
〔註 132〕　汪辟疆：《三百年前一位青年抗戰的民族文藝家──夏完淳》，《民族詩壇》，
　　　　　第 2 卷第 1 輯、第 2 輯，1938 年。
〔註 133〕　柳亞子：《致柳非杞：1942 年 12 月 30 日》，《柳亞子文集：書信輯錄》，上海：
　　　　　上海人民出版社，1985 年，第 263 頁。
〔註 134〕　見王錦厚：《抗戰戲劇史話》，《抗戰文藝研究》，1987 年第 2 期；肖斌如　孫
　　　　　繼林：《郭沫若與柳亞子交誼瑣記》，《郭沫若學刊》，1987 年第 1 期。

欲將整個南明搬上舞臺，因而他給張熹朗「定了一個寫十二本史劇的計劃」〔註135〕，基本上是一套完整的南明史演義。

柳亞子的不滿，顯示了郭沫若與傳統的南渡、南明意識之間的差異。正如他從龔半千等晚明詩人的作品中讀到的是興亡美學，是一種獨特的「蒼涼」之美；在南方最終尋找到的是詩人屈原，以及阿蓋公主的詩詞一樣；他從夏完淳事跡中看到的也是一種亂世美學。在《夏完淳之家庭師友及其殉國前後的狀況》一文中，他一開始強調的也是夏完淳的「才」，並極力為他的「天才」辯護〔註136〕；話劇中則加入盛蘊貞對他的愛情，在晚明的離亂背景下，《南冠草》講述的其實是一段才子佳人的故事，《桃花扇》式的亂世之情，說的是興亡，卻也帶著審美的眼光。柳亞子則不同，他有志於南明史研究，始於1939年，他身處淪陷區上海「活埋庵」之時，是將其當作「消愁解恨的活寶」〔註137〕。因而，南明對於柳亞子來說，實具有安身立命的意義。

不過，柳亞子與郭沫若之間的分歧，也不僅僅是詩與史的差別，其實質更在於對待南明的不同歷史意識。對於柳亞子來說，他的南明史研究，固然有針對中日戰事的現實目的，但同樣也是他早年種族革命思想的延續。在愛國學社讀書期間，他便結識了鼓吹種族革命的章太炎、鄒容等人，鄒容的《革命軍》還是他與蔡冶民、陶亞魂等人資助出版的，後來他加入同盟會，編輯《復報》鼓吹革命。對於南社與同盟會之間的相承關係，柳亞子曾說道，「同盟會是提倡三民主義的，但實際上，不消說大家對於民生主義都是莫名其妙，連民權主義也不過裝裝幌子而已。一般半新不舊的書生們，挾著趙宋、朱明的夙恨，和滿清好像不共戴天，所以最賣力的還是狹義的民族主義。南社就是把這一個狹義的民族主義來做出發點的。」〔註138〕這表明，柳亞子等人是從朝代更替的歷史傳統，從事革命的。

〔註135〕 張熹朗：《幾時商略罄生平——紀念柳亞老誕辰一百週年》，中國人民政治協商會議江蘇省吳江縣委員會文史資料研究委員會編：《柳亞子先生誕辰一百週年紀念專輯》，1987年，第87頁。據張熹朗回憶，這個計劃包括，「從福王時期抗清的江左少年、吳日生寫到魯王、唐王時期張煌言、張名振、鄭成功，又從抗清的趙瓊華寫到桂王時期李定國等抗清的《翠湖曲》」。

〔註136〕 郭沫若：《夏完淳之家庭師友及其殉國前後的狀況》，《中原》，第1卷第2期，1943年9月。

〔註137〕 柳亞子著，柳無忌編：《南明史綱、史料》，上海：上海人民出版社，1994年，第312頁。

〔註138〕 柳亞子：《自傳》，柳無忌編：《自傳·年譜·日記》，上海：上海人民出版社，1986年，第2頁。

正如南渡敘事所帶來的內在危機──南渡從來就未北歸一樣，種族革命敘事也帶有內在的危機，即如何面對傳統的循環史觀。這就回到了本文開頭，郭沫若所提出的問題：

宋朝在南邊攪完了，明朝又到南邊來攪完，現在不又是明末宋末的時代了嗎？

衝破那種洄漩，不讓歷史重演，不正是我們當今的急務嗎？〔註139〕

柳亞子也意識到了這一點，他曾批評「中國舊時的史籍，嚴格說起來，是不能成爲歷史的。偌大的二十五史，也不過史料而已」〔註140〕。他試圖突破這種一朝一姓歷史的新方法，是所謂的夷夏之辨，即「以漢人和韃子的鬥爭來做本位」，這在他看來是更具普遍性的。然而，他的試驗過程往往顯得左支右絀，最終還是不免淪爲一部史料長編。柳亞子的失敗，表明抗戰時期傳統史觀的復興雖然爲士大夫提供了心靈層面的情感和美學救贖，但當他們試圖以此尋找歷史出路時，卻不免有些局促。

郭沫若與他們的相同之處在於，他首先也是從美學和心理層面，重新召回歷史記憶的，並且也嘗試從「審美之維」的角度，解決他所面對的歷史問題。這一點清晰地表現在他對屈原及其楚文化的解釋上。前文述及他從抗戰建國的現實出發，將楚文化確立爲華夏正統。但他所闡釋的楚文化，所提供的解放視景卻是美學的：「中國人由楚國來統一，由屈原的思想來統一，我相信自由的空氣一定更濃厚，藝術的風味也一定更濃厚。」〔註141〕可見，在他的理想國中，統治者是藝術家。從而在循環史觀和夷夏觀念之外，建構了新的烏托邦圖景。

四十年代確實爲美學的解放潛能提供了出場的機會，如沈從文也正在完善他的「抽象的抒情」。在「建國」的視野下，美學的感性解放也應該成爲建構新的民族國家的有效力量。然而，美學的烏托邦或許最終還是需要轉化爲

〔註139〕郭沫若：《（二）遙望宋皇臺》，《〈抗戰回憶錄〉之一章‧南邊》，《華商報》，1948年8月26日，第三版。按，《郭沫若全集》本中，第三句改爲：歷史在它長期停滯的期間，就像流水離開了主流一樣，只是打洄漩。《郭沫若全集》第14卷第10頁。這大大淡化了郭沫若當時的歷史悲劇意識。

〔註140〕柳亞子著，柳無忌編：《南明史綱、史料》，上海：上海人民出版社，1994年，第297頁。

〔註141〕郭沫若：《論古代文學》，《學習生活》，1942年第4期。

歷史內景，這樣才能眞正解決歷史問題。因而更多的人將目光轉向了現實的政治領域，這就是當時的民主運動。郭沫若向來有著強烈的現實關懷，這體現於他的晚明研究，就是《甲申三百年祭》。在這篇轟動一時的文章中，他否定了史學界的既有共識——明亡於「內憂外患」，而是將明亡的責任歸之於明王朝的制度問題。這就從歷史的角度解構了南明的合法性，也終結了他的「南渡」意識，但更爲重要的是，他通過李自成等人的「革命」，描述了一種新的革命史觀和歷史遠景，成爲當時民主運動的呼聲之一。而他這種態度，也表露在他同年寫給柳亞子的一組和詩中，其一、二、三爲：

憑欄獨醉甕頭春，殫怒逢天信不辰。
南渡衣冠羊胃爛，東來盜寇羽書頻。
挽戈我亦思揮日，懸膽誰能解臥薪？
方報中原人被發，倭氛已過汨羅滸。

烽燧連天已七春，流年又屬木猴辰。
乾綱獨斷原如此，池渴今看仍自頻。
驅石猶誇鞭是鐵，斷閽仍賤足於薪。
煤山千古傳金鑒，徼倖還飛象海滸。

黃天當立世當春，民主高潮際此辰。
心軸凡三傾折始，戰場第二報開頻。
挾山會見人超海，厝火何堪自寢薪？
幸有燭龍章北極，震雷將起馬訾滸。〔註142〕

柳亞子當時以「春滸」韻寫了近百首詩作。郭沫若的和詩從日寇入侵寫起，「南渡」還是晉宋以來的南渡，但意義已變。「羊胃爛」典出《後漢書·劉聖公傳》，意指濫封官爵〔註143〕，矛頭實指向國民政府，與第三首「厝火寢薪」同。「木猴辰」便是指甲申年，「煤山」不再是憑弔之處，而是歷史教訓。「戰場第二報」指盟軍諾曼底登陸，由此知識分子關注問題的重心，由抗戰轉向了建國。較之柳亞子南明研究的困境，郭沫若這種大開大闔的歷史眼光，不能不能說是革命史觀，尤其是唯物史觀所賦予的。實際上，柳亞子也將自己著史的失

〔註142〕郭沫若：《疊和柳亞子四首》，《潮汐集》，北京：作家出版社，1959 年，第 260 ～261。

〔註143〕參考王繼權 姚國華 徐培均：《郭沫若舊體詩詞繫年注釋》（下），哈爾濱：黑龍江人民出版社，1984 年，第 55 頁。

敗，歸之於自己唯物史觀的缺乏。因此，他將整理史料的目的，最終定位為「以便當代具有唯物史觀學識的歷史家作為參考時方便一些」〔註144〕。可見，在四十年代，唯物史觀確實提供了歷史的解釋力和某種歷史敘事的動力。但更值得注意的是，唯物史觀的歷史解釋力，是內在於當時的民主化大潮的。柳亞子與郭沫若關於南明史的唱和，及其尋求歷史救贖的嘗試，讓人想起一年後（1945年）黃炎培與毛澤東那場著名的對話：

> 黃炎培：我生六十多年，耳聞的不說，所親眼看到的，真所謂「其興也浡焉」，「其亡也忽焉」，一人，一家，一團體，一地方，乃至一國，不少單位都沒有能跳出這周期律的支配力。……一部歷史。「政怠宦成」的也有，「人亡政息」的也有，「求榮取辱」的也有。總之沒有能跳出這周期率。中共諸君從過去到現在，我略略瞭解的了，我是希望找出一條出路，來跳出這周期率的支配。

> 毛澤東答：我們已經找到新路，我們能跳出這周期率。這條新路，就是民主，只有讓人民來監督政府，政府才不敢鬆懈。只有人人起來負責，才不會人亡政息。

> 我想：這話是對的，只有大政方針決之於公眾，個人功業欲才不會發生。只有把每一地方的事，公之於每一地方的人，才能使地地得人，人人得事。把民主來打破這個周期率，怕是有效的。〔註145〕

日本侵略所帶來的民族危機，最終轉化成了國內政權的制度危機；從循環史觀的隱憂到走出「周期律」，美學的救贖最終讓位於歷史的救贖。黃炎培的問題，郭沫若早就給予了回答。

第三節　從群到黨：唱和傳統的現代嬗變

> 詩可以群：「壽郭」唱和
> 詩可以怨：「屈原」唱和
> 詩可以黨：「沁園春」唱和
> 文學與政治的「唱和」

〔註144〕柳亞子著，柳無忌編：《南明史綱、史料》，上海：上海人民出版社，1994年，第292頁。

〔註145〕黃炎培：《延安歸來》，華中新華書店印，1945年，第34～35頁。

重慶時期，除了士林間的唱和，如「寺字韻」、「鞭字韻」唱和以外，郭沫若還參與了三次較爲集中且影響較大的詩詞唱和，分別是「壽郭」唱和、「屈原」唱和與「沁園春」唱和。前兩次唱和都是以郭沫若爲中心，在第三次唱和中，他也是主要參與者。這三次唱和的共同點，是唱和都源於社會與文化事件，而且與政黨政治密切相關。本文將歷時梳理這三次唱和事件，考察詩詞唱和在不同事件中的不同功用，以及這一文人傳統在現代政黨政治影響下的嬗變。同時，也借助詩詞唱和的視角，考察郭沫若在三次唱和中所扮演的不同角色，及其立場、心態的變化。

一、詩可以群：「壽郭」唱和

壽詩既是文人傳統，也是士人交流的雅事。1941 年 11 月，郭沫若於五十初度之際，便收到來自各方友朋的數十首賀詩。這包括董必武、吳克堅等中共駐重慶辦事處人員，也有政府官員馮玉祥、陳布雷、梁寒操、潘公展等。但更多的則來自學者文人圈，如顧一樵、馬衡、柳亞子、沈鈞儒、盧前（冀野）、沈尹默、張一麐、田漢等。除詩詞外，尚有周恩來、老舍、茅盾、周揚、宗白華等數十篇紀念文章，文協刊物《抗戰文藝》也爲其出專刊，加上同時期各大報刊的報導，可謂重慶文化界的盛事。

從新文學的傳統來看，五十做壽非郭沫若始。知堂五十自壽詩不僅和者紛紛，而且引起京滬文壇騷動，一度受到左派的激烈批判。鼎堂五十壽辰，規模則遠過之。二者相同之處，都由舊體詩詞充當交流媒介。不同的是，壽郭活動一開始就發生於政治文化的空間之內。

壽郭的緣起，是中共文化政治運動方式的轉變。皖南事變之後，中共加大了國統區政治工作的力度，同時也轉變了政治工作的方式，轉而利用祝壽、喪弔等傳統習俗，積極開展政治運動。正如中共南方局在給中共中央的報告中所總結的：「由於當局之種種壓迫，過去文化活動的方式已不能用，被迫產生新的方式。借文化人的紅白日，郭沫若氏之五十壽辰，馮玉祥之六十壽辰，張沖之追悼會等等，以此方式進行一些文化活動。」〔註146〕而據吳奚如介紹，中共早在 1938 年夏便根據周恩來提議，決議以郭沫若爲魯迅的接班人，樹爲

〔註146〕《南方局關於文化運動工作向中央的報告（1942 年）》，《南方局黨史資料・文化工作》，南方局黨史資料編輯小組編，重慶：重慶出版社，1990 年，第13 頁。

新的「中國革命文化界的領袖」〔註147〕。從周恩來 1941 年所發表的《我要說的話（代論）》來看，吳奚如此說不虛〔註148〕，1941 年的祝壽活動正是這一決議在文化界的具體實踐。

對該次活動，共產黨和左翼文化人計劃得較爲周密，涉及範圍也極廣，不僅動員了重慶文化界，而且也動員了香港、桂林、延安等地的文化人。活動雖爲中共發起，但一如既往，政黨並不直接出面，而是借助中華全國文藝界抗敵協會、中蘇文化友好協會、「抗敵劇協」、救國會等文化或社會組織出面，以使祝壽活動顯得較爲「自然」。在中共及各團體的廣泛動員和周密籌備下，活動得到了較多文化人的響應。不過，各團體雖在同一個舞臺唱戲，側重點卻各不相同。

周恩來將郭沫若確定爲繼魯迅之後的「革命文化的班頭」〔註149〕。在他看來，「魯迅的時代，是一半滿清，一半民國的時代」，而郭沫若「既沒有在滿清時代做過事，也沒有去北洋政府下任過職，一出手他就已經在『五四』前後」，因此，「郭沫若創作生活二十五年，也就是新文化運動的二十五年」。基於郭沫若與魯迅二人社會背景的歷史差異，周恩來得出了他的歷史性結論：

> 魯迅自稱是革命軍馬前卒，郭沫若就是革命隊伍中人。魯迅是新文化運動的導師，郭沫若便是新文化運動的主將。魯迅如果是將沒有路的路開闢出來的先鋒，郭沫若便是帶著大家一道前進的嚮導。魯迅先生已經不在世了，他的遺範尚存，我們會愈感覺到在新文化戰線上，郭先生帶著我們一道奮鬥的親切，而且我們也永遠祝福他帶著我們奮鬥到底的。〔註150〕

周恩來的這篇文章，不僅鞏固了郭沫若文壇祭酒的地位，對日後文學史的敘述也不無影響。與之形成對照的，是國民政府官員的態度，時任國民黨文化運動委員會主任委員的張道藩，在「郭沫若創作二十五週年紀念茶會」上表示，「郭先生除了文學上的成功，還有他事業上的成績，他革命，他北伐，他抗戰，他建國」〔註151〕；而潘公展與郭沫若早有詩酒之交，此時也朗誦了「一

〔註147〕吳奚如：《郭沫若同志與黨的關係》，《新文學史料》，1980 年第 2 期。
〔註148〕也可參考段從學：《郭沫若史實二題》，《郭沫若學刊》，2006 年第 3 期。
〔註149〕周恩來：《我要說的話（代序）》，《新華日報》，1941 年 11 月 16 日，第二版。
〔註150〕周恩來：《我要說的話（代序）》，《新華日報》，1941 年 11 月 16 日。第一、二版。
〔註151〕本報採訪組特寫：《創作之壽　郭沫若五十生辰文化界集會慶祝》，《中央日報》，1941 年 11 月 17 日。

首古體的賀詩」，「並且說起郭先生棄家回國那段淒絕悲壯的故事，說是回國以後郭先生的詩，他讀來也流淚」〔註152〕；時任政治部副部長的梁寒操不僅出席講話，也有詩贈予郭沫若。從張道藩、梁寒操及潘公展等國民黨文化大員均出席，發表講話、賦詩，以及《中央日報》《掃蕩報》等官方媒體的大篇幅報導等情況，表明從國民黨的角度來看，為郭沫若做壽不僅毫無不當之處，郭沫若抗敵的決心、建國的熱情同樣也是值得宣傳的主流價值。據郭沫若秘書翁植耘回憶，連何應欽都曾親自送去壽聯〔註153〕。歷史現場的這種複雜情形，難免讓日後左翼單方面敘述的政治寓意大打折扣。作為文協主席的老舍也發表了講話，他則重點強調了郭沫若在文學創作方面的成就，並且提倡「拿工作來紀念郭沫若先生，成立研究會，設立獎學金，刊行郭沫若全集與選集」〔註154〕。從老舍對郭沫若文化成就的強調也可看出，郭沫若的文化人身份是各個派別所能接受的共同身份。

郭沫若在此過程中處於什麼地位呢？據時任主任秘書的陽翰笙回憶，當周恩來提及要給郭沫若做壽時，郭沫若當即謙辭〔註155〕。而郭沫若在致別人的信中也曾表露他的心跡：「祝壽之舉甚不敢當，能免掉最好。照舊時的規矩來講，先君於前年五月逝世，今歲尚未滿服，更不敢說上自己的年歲來也。」〔註156〕在紀念會的答詞中他也是極為謙誠，將眾人的褒獎喻為催人奮進的鞭子，同時以燕昭王求士的故事，說明「今日之會，在鼓勵更優秀之作家」〔註157〕。這種謙遜固然不乏交際辭令的意味，但他選擇性地回贈詩作，也可部分表明他此時尚無完全倒向中共的意思。

據目前的資料，他詩詞酬答的對象主要是陳布雷、柳亞子、沈尹默、馬衡（叔平）等人。陳布雷是「壽郭」活動的發起者之一，但他參與此事的過程卻較為特殊，他的外甥翁植耘，此時恰為郭沫若的秘書，翁植耘其實是以

〔註152〕本報採訪組特寫：《創作之壽 郭沫若五十生辰文化界集會慶祝》。
〔註153〕翁植耘：《文化堡壘——回憶郭老領導的文化工作委員會》，載翁植耘 屈楚等編著：《在反動堡壘裏的鬥爭——憶解放前重慶的文化生活》，重慶：重慶出版社，1982年，第20頁。
〔註154〕楊庚：《詩筆燦爛的二十五年——郭沫若先生創作生活廿五年茶會紀》，《新華日報》，1941年11月17日。
〔註155〕陽翰笙：《戰鬥在霧重慶——回憶文化工作委員會的鬥爭》，《新文學史料》，1984年第1期。
〔註156〕郭沫若：《致××》，《戲劇春秋》，第一卷第五期，1941年10月10日。
〔註157〕《文壇佳話——陪讀文化界祝賀郭沫若》，《掃蕩報》，1941年11月17日。

私人關係要求陳布雷參與發起。但陳布雷不僅具名發起，而且還寫了四首壽詩給郭沫若：

　　　　郭沫若君五十初度，朋輩為舉行二十五週年創作紀念，詩以賀之。

　　　　灩澦奔流一派開，少年揮筆動風雷，低徊海瀅高吟日，猶似秋潮萬馬來。

　　（先生以文藝創作公於世，似在民國十年前，時余同客海上。）

　　　　搜奇甲骨著高文，籀史重徵起一軍，傷別傷春成絕業，論才已過杜司勳。（君客居東邦，以甲骨金文理董古史，著作斐然。）

　　　　刻骨酸辛斷藕絲，國門歸棹恰當時，九州無限拋雛恨，唱徹千秋墮淚詞。（七七變起，君自東瀛別妻孥歸國，當時有「別婦拋雛斷藕絲」「登舟三宿見旌旗」句，時為傳誦。）

　　　　長空雁侶振秋風，相惜文心脈脈通，巫岫雲開新國運，祝君彩筆老猶龍。〔註158〕

第一二首詩寫郭沫若創作與研究的成績；第三首寫其慷慨赴國難，需留意的是，這首詩是步郭沫若《黃海舟中》（又當投筆請纓時）詩韻，是唱和之作；第四首提及了二人共同的文人身份。陳布雷與郭沫若早有交往，據李一氓回憶，北伐時期，郭沫若曾給蔣介石引薦陳布雷〔註159〕，郭任第三廳廳長期間，與陳布雷也多有過往。但陳布雷的詩並未涉及太多私人情誼，而是著眼於他的著述事業，相對忽略了郭沫若自己最重視的北伐經歷和抗戰期間第三廳的政治活動，可見陳布雷對郭沫若的肯定主要是從文學和學術上著眼，對其政治經歷則覺得不足道，這在他致郭沫若的私信中寫得更明確，信的原文是：

　　　　沫若先生大鑒：三葉集出版時之先生，創造社時代之先生，在弟之心中永遠活潑而新鮮。至今先生在學術文化上已卓爾有成。政治生活實渺乎不足道。先生之高潔，先生之熱烈與精誠，弟時時讚歎仰佩。弟雖一事無成，然自信文士生涯、書生心境，無不息息相

〔註158〕陳布雷　郭沫若：《沫若先生二十五週年創作紀念詩》，《大公報》，1941 年 11 月 28 日。按，《大公報》僅刊載二人的唱和詩作，至於陳布雷的注釋文字，見植耘：《郭沫若與陳布雷》，《戰地》，1980 年第 4 期。

〔註159〕李一氓：《模糊的熒屏：李一氓回憶錄》，北京：人民出版社，1992 年，第 74 頁。按，蔣介石早有延引陳布雷之意，早有交往。

通。國家日趨光明，學人必然長壽。此非尋常祝頌之詞也。唯鑒不
盡。

弟陳布雷　謹上〔註160〕

「政治生活實渺乎不足道」，這既是陳布雷的個人感悟，也是他對郭沫若的勸
誡。或許是陳布雷言辭的懇切，郭沫若及時寫了和詩，並將陳布雷的詩與自
己的唱和之作，一併在《大公報》上刊載，郭沫若的和詩爲：

> 第寒深深未易開，何從淵默聽驚雷，
> 知非知名渾無似，幸有春風天際來。
> 欲求無愧怕臨文，學衛難能過右軍，
> 樗櫟散材繩墨外，只堪酒戰策功勳。
> 自幸黔頭尚未絲，期能寡過趁良時，
> 飯蔬飲水遺規在，三絕韋編爻象詞。
> 高山長水仰清風，翊贊精誠天地通，
> 湖海當年豪氣在，如椽大筆走蛇龍。〔註161〕

郭沫若以自嘲的方式，說自己文章書法均不見佳，並表示假以時日，或可在
學術研究上有所創獲，由此，郭沫若對於陳布雷的看法——名山之業重於政
治，至少從表面上也是認可的吧。這點在他與柳亞子等人的唱和中也有所體
現。柳亞子時在香港，是香港文藝界壽郭活動的發起人之一，在賓朋歡聚之
餘，雅愛賦詩的他「先賦一律，兼柬渝都索和」，詩爲：

> 溫馨遙隔市聲嘩，小小沙龍淡淡花。北伐記攘金鎖甲，東遊曾
> 喫玉川茶。歸來蜀道悲行路，倘出潼關是舊家。上壽百年才得半，
> 祝君玄髮且休華。〔註162〕

頷聯寫郭沫若北伐與東渡事，頸聯「倘出潼關」是今典，因郭沫若有詩句「驅
車我欲出潼關」。潼關位於西安以東，爲三秦門戶，歷代兵家所爭之地。郭沫
若此句向被解釋爲對延安的嚮往，雖不無道理，但也可理解爲發抒抗戰豪情
（延安實際上在西安以北）。如老舍《潼關炮聲》一詩，便有「瓦礫縱橫十萬

〔註160〕轉引自（翁）植耘：《郭沫若與陳布雷》，《戰地》，1980年第4期。

〔註161〕陳布雷　郭沫若：《沫若先生二十五週年創作紀念詩》，《大公報》，1941年11
　　　　月28日。按，據翁植耘所記，第一首開頭爲「芧塞」，《大公報》或係誤排。

〔註162〕柳亞子：《十一月十六日爲郭沫若先生五十生朝，入夜有紀念晚會，先賦一律
　　　　兼柬渝都索和》，《磨劍室詩詞集》，柳亞子文集編輯委員會主編，上海：上海
　　　　人民出版社，1985年，第943頁。

家，潼關依舊障京華」〔註163〕句，將潼關作爲保衛京闕的屏障。從柳亞子詩無法看出究爲何指，但郭沫若的和詩卻繞開這些話題，別有懷抱。詩有小序：「五十初度，蒙陪都延安桂林香港星島各地文化界友人召開茶會紀念，亞子先生寓港並爲詩以張其事，敬步原韻奉和，兼謝各方諸友好。」表明該詩除了酬答柳亞子，也是對公眾的回應，詩爲：

千百賓朋笑語譁，柳州爲我筆生花。詩魂詩骨皆如玉，天北天南共飲茶。金石何緣能壽世，文章自愧未成家。只餘耿耿精誠在，一瓣心香敬國華。〔註164〕

和詩重在和意，郭沫若該詩卻未涉及柳亞子或自己的革命生涯，而是落腳於「文章」事業。該詩可與此前他與金靜庵、汪辟疆等人「鞭字韻」唱和對讀，郭沫若在《題富貴磚》便有句「貞壽逾金石，清風拂徽絃」，金汪二人都有和句。對於該句，有解爲郭沫若政治上自明心志者，這或有不妥，此典出《古詩十九首》。《回車駕言邁》有「人生非金石，豈能長壽考」句，慨歎人生苦短，郭沫若《題富貴磚》反用此典，釋之以曠達，而和亞子詩則正用此典，以鞭策自我。此外，對於馬衡和沈尹默等人的和詩，郭沫若在酬答中也多側重名山事業，尤其是學術研究上的志向，延續了此前他熱衷考古的姿態。

因此，雖然此次壽郭活動爲中共發起，各方的積極介入卻一定程度上稀釋了它的政治色彩。郭沫若在此事件中雖較爲被動，但他選擇性的酬答，通過與士林耆老、學界宿將之間的詩詞往來，反而樹立了一個中間派人士的形象。由此也可看出他此時的立場和心態，即便是與陳布雷，二人的唱和也以文運升降相互期許。從唱和的角度來看，他與學界士林間以詩詞互爲酬答，並開啓了他與柳亞子之間的唱和生涯，延續的是借助詩詞唱和論交、「詩可以群」的文人傳統。當然，不可否認的是，「詩可以群」也是有限度的，當時柳亞子還有兩首壽詩給郭沫若，同時他也將詩呈給曾琦（慕韓）。其二爲：「兩賢相厄更相匡，各抱千秋鐵石腸。……同遊峨嵋靈氣在，齊年五十鬢休霜！」〔註165〕曾琦爲青年黨黨魁，二十年代中期郭沫若曾與青年黨的國家主義展開

〔註163〕老舍：《詩四首·潼關炮聲》，張桂興編注：《老捨舊體詩輯注》，北京：中國國際廣播出版社，2000年，第60頁。

〔註164〕郭沫若：《柳郭唱和詩二首·和詩》，《新華日報》，1941年12月2日。

〔註165〕柳亞子：《郭沫若先生五十壽詩兼呈愚公索和，仍疊匡字韻。愚公先生今年亦五十初度，又兩先生兼蜀籍，故次章及之云》，《磨劍室詩詞集》，柳亞子文集編輯委員會主編，上海：上海人民出版社，1985年，第948頁。

論爭，抗戰時期青年黨成爲國共之外的第三大黨，而郭沫若也步入政界。顯然，柳亞子是想以唱和的方式，讓郭沫若與曾琦修好，但未見郭沫若和詩。這表明郭沫若與曾琦之間的立場分野，詩詞無法使之癒合，此時的中間勢力，是有特殊立場的一群人，但他們各懷平戎之策和建國方略，彼此之間也存在分歧。

二、詩可以怨：「屈原」唱和

　　《屈原》唱和，是《新華日報》的一個專欄。1942 年 4 月 13 日，新華日報刊載了黃炎培、董必武與郭沫若三人的唱和詩詞，雖然以《〈屈原〉唱和》爲總題，但無其它按語，顯然一開始並無設置專欄之意，後來和者紛紛，《〈屈原〉唱和》便成爲發表平臺。因此，學界往往將其視爲壽郭事件的延續，尤其是放在左翼「劇運」的框架內考察，而相對忽略了唱和的獨立性。唱和的參與者，其實很多都未觀看話劇，僅僅是以屈原爲話題而已，因此「《屈原》唱和」實難涵蓋所有的詩作。同時，唱和詩詞也不僅發表於《新華日報》，如黃炎培、郭沫若之間的唱和一開始便發表於《新民晚報》，《新華日報》只是轉載，並附載了董必武的和詩。因此以「『屈原』唱和」爲題或更爲貼切，這意味著大家所關注的，更多是屈原與當代知識分子命運間的關聯性，而不僅僅是話劇《屈原》所帶來的社會效應。

　　如果說郭沫若是被動地參與了「壽郭」運動，唱和詩詞也多是回贈的話，「屈原」唱和則略有不同，在整個唱和過程中，郭沫若都表現得相當主動。據黃炎培日記載，1942 年 4 月 7 日中午，他與郭沫若同飲於朱氏熙園，同席有沈衡山、張仲仁、于右任、江庸等，多人即席賦詩〔註166〕。翌日所記爲：

　　　　夜，郭沫若贈票，邀觀所著《屈原》劇上演，鄰座張蓉貞之妹。

　　　　既讀郭沫若所爲《屈原》劇本，復觀上演，成二絕句：

　　　　不知皮裏幾陽秋，偶起湘累問國仇；一例傷心千古事，荃茅那
　　許辨薰蕕。

　　　　陽春自昔寡知音，降格羞向下里吟；別有精神難寫處，今人面
　　目古人心。〔註167〕

〔註166〕黃炎培 1942 年 4 月 7 日日記，《黃炎培日記》，第七卷，北京：華文出版社，
　　　　2008 年，第 249 頁。
〔註167〕黃炎培 1942 年 4 月 8 日日記，《黃炎培日記》，第七卷，第 250 頁。

4月9日，他「訊謝郭沫若」，並附贈自己的《苞桑集》〔註168〕；11日「得郭沫若和詩二絕」〔註169〕。其間，黃炎培還曾將《屈原》二絕抄示他的女友姚維鈞，及詩友江庸。12 日該詩便在《新民晚報》刊出，旋即為《新華日報》轉載，受到詩詞愛好者的關注，並迭有和作。而黃炎培因要南下，實際上在這次唱和中是缺席的。可見，現代媒體對詩詞唱和這一傳統的改變。對照周作人的自壽詩，雖然它也經林語堂的發表而廣泛傳播，但和者劉半農、錢玄同、胡適、蔡元培等多為圈內人；「屈原」唱和則不同，它不僅超出了圈子的限制，而且也超出了黨派的限制，使詩詞唱和從私人交誼走向了公眾。郭沫若在這次唱和中的積極姿態也頗值得關注。

黃炎培詩前原有小序：「既讀郭沫若所為《屈原》劇本，復觀表演，率成二絕句奉贈，沫若其為道者乎？」〔註170〕對自己所領會的《屈原》主旨頗為自信，無論是「皮裏陽秋」，還是「今人面目古人心」，都道出了郭沫若「失事求似」的史劇觀，可謂知音。郭沫若的和詩為：

　　　　兩千年矣洞庭秋，嫉惡由來貴若仇。

　　　　無那春風無識別，室盈薋菉器盈菌。

　　　　寂寞誰知弦外音，滄浪澤畔有行吟。

　　　　千秋清議難憑藉，瞑目悠悠天地心。〔註171〕

郭沫若詩延續了黃炎培兩首詩的主題，第一首寫屈原精神，郭沫若將其具體化為「嫉惡如仇」的道德觀；第二首寫《屈原》的弦外之音，郭詩也進一步點出《屈原》確有「弦外之音」。他還將屈原與士林的「清議」傳統連接起來，「千秋清議難憑藉」是對清議社會效應的懷疑，而「瞑目悠悠天地心」一句，卻又轉向對清議維繫價值體系的肯定，同時也將自己納入了清議的歷史脈絡，有自我指涉的意味。如果將《屈原》話劇及其後的唱和置於「清議」這一傳統來考察，郭沫若等人的詩詞唱和便不能簡單地以「政治鬥爭」來概括，尤其難以窄化為政黨運動，而應該是士大夫議政干政的諷諫傳統，是文人的牢騷語，也是獨特的美芹之獻；這一點聯繫到前文所述他與汪辟疆、金靜庵之間的唱和，體現得便更為明顯。

〔註168〕黃炎培1942 年 4 月 9 日日記，《黃炎培日記》，第七卷，第 251 頁。

〔註169〕黃炎培1942 年 4 月 11 日日記，《黃炎培日記》，第七卷，第 252 頁。

〔註170〕《〈屈原〉唱和》，《新華日報》，1942 年 3 月 17 日，第三版。

〔註171〕《〈屈原〉唱和》。

　　而《新華日報》為何轉載郭黃的唱和，且將之置於第三版，而非第四版的副刊，也有緣故。原來，在一個月之前，中共南方局接到毛澤東的電文，毛澤東轉告了張申府的建議，「希望把黨報變為容許一切反法西斯的人說話的地方」，毛表示同意，並要求「《新華日報》也宜有所改進」。南方局在3月18日致毛澤東的電文中報告了《新華日報》的改進情況：副刊開始吸收外稿，「第三版設了『友聲』，專門發表黨外人士的意見」〔註172〕。無論是黃炎培、郭沫若，還是緊隨其後賦詩唱和的沈鈞儒、張西曼、吳藻溪（西南大學教務長，九三學社發起者之一）等都是「友聲」，而陳禪心、鄧吉雲等更是政府軍人。「《屈原》唱和」的欄目也始終位於第三版，偶或挪至第二版。

　　對於此次唱和，學界往往只提及黃炎培、郭沫若等知名人物，而相對忽略了其它參與者，實際上這次唱和還形成了一個次級的唱和圈，這便是以陳禪心為中心，包括陳樹棠、陳建業父子、柯璜等人的唱和往來。陳禪心，福建人，戰時參加空軍，精於集句，與南社詩人柳亞子、林庚白（福建人）、葉楚傖等人有交往，曾得郭沫若賞識，二人早有詩詞往還，其集句詩《抗倭集》有郭沫若和柳亞子序。郭在1939年所作的序言中稱其為「愛國詩人而兼集句聖手」〔註173〕。陳禪心觀劇也是出於郭沫若之邀，這從他的集句詩《郭沫若先生邀余觀看話劇〈屈原〉》可以看出，當他看到報上黃郭等人的唱和之後，很快便和了一首，雖然他與郭沫若有文字來往，但他對《屈原》一劇還是有自己的看法，似乎對郭沫若等人的牢騷語略有不滿。其詩為：「靈均辭賦已千秋，此日應須寫國仇。欲為兩間撐正氣，唇槍舌劍論薰蕕。」〔註174〕委婉指出大敵當前「應須寫國仇」，因而對「唇槍舌劍」辯論忠奸問題略有譏刺。柯璜首次唱和時並未觀劇，而是因「陳禪心兄以步黃郭董三先生屈原唱和見示，因步原韻，就正大雅」〔註175〕，故他的和詩與陳禪心意近：「汨羅遺恨蒁經秋，今古傷心是國仇。偏反婀娜爭代謝，蒼莽何處認蘭蕕？」〔註176〕但他觀劇之

〔註172〕轉引自《周恩來年譜：1898～1949》（修訂本），力平　方銘主編，北京：中央文獻出版社，1998年，第540頁。

〔註173〕郭沫若：《〈抗倭集〉詩序》，陳禪心：《抗倭集》，福州：海峽文藝出版社，1986年，第2頁。按，該詩集戰時未能出版。

〔註174〕《新華日報》，1942年4月15日。

〔註175〕《柯璜初先生和詩（有序）》，《新華日報》，1942年4月16日，第三版。按，「柯璜初」應為「柯璜」，係誤排，《新華日報》1942年4月17日第二版左下角有更正。柯璜（1877～1963）。

〔註176〕《柯璜初先生和詩（有序）》，《新華日報》，1942年4月16日，第三版。

後，觀點有較大轉變，因該劇「古調哀音至爲感動」，「歸疊原韻質之禪心」。詩爲：「彰彈大義著春秋，豈獨沉冤一楚仇？三代人心存直道，神奸無設掩薰蕕。」〔註 177〕從春秋大義的角度，認爲郭沫若的史劇超出了陳禪心所指謫的個人冤屈問題。不過，陳禪心似未改初衷，他在第二次和詩中甚至有所勸勉：「湘水寧爲嫉俗音，劫冤更莫作哀吟！若非靳尙工讒口，誰識孤臣獨醒心？」〔註 178〕靳尙的讒言，似乎反而爲驗明屈原的忠貞提供了機會，開脫多於責難。聯繫到不久前的皖南事變，陳禪心在中共黨報上發表這樣的詩作，其寓意不言自明。

　　陳樹棠、陳建業父子參與唱和，都是因「禪心示以步任之沫若必武諸先生屈原唱和之什」〔註 179〕。陳樹棠，字樸園，與郭沫若本有詩詞來往，故不取陳禪心意，是和韻不和意之作；陳建業詩卻委婉提及「不重私仇重國仇」〔註180〕。就在二陳發表詩作之時，郭沫若發表了答詩，其一重申薰蕕之辨，其二有身世之慨：「晨郊盈耳溢清音，經雨乾坤萬籟吟。始識孤臣何所藉，卅年慰得寂寥心。」〔註181〕郭沫若的感慨來自他的自身經歷。該詩有小序：「二十六日晨興，乘肩輿由賴家橋赴壁山途中，大雨初霽，萬象如新浴。微風熠熠，鳥聲清脆，恬適之情，得未曾有。爰再躡任老韻，奉答賜和諸君子。」〔註182〕由自身的經歷——借風景慰藉寂寥之心，得悟屈原遭際，可見郭沫若此時的寂寞，也可見屈原之於郭沫若的象徵性。

　　但以陳禪心爲中心的次級唱和，其對郭沫若這種哀歎個人際遇的微詞，不僅與郭沫若的初衷不同，與《新華日報》開闢專欄的目的也相悖。因此，在刊載郭沫若答詩的同時，編者加了一段按語，在一月之內，便匆匆結束了此次唱和。此後黃炎培與郭沫若還有第三次唱和，但刊載時已不用「屈原唱和」之題，而以「黃郭唱和」爲題，黃炎培在序中也稱：「平生不善步韻爲詩，亦不敢重勞諸君子賜和也。」〔註183〕從而婉言退出了唱和，一向謹慎的黃炎培或許是不願捲入《新華日報》太深。郭沫若倒是意猶未盡，其酬答之作有

〔註177〕《柯璜先生再疊原韻（有序）》，《新華日報》，1942 年 4 月 21 日，第三版。
〔註178〕《陳禪心先生再疊原韻（代序）》，《新華日報》，1942 年 4 月 21 日，第三版。
〔註179〕《岳池陳樹棠先生和詩》，《新華日報》，1942 年 5 月 7 日，第三版。
〔註180〕《岳池陳建業先生和詩》。
〔註181〕《郭沫若先生答和詩》，《新華日報》，1942 年 5 月 7 日，第三版。
〔註182〕《郭沫若先生答和詩》。
〔註183〕《黃任之先生詩》，《新華日報》，1942 年 5 月 18 日，第二版。

序：「任老自湄潭來歸，贈以新作。次韻再弔三閭，卻寄呈教。步步趨趨，瞻前顧後，殊得暫時忘機之樂，敢云勞乎哉？」〔註184〕以詩忘憂，可見郭沫若心中的不滿情緒。但郭沫若興致再好，此後《新華日報》也未見和詩。因此，由《新華日報》發起的唱和其實只持續了一個月左右，學界有稱「半年之久」者，可能要旁及其它刊物，以及私人唱和領域。

就郭沫若兩次答詩的小序來看，他所抒發的多是個人的寂寞之情，聯繫到此時郭沫若的遭遇更是如此。1940 年年底，他轉任文化工作委員會主任，「文工委」是一個以學術研究為主的機構，對於郭沫若個人來說，這要求他從政治工作轉向學術研究；而從他與國民黨的關係來看，其實是蔣介石政府對他的疏遠。這對於滿腹救國熱情、積極用世的郭沫若，不啻一個絕大的打擊，如此，他才會對屈原被逐如此同情。聯繫到此時前後郭沫若對漢磚拓片的興趣、與田漢騎馬郊遊等活動，郭沫若這裡所說的，將詩詞唱和作為打發閒暇的方式，不乏針砭時弊之意。這一點也體現於田漢寫給郭沫若的祝壽之作中：

> 壯士的手
>
> 不摩挲寶劍，
>
> 而摩挲「延光四年」的磚紋。
>
> 對著
>
> 洞庭的霜葉，
>
> 又想起楚的湘累，
>
> 漢的逐臣〔註185〕

抗戰初期，郭沫若去長沙找田漢時，曾寫過一首詩：「洞庭落木餘霜葉，楚有湘累漢逐臣。苟與呂伊同際遇，何緣憔悴作詩人。」在田漢看來，「一個以『呂伊』自況的人不能不在故紙堆中過著憔悴的生活也絕不是國家之福！」〔註186〕可見郭氏也是被「放逐」之人，這也是他「怨」的由來。而從他們的唱和詩詞來看，所強調的也多是傳統士大夫式的忠奸之辨，如多借助楚辭中的香草

〔註184〕《郭沫若先生和詩》，《新華日報》，1942 年 5 月 18 日，第二版。

〔註185〕田漢：《南山之什——為沫若兄五十壽辰而作》，《新華日報》，1941 年 11 月 16 日。按，該詩是田漢為《英雄的插曲》所寫的歌詞，《英雄的插曲》是杜萱根據郭沫若事蹟所編寫的話劇，於郭沫若五十壽辰之際在桂林上演。

〔註186〕田漢：《AB 對話——壽沫若先生五十生辰》，《文藝生活》，第 1 卷第 3 期。轉引自曾健戎編：《郭沫若在重慶》，西寧：青海人民出版社，1982 年，第 98 頁。

美人意象，作爲批判姦邪褒揚忠臣的象徵手法，不僅是代屈原鳴冤，也是被黜者的「怨刺」，「怨刺上政」，是文人「清議」的方式。因而，屈原唱和延續的是「詩可以怨」的傳統。從這個角度來看，「屈原」唱和的政治批判性有限，且不說陳禪心等人的唱和本就貌合神離，即便是黃炎培等人的「道者」之作，其作用或許也只是如郭沫若所說，使他暫得「忘機之樂」。

三、詩可以黨：「沁園春」唱和

　　郭沫若第三次因社會文化事件而參與詩詞唱和是 1945 年末，和的是毛澤東那首有名的詞——《沁園春·雪》。此次唱和，與傳統文士間的詩詞酬答不同，不僅在形式上不同於普通的唱和，他參與唱和的原因及心理也更爲複雜。

　　郭沫若之所以參與「沁園春唱和」，與毛澤東該詞在重慶發表後所引起的社會反響有關。1945 年重慶談判期間，柳亞子爲完善《民國詩選》，請毛澤東謄錄《長征》組詩〔註 187〕，蓋該詩因斯諾《西行漫記》中有記錄而廣爲人知〔註 188〕。但毛澤東錄給柳亞子的詩，除了《長征》外，還有《沁園春·雪》，這便是後來所謂的「信箋」本，爲現存《沁園春·雪》的最古本〔註 189〕。柳亞子本爲南社狂人，對一切流派詞家向不放在眼裏，即便是于右任，他也認爲「是名家而不是大家」，但對毛澤東的詩詞則極爲佩服：「毛潤之一枝筆，確是開天闢地的神手。」〔註 190〕因而在收到該詞後，他便和了一首，一併送給《新華日報》要求發表。《新華日報》以需要請示爲由，只發表了柳亞子的和詞，而未發表毛澤東的原詞〔註 191〕。但該詞已不脛而走，逐漸在文士間傳播開來。

　　時任《新民報晚刊》副刊「西方夜譚」編輯的吳祖光，也得到了一份抄件，雖然友人以《新華日報》不發表的情況規勸他不要發表，但編輯的職業敏感告訴他，「這樣的稿件是可遇難求的最精彩的稿件」，「是無論如何也不能放棄的稿件」〔註 192〕，從而執意將毛澤東的原詞登載於 1945 年 11 月 14 日《新

〔註 187〕廖輔叔：《柳亞子先生言行小記》，《文史資料選輯》，第 69 輯，1980 年 5 月。
〔註 188〕斯諾：《西行漫記》，王廣青等譯，復社印行，1938 年，第 249～250 頁。
〔註 189〕按，學界因此對該詞的創作時間也有爭議。
〔註 190〕柳亞子：《柳亞子的字和詩》，中國革命博物館　上海人民出版社編：《磨劍室文錄》，上海：上海人民出版社，1993 年，第 1469 頁。
〔註 191〕柳亞子：《關於毛主席詠雪詞的考證》，周永林編：《〈沁園春·雪〉論叢》，重慶：重慶出版社，2003 年。
〔註 192〕吳祖光：《話說〈沁園春·雪〉》，《新文學史料》，1978 年第 1 期。

民報晚刊》的副刊「西方夜譚」上。但他還是謹慎地加了按語：「毛潤之氏能詩詞尠爲人知。客有抄得其沁園春詠雪一詞者，風調獨絕，文情並茂。而氣魄之大乃不可及。據氏自稱則遊戲之作，殊不足爲青年法，尤不足爲外人道也。」〔註193〕此詞一發表，便激起了千層浪。

　　首先是重慶《大公報》轉載了該詞，隨後，《中央日報》《和平日報》（原《掃蕩報》）《益世報》三大報在12月4日，同時刊載了4篇和詞與兩篇批判文章。「三湘詞人」易君左的和詞是寫作較早的，其詞有序：「鄉居寂寞，近始得讀《大公報》轉載毛澤東柳亞子二詞，毛詞粗獷而氣雄，柳詞幽怨而心苦，因次韻成一闋，表全民心聲，非一人私見，並望天下詞家，聞風興起！」詞爲：

> 國脈如絲，葉落花飛。梗斷蓬飄。痛紛紛萬象，徒呼負負，茫茫百感，對此滔滔。殺吏黃巢，坑兵白起，幾見降魔道愈高。神明冑，忍支離破碎，葬送妖嬈。黃金難貯阿嬌，任冶態妖容學細腰。看大漠孤煙，生擒頡利，美人香草，死剩離騷。一念參差，千秋功罪，青史無私細細雕。才天亮，又漫漫長夜，更待明朝。〔註194〕

三大報同時刊載和詩，且多爲批判之作，顯然是有組織的行爲。但如果先撇開政黨鬥爭，該詞也透露了當時知識分子的隱憂。易君左詞中所謂「天才亮」，既指抗戰的勝利，也指這一年國共談判所初步達成的共識，尤其是剛簽署的《政府與中共代表會談紀要》（雙十協定），使知識分子看到了和平建國的可能。因此，他們才會對毛澤東的「氣雄」如此敏銳，似乎感到「漫漫長夜」再臨的威脅，以至反應如此激烈。對此，《中央日報》同日刊載的署名「耘實」的和作說得更爲明白：「君休矣，把霸圖收拾，應在今朝。」〔註195〕一月之內，僅這三大報刊所載和詩即近三十首，其出發點與易君左並無二致。只是易君左詞多譏刺，而其它詞作多是勸誡。對內戰的隱憂，使當時唱和的著眼點，並未停留於所謂的帝王思想，而是更爲具體的現實問題，也就是說，和者所擔憂的與其說是毛澤東有帝王思想，倒不如說是霸圖所可能帶來的內戰。

　　正是在這種一片撻伐之聲的情形下，郭沫若寫作了他的和詞，其詞爲：

> 國步艱難，寒暑相推，風雨所飄。念九夷入寇，神州鼎沸；八

〔註193〕《毛詞沁園春》，《新民報晚刊》（重慶），1945年11月14日，第二版。
〔註194〕易君左：《沁園春》，《和平日報》，1945年12月4日。
〔註195〕耘實：《沁園春》，《中央日報》，1945年12月4日。

年抗戰，血淚天滔。遍野哀鴻，排空鳴鵬，海樣仇深日樣高。和平
到，望肅清敵焰，除解苛嬈。西方彼美多嬌，振千仞金衣裹細腰，
把殘銅廢鐵，前輸外寇；飛機大炮，後引中騷；一手遮天，神聖付
託，欲把生民力盡雕。堪笑甚，學狙公芧賦，四暮三朝。〔註196〕

這首和詞並未正面為毛辯護，而是蕩開一筆，寫美國對國民政府的戰略援助，
正如當時有人指出的，「雖次毛澤東原韻，但對毛氏之詞意，並無反應，而借
題發揮其『反美』之思」〔註197〕。但此人所忽略的，是郭沫若與易君左等人
分享著同樣的內戰焦慮，只是易君左看到的是延安的威脅，而郭沫若則擔憂
美國的武器援助，也可能引發內戰。當時，像郭沫若這類聲援的和詞並不多
見，連《新華日報》都未作任何回應〔註198〕；而媒體對毛詞的批判，也超出
了官媒，如中間派的《平論》也有文章稱：「毛先生的詞，確實是氣概非凡，
從秦皇漢武一直到唐宗宋祖，成吉思汗，結句『數風流人物，還看今朝』，大
有天下英雄，惟使君與操耳的意思。以毛先生今日的地位言，亦不能說他自
負過甚。但一再諷誦，總覺得字裏行間流露的英雄主義色彩過於濃厚，出於
共產主義領袖之口，好像有點令人驚奇。」〔註199〕該文最終落在對民主的期
待上，「希望一切俱以民生為前提，使中國走上民主統一的大路，那就是我們
老百姓之福。」〔註200〕這樣的說法雖不溫不火，但其批判的鋒芒是不難感覺
到的。正是在類似批判愈來愈多的情況下，郭沫若寫了第二首和詞：

說甚帝王，道甚英雄，皮相萍飄。看古今成敗，片言獄折；恭
寬信敏，無器民滔。豈等沛風？還殊易水，氣度雍容格調高。開生
面，是堂堂大雅，謝絕妖嬈。傳聲鸚鵡翻嬌，又款擺揚州閒話腰。
說紅船滿載，王師大捷；黃巾再起，蛾賊群騷。歎爾能言，不離飛
鳥，朽木之材未可雕。何足道！縱漫天迷霧，無損晴朝。〔註201〕

該詞上闋是對毛詞的評價，下闋批駁其他人的和作。「無器民滔」是對毛澤

〔註196〕郭沫若：《沁園春》，《新民報晚刊》，1945 年 12 月 11 日。
〔註197〕危漣漪：《毛澤東「紅裝素裹」》，《新聞天地》，1946 年第 10 期（1946 年 2
　　　　月 20 日）。
〔註198〕重慶《新華日報》直到 1946 年 5 月 23 日才轉載了錫金《沁園春詞話》一文。
〔註199〕張厚墉：《毛澤東先生的詞》，《平論》，1945 年第 9 期。
〔註200〕張厚墉：《毛澤東先生的詞》。
〔註201〕郭沫若：《沁園春》，《客觀》週刊，1945 年第 8 期（1945 年 12 月 29 日）。按，
　　　　《全集》注其出處為《新民報晚刊》，不確。

東個人的評價，典出《莊子‧田子方》「無器而民滔乎前」〔註202〕，此處指如具備「恭寬信敏」的品行，沒有帝王之器，百姓也會服從；而「氣度雍容」「堂堂大雅」等句，則從美學的角度肯定了毛詞的崇高美。下闋有較多的「今典」，如「揚州閒話」便是指易君左的作品《揚州閒話》，此書對揚州人的描寫頗有不當處，曾一度引起揚州人公憤，甚至被訴諸公堂；「紅船滿載」「黃金再起」等，則是針對其它文章和詞對延安政治的批判，如某女士的和詞就是：「十載延安，虎視眈眈，赤旗飄飄」〔註203〕；吳誠的和詞寫得更具體：「延壽家風，百世芳流，萬年香飄，看長城內外，白骨累累，大河上下，赤血滔滔，遍野黃巾。滿地紅幘，欲與巢闖共比高，待功成，看白鑷煌耀，紅粉妖嬈。」〔註204〕

郭沫若的和詞，建國後向被主流學界所稱道，但究其實際，郭雖有為毛詞辯護的勇氣，顯然並無說服力。其原因在於，郭沫若與他的論敵實面對著同樣的時代問題。這既包括反封建議題，如董令狐的《封建餘孽的抬頭》便從這個角度來批判毛詞，而「封建」一詞的現代意義本來就是郭沫若賦予的；另外就是上文所述的反內戰思想；更關鍵的，他們都是從政治的角度解讀毛詞的。從這些角度來看，「沁園春」的唱和事件，其實對左翼知識分子的政治理論本身構成了考驗，他們此時是批判蔣介石「新獨裁主義」最力、呼籲民主聲音最高者，但當內部出現《沁園春‧雪》這樣的詞作時，確實讓他們陷入了歷史困境。郭沫若雖然選擇了應戰，但他也只能避開詞意，強調其美學價值；或者是空疏地呵斥批判者，而絕不敢冒天下之大不韙辯護其帝王思想的合理性。

郭沫若也曾試圖根本解決這個問題，即從正面闡釋該詞的「底子」。在回應《大公報》主筆王芸生的責難時〔註205〕，郭沫若寫了《摩登唐吉珂德的一

〔註202〕莊子：《田子方》，《莊子集釋》，北京：中華書局，1961年，第707頁。按，前文所引「目擊而道存」亦出自該篇。

〔註203〕蔚素秋女士：《沁園春》，《和平副刊》，1945年12月10日。

〔註204〕吳誠：《沁園春‧步和潤之兄》，《和平副刊》，1945年12月5日。

〔註205〕正當沁園春唱和風行之際，《大公報》主筆王芸生發表了《我對中國歷史的一種看法》，該文首先連載於重慶《大公報》，之後其它地區的《大公報》也紛紛轉載，影響較大。從論題來看，王芸生並非直接針對毛澤東的詞作，而是發表他的歷史見解，但他在文前加了引語：「這篇文章，早已寫好。旋以抗戰勝利到來，國內外大事紛紛，遂將此文置於箱底；現在大家情緒起落，國事諸多拂意，因感一個大民族的翻身，不是一件小事。……近見今人述懷之作，

種手法》，對《沁園春・雪》的意義作了正面的解釋：「我的揣測是這樣。那是說北國被白色的力量所封鎖著了，其勢洶洶，『欲與天公試比高』的那些銀蛇蠟象，遍山遍野都是。那些是冰雪，但同時也就是像秦皇漢武、唐宗宋祖，甚至外來的成吉思汗的那樣一大批『英雄』。那些有帝王思想的『英雄』們依然在爭奪江山，單憑武力，一味蠻幹。但他們遲早是會和冰雪一樣完全消滅的。這，似乎就是這首詞的底子。」〔註206〕將風景（雪）之白，解釋爲政治之白，詞的意旨便來了一個一百八十度的大轉彎，陝北的雪景成了法西斯的象徵，秦皇漢武等帝王也就轉化爲了敵對勢力。這種解釋自然難以自洽，正如木山英雄的質疑，「果眞如此，『素衣紅裹』該是指反革命的假惺惺的革命姿態了？」〔註207〕如果聯繫到郭沫若前面兩度和詩，這種解釋是一種不得已而爲之的策略。即便如此，他也要寫和詞，表明這其實是一個立場的問題，可見詩詞唱和這一傳統在現代的新變，它不再是文人或文士間交流的方式，而是成了政治鬥爭的工具，帶上了濃厚的政黨文化色彩，甚至成爲政黨文化的內在組成部分。

還看見『秦皇漢武』、『唐宗宋祖』的比量，因此覺得我這篇斥復古破迷信反帝王思想的文章，還值得拿出來與世人見面」（王芸生：《我對於歷史的一種看法》，《大公報》，1946 年 5 月 26 日）。這便使這篇文章顯得是專爲毛詞而發了。

〔註206〕郭沫若：《摩登堂吉珂德的一種手法》，《周報》，第 46 期，1946 年 7 月。按，該文中，郭沫若誤將毛詞中「臘像」寫爲「蠟象」，毛詞這個字的改動，是建國後臧克家的建議。同時，郭沫若的這種解釋，可能借鑒了聶紺弩的說法。聶紺弩的《毛詞解》一文，曾引艾青的詩句——「雪落在中國的土地上，寒冷封鎖著中國呀！」——作爲旁證，認爲「這雪不僅指自然的雪，寒冷也不僅指天氣的寒冷，它們象徵著日本法西斯強盜、漢奸政權，眞正的封建餘孽們對於中國人民的壓制。雪是人降的，寒冷也是人造的。而用雪，用白色，用寒冷來象徵殘暴的通知，不僅艾青一人如此，早已成爲世界的常識了」；因此，毛詞上闋「不過鋪陳那些強盜們，漢奸們，封建餘孽們在中國的土地上的『群魔亂舞』」，下闋「須晴日」，則如雪萊的「冬天來了，春天還會遠嗎？」一樣，昭示的是勝利的前景，而所謂的帝王「自況」也轉變爲一種「否定」。聶紺弩該文曾與郭沫若的第二首和詞一起發表於《客觀》週刊，郭沫若該文爲毛詞平反的方式，與聶頗爲相似：聶實爲最早撰文爲毛詞辯護者，但建國後聶因胡風案牽連，這一點往往爲學界忽略。有意味的是，聶紺弩、郭沫若對雪的這種附會，解放後也部分得到了毛澤東的首肯，在 1958 年版的《毛澤東詩詞十九首》中，他自己的注釋爲：「雪：反封建主義，批判二千年封建主義的一個歷史側面」（轉引自：《毛澤東詩詞》，北京：中央文獻出版社，1996 年）。

〔註207〕木山英雄著，趙京華譯：《〈沁園春・雪〉的故事——詩之毛澤東現象》，《中國現代文學研究叢刊》，2003 年第 4 期。

四、文學與政治的「唱和」

雖說郭沫若主動參與《沁園春‧雪》的唱和，並爲之辯護，是一個由立場決定的問題，但既然中共南方局都未表態，他又爲何要主動承擔這一責任呢？這一問題關係到的，不僅是他與國共兩黨之間的關係，還在於，在國共分野之際他究竟是以什麼姿態作出回應的，這有助於我們理解其時知識分子的歷史姿態和心態。

對於《新華日報》爲何拒絕發表毛澤東的詞，而只發表柳亞子的和詞，柳亞子對此心知肚明。他在將毛澤東手跡轉贈尹廋石時，撰有跋語：

> 毛潤之《沁園春》一闋，余推爲千古絕唱，雖東坡、幼安，猶瞠乎其後，更無論南唐小令，南宋慢詞矣。中共諸子，禁余流播，諱莫如深，殆以詞中類帝王口吻，慮爲意者攻訐之資；實則小節出入，何傷日月之明。固哉高叟，暇當與潤之詳論之。余意潤之豁達大度，決不以此自欺，否則又何必寫與余哉。情與天道，不可得而聞，恩來殆猶不免自鄶以下之譏歟？余詞壇跋扈，不自諱其狂，技癢效顰，以視潤之，始遜一籌，殊自愧汗耳！廋石既爲潤之繪像，以誌崇拜英雄之慨；更愛此詞，欲乞其無路以去，余忍痛諾之，並寫和作，庶幾詞壇雙璧歟？廋石其永寶之。
>
> 一九四五年十月二十一日，亞子記於渝州津南村寓廬。〔註208〕

早在詞作發表之前，日後爲對方所攻訐的帝王一類說法，柳亞子及中共諸人早就意會，但有意思的是，柳亞子並不覺得這是一個問題。主要原因在於，柳亞子是將其置於詩人的狂態來理解的；因此，對於周恩來等政治家的顧慮，在他看來也是不通風雅，不懂高人間的玄機，所謂「情與天道，不可得而聞」。柳亞子對毛澤東的這種觀感，很大程度上是經由詩的審美眼光形成的，而從崇高美學的角度，「帝王口吻」不僅是「小節」，反是毛詞的優勢，正如論者所指出的，體現的是「在與歷代帝王的霸業類比中敘述了自己對革命權力的意志」〔註209〕。如此，柳亞子的和詞才可能出現「上天下地」一類的句子，而他直呼毛澤東的字「潤之」，也是經由詩詞這根紐帶才形成的。從這個角度來看，「詩人毛澤東」是我們理解此時中共領袖形象的一個關鍵。

〔註208〕轉引自《詩詞爲媒：毛澤東與柳亞子》，石玉昆 張樹德著，北京：中共中央黨校出版社，1999 年，第 106 頁。

〔註209〕木山英雄著，趙京華譯：《〈沁園春‧雪〉的故事——詩之毛澤東現象》，《中國現代文學研究叢刊》，2003 年第 4 期。

簡單來說，《沁園春·雪》的發表，對毛澤東並非全無益處。它使毛澤東從國民政府宣傳中的「匪目」轉變爲一個風雅之士，正如當時媒體文章所說：「過去人們以爲是青面獠牙的毛澤東，很少有人知道他還有其書生本色」，「他有一副溫文沉靜的書生態度，還有一套士大夫吟風弄月的才華」〔註210〕。詩詞轉變了士大夫乃至公眾對毛澤東的觀感和想像，這是詩詞之於政治的魅力，也是一種獨特的詩人邏輯。

郭沫若與毛澤東的交往，遵循的也是詩人邏輯。早在1926年，郭沫若便在廣州見過毛澤東，但彼時郭沫若風頭正健，對毛澤東印象不深。再度交往則是抗戰時期，1944年8月，郭沫若收到周恩來託人從延安帶去的《屈原》與《甲申三百年祭》的延安單行本，並及時給周恩來、毛澤東等人去信致謝。不久，郭收到毛的回信，毛在信中首先提及的便是二人交往的經歷：「武昌分手後，成天在工作堆裏，沒有讀書鑽研機會，故對於你的成就，覺得羨慕」；而且稱「最近看了《反正前後》，和我那時在湖南經歷的，幾乎一模一樣」。不僅如老友敘話，而且儼然書生本色；同時，毛還告訴郭沫若，延安將《甲申三百年祭》作爲整風文件，而且委婉提議：「倘能經過大手筆寫一篇太平軍經驗，會是有益的；但不敢作正式提議，恐怕太累你」〔註211〕，關懷之情溢於言表。在毛澤東赴渝談判期間，還曾打算專門去拜訪郭沫若，後因故取消，但在會面時，郭沫若將他的手錶贈予毛澤東，這成爲日後郭常提及的話題。

毛澤東與柳亞子、郭沫若等知識分子的交往，遵循的是傳統「禮賢下士」的規則，不僅毛澤東，周恩來也同樣如此。而一直推崇儒家思想的郭沫若，「帝王師」也正是他實現政治理想的途徑，因此，毛郭之間的契合併非偶然。但這種關係的建立，正如詩詞唱和這種形式本身一樣，它是互爲依託，需要遵循交流的對等倫理。也就是說，政治家以詩化的邏輯對待士大夫，士大夫在關鍵時刻也要承擔政治責任，正是這種詩與政治的雙向規約，使我們在探討毛郭、毛柳之間的唱和時，要與其個人化的述懷之作區別對待，要尤其注意詩人毛澤東背後的政治訴求。因此，當木山英雄沿著竹內實「作爲詩人的毛澤東」的脈絡〔註212〕，認爲郭沫若的解釋是「幫倒忙」的時候，便相對忽略

〔註210〕危漣漪：《毛澤東「紅裝素裹」》，《新聞天地》，1946年第10期（1946年2月20日）。

〔註211〕毛澤東：《毛澤東書信選集》，北京：人民出版社，1983年，第241～242頁。

〔註212〕按，竹內實在「詩人毛澤東的誕生」一節中如是描述毛的詩歌源流：「把中國革命作爲直接的土壤，把獨特的人格形成作爲核心或中心，從豐富的古典寶

了郭沫若這種解釋背後的倫理承擔，郭此時正是要以政治化的解釋來回應毛澤東的詩化，只有這樣，才能完成這次政治與詩的「唱和」。

如此，柳亞子與他之間的微妙差異便顯現出來了。柳亞子從詩的角度出發，執意將自己的和作披露出來，其結果正如周恩來等人所料，不僅毛受到眾人責難，他自己也未能幸免，被人譏爲「癲狂柳絮，隨風亂舞」〔註213〕，更被人指斥爲「簧言舌亂」、「巴結妖嬈」，「南社聲威，何甘墮落，朽木豈眞不可雕」〔註214〕。這種政治與詩之間的理解錯位，雖然可能在他的預料之內，但他後來未作公開回應，他雖再度和沁園春詞，也都止於私人之間，可見他堅持的是詩的立場。而作爲局外人的郭沫若，卻奮起辯駁，或是爲維護自己的政治理想，同時也不無「投桃報李」之思，而後者，才是唱和的價值交換原則。而爲他所不見的，是當他以政治姿態來作回應時，卻忽視了其複雜性，即《沁園春·雪》與他「帝王師」的士大夫身份相符合，卻與左派政治理想本身有較大出入，因而，他日後要付出更大的代價也是可以預料的。

餘　論

桐城後學、且曾師從陳衍的曾履川（克耑），是重慶時期「寺字韻」詩唱和的始作俑者。他曾從發生學的角度，對戰時詩詞興盛的原因作出解釋，在他看來：「詩和騷爲什麼要憤要怨呢？還不是因爲政治之不良，國家之危亂，才有這些詩人騷人憤的憤怨的怨！我們簡直可以說，如果中心沒有憤怨，絕對不會有好詩歌發現的。」〔註215〕從抗戰初期舊體詩詞的興起來看，此說不無道理。國土淪陷，京闕南遷，知識人流亡，都是詩人怨憤的來源。然而，爲何是舊體詩這個問題，則是身在局中的曾履川不會提出的問題，但從他的說法中也不難發現，在因應國難時詩騷傳統本身就是一種有效的表述方式，這是知識人於危難之際，從歷史傳統尋找支持時所必然遇到的。舊體詩詞累積了大量的處理亂世的經驗，使得舊詩在面對抗日戰爭所帶來的民族危機、

庫中吸取營養的毛澤東的詩的世界，爲中國的文學傳統所包圍，同時又以獨特的創造補充了一種新的作品世界」（竹內實著，張會才譯：《毛澤東的詩與人生》，北京：中國文藝出版社，2002年，第8頁）。

〔註213〕顏霽：《沁園春·疊韻和致柳亞子》，《和平副刊》，1945年12月13日。

〔註214〕老酸丁：《沁園春》其二，《合川日報》，1945年12月6日。

〔註215〕曾履川：《論同光體詩》，《頌橘盧叢稿》，第4冊，香港：新華印刷股份公司，1961年，第424～425頁。

國族意識、離散經驗時，本身就具有歷史經驗與表達結構的同構性，這是古典詩詞在抗戰時期興起的內在原因。除了表達層面的這種本質關聯以外，舊體詩詞所內涵的倫理關懷，也讓追隨行都奔赴大西南的知識分子，獲得了某種美學的救贖，如他們不斷回顧的詩騷傳統和南渡情結，這雖然帶來了歷史循環的隱憂，但歷代士大夫同樣的歷史境遇、書寫形式和離亂情緒，反而又為他們提供了某種「穩定性」，從而為「播遷」中的知識分子提供了一個美學的保護層。從這個角度來看，舊體詩詞寫作不僅是中國知識分子應對戰亂的表達方式，它們本身也是一種文化實踐。

　　然而，表達方式並不是中立的，當表達主體在利用這一方式觀察、體驗外界變化，利用這一方式言志抒情時，它本身也對主體形成了規約。這對舊派詩人來說是理所應當的現象，但對新文化人來說則是一個問題。尤其是蒙學尚在私塾渡過的郭沫若這一代，他們有舊學根基，早年都曾吟詩作賦，如郭沫若學生時代便效法才子名士，與友朋多有詩詞唱和，只是後來在新文化潮流中有意規避了舊詩寫作。因而，到抗戰時期，他們回歸詩騷傳統既容易，同時，鑒於新文化人的身份，又難免「背叛」意識的自我譴責。因此，在抗戰時期這樣一個「新舊蛻嬗」（陳寅恪語）的時代，新文化人的舊體詩詞寫作確實是一個較為複雜的歷史現象。對於置身新舊之間的尷尬處境，郭沫若這個處於風口浪尖的人體驗尤甚：

　　　　舊詩我做得來，新詩我也做得來，但我兩樣都不大肯做：因為我感覺著舊詩是鐐銬，假使沒有真誠的力感來突破一切的藩籬。一定要我「做」，我是「做」得出來的。舊詩要限到千韻以上，新詩要做成十萬行，我似乎也可以做得出來。但那些做出來的成果是「詩」嗎？我深深地懷疑，因而我不願白費力氣。我願打破一切詩的形式來寫我自己能夠夠味的東西。

　　　　我自己更坦白地承認，我的詩和對於詩的理解，和一些新詩家與新詩理論家比較起來，顯然是不時髦了；而和一些舊詩翁和詩話老人比較起來，不用說還是「裂冠毀裳」的叛逆，因此我實在不大喜歡這個「詩人」的名號。〔註216〕

此言不虛，在青年人眼中，對於郭沫若與舊派詩人的唱和，當時就有「郭老

〔註216〕郭沫若：《序我的詩》，《中外春秋》，1944年第3、4期。

向舊詩投降了」〔註217〕的說法；而從舊派的角度來看，郭沫若的舊體詩詞又多「隨意出之」，缺乏必要的錘鍊〔註218〕，從保守的角度觀之，難免破格之嫌。較之元稹身處新舊蛻嬗之際的遊刃有餘，郭沫若倒有點左右不對。這種處境，難免讓人忽略了他詩學上的創新處：將現代的抒情主體帶入了舊詩的寫作之中，從某種程度上，正如魯迅以雜文為詩一樣，郭沫若是以新詩的方式在寫舊詩。而文體上兼容新舊的寫作模式，也與他社會、文化活動中的姿態互為對照。從其變者觀之，郭沫若實與元稹有相似處，在「新社會風習與舊社會風習並存雜用」之際，能自如出入新舊派之間，既是新青年的導師，革命文藝的班頭，又與舊派士人詩詞唱和。而其不同處則在於，他讓各種身份、文體都各得其所：新文學用來向青年傳播革命思想，舊詩則是與軍紳、士紳階層交往的媒介。從郭沫若所具有的這種能量來看，當時確實較有代表性，這也是中共為何選擇郭沫若的原因。

但郭沫若於新舊蛻嬗之際的選擇，較之元稹等由舊入新者不同，抗戰時期郭沫若恰恰是重回傳統。舊體詩詞的視角，所提供的正是觀照郭沫若如何回歸、再造或者抵抗傳統的過程。在入職第三廳前夕，郭沫若曾從武漢「逃」至長沙田漢處，田漢在迎接郭沫若時，曾賦詩一首：

> 十年城郭曾相識，千古湖南未可臣。
>
> 此處尚多雄傑氣，登高振臂待詩人。〔註219〕

雖然郭沫若是以不想做官的名義來長沙，但他對「詩人」這一身份卻並不領情，他的和詩為：

> 洞庭落木餘霜葉，楚有湘累漢逐臣。
>
> 苟與呂伊同際遇，何因憔悴做詩人。

和壽昌原韻〔註220〕

當時在長沙的文化人有不少和詩，並形成了兩種不同的意見。如著名教育家方克剛認為：「從來文以窮工，屈賈之偉大何嘗減於呂伊，與其讓郭先生為肥

〔註217〕臧克家：《新詩舊詩我都愛》，《文藝報》，1962年第5～6期。

〔註218〕參見田漢：《AB對話——壽沫若先生五十生辰》，《文藝生活》，第1卷第3期。此處轉引自《郭沫若在重慶》，西寧：青海人民出版社，1982年，第95頁。

〔註219〕田漢：《迎沫若》，丁三編：《抗戰中的郭沫若》，戰時出版社，1938年，第38頁。

〔註220〕見田漢：《沫若在長沙》，丁三編：《抗戰中的郭沫若》，第49頁。

頭大腦之呂伊毋寧留他做憔悴之屈賈。」因此也和詩一首：「賈生痛哭曾憂漢，屈子口吟作逐臣。幾見呂伊佳句在，從來憔悴屬詩人。」〔註221〕方克剛顯然不認同郭沫若的選擇；與之相反的，是戲劇理論家董每戡的和詩：「憂時我亦心腸熱，朋輩當年半逐臣，如此田園供踐踏，敢拋心力作詩人。」〔註222〕面對外患的迫切性，詩人的選擇似乎也不合時宜；陶良鵬也和了一首：「才名舊已傳三葉，忠悃真堪繼二臣，莫笑斯民無眼耳，振聾發聵更何人。」〔註223〕對郭沫若的期待與田漢近似。可見，當時知識圈對郭沫若的期待，還是以詩人為主，但他們對「詩人」的期待又遠遠超出了詩人能承擔的範圍。

　　對於方克剛等人來說，詩人與政治家的身份是衝突的，而詩的價值並不亞於政治事業；對於郭沫若來說則不同，轉向政治並不意味著對自我詩人身份的否定，而是自我的完成，他對古代名相呂尚與伊尹的嚮往，體現的不僅是他的求售心理，或抗戰時期的憂患意識，也是傳統士大夫修齊治平的人生理想，對於士大夫來說，從學問到政治，並不是相互排斥的身份，而是一個遞進的過程，其終極關懷是家國與天下。也正是這種傳統士大夫的理想，使郭沫若甘心為毛澤東辯護，接受文學與政治間的「唱和」倫理，甘心為中共所用，因為這正是他進一步實現其政治抱負的方式。從這個角度來看，舊體詩詞的方法論意義在於，我們不僅由此可以一探郭沫若與士紳間的交往；古典詩詞所涵容的士大夫的文化趣味、生活方式以及感覺結構等，也為郭沫若的士人心態提供了表達形式和文化條件。

〔註221〕見岳蘭：《歡迎郭沫若大會紀詳》，丁三編：《抗戰中的郭沫若》，第46頁。
〔註222〕見岳蘭：《歡迎郭沫若大會紀詳》，丁三編：《抗戰中的郭沫若》，第46頁。
〔註223〕見岳蘭：《歡迎郭沫若大會紀詳》，丁三編：《抗戰中的郭沫若》，第46頁。